# 现代群众文化策划工作实务

闻 静◎著

中国纺织出版社有限公司

**图书在版编目（CIP）数据**

现代群众文化策划工作实务 / 闻静著. --北京：中国纺织出版社有限公司，2021.1（2024.3重印）

ISBN 978-7-5180-7998-8

Ⅰ.①现… Ⅱ. ①闻… Ⅲ. ①群众文化—文化活动—策划—中国 Ⅳ. ①G249.2

中国版本图书馆CIP数据核字（2020）第198379号

---

责任编辑：刘　茸　　责任校对：高　涵　　责任印制：王艳丽

---

中国纺织出版社有限公司出版发行

地址：北京市朝阳区百子湾东里A407号楼　邮政编码：100124

销售电话：010—67004422　传真：010—87155801

http: //www.c-textilep. com

中国纺织出版社天猫旗舰店

官方微博http://weibo.com/2119887771

北京兰星球彩色印刷有限公司印刷　各地新华书店经销

2021年1月第1版　2024年3月第3次印刷

开本：787×1092　1/16　印张：12.5

字数：281千字　定价：78.00元

---

# 前 言

群众文化学是我国一门新兴的学科，随着群众文化事业的发展，群众文化的理论研究不断深入。在推动社会主义文化大发展大繁荣的大背景下，群众文化活动空前活跃地开展，人们对群众文化地位和作用的认识不断提高。

群众文化工作是一项具有实际操作性的工作，群众文化理论也是一种实践性的理论。因此研究群众文化理论，更实际的意义是为了指导群众文化工作实践，进一步做好群众文化工作。

全书共九章，从群众文化的基本概念、起源与发展、本质特征、社会功能等方面也进行了详细阐述，是群众文化系统工作人员学习、了解和掌握公共文化服务体系建设背景下群众文化的组织、管理、辅导等基本知识和技能的参考性资料。

鉴于编者水平有限，在编写过程中难免有局限性，书中内容或有疏漏之处，欢迎广大读者批评指正。

编 者

2020 年 11 月

# 目 录

# 第一章　群众文化与群众文化学

群众文化这一古老的社会历史文化现象几乎贯穿了整个人类文化的发展史，渗透于各个时代、世界各地民族人民的生活、生产活动之中。群众文化学是当代兴起的一门对群众文化客观规律进行整体性研究的年轻学科。

群众文化、群众文化学的本质属性为思维形式概念，是随着社会历史和人类认识的发展而变化着的，不是永恒不变的。因而围绕着群众文化与群众文化学概念演变的轨迹，人们可以窥察到这两个方面研究产生、发展的进程和历史上拾级而进的种种人类思维的成果。

## 第一节　“群众文化”概念的演变与定义

### 一、群众文化概念在中国的形成

人类精神财富产生、发展、成型的历史证实，自从劳动创造了人本身，继而人类有了制造、保存工具和使用、保存火的复杂行为，从而独立于动物之上。此后，群众文化便作为人类行为不同于动物行为的重要标志面世。虽然类似现今群众文化的文化现象早已呈现在整个人类文化历史中，但真正形成“群众文化”这一概念，在中国还是近代的事。

史学家们几乎一致推断，人类初民早在远古旧石器时期，就出于劳动与情感交流的需要产生了原始文化。但是由于人类文化发展在草创阶段还没有语言或语言的符号，初民们也不可能意识到即事记史与悠远存史的做法将会产生多么重要的作用，故而至今还没有发现史前石器阶段中有对当时群众文化现象思维概念的称谓。但在数千年前古文明期间，曾对史前期与当时出现的群众文化或它的局部现象有过种种指称及其演释，如“宾日、饯日、舞雩、社火、俗乐、伎乐、舞队、俚歌”等。

在近现代中国，对群众文化这类文化现象则有“通俗教育、平民教育、民众教育、通俗文艺、大众文艺、民间文化、革命文艺、社会文化”等指称，称谓由局部逐渐涵盖群众文化的整体，并力求靠拢其本质与形态的特征。

在当代文化学术界，对群众文化这一概念及其内涵的认识虽然还有不尽一致之处，但随着专家学者的不断研讨验证，已得到越来越多接近一致的认同。

### 二、国外群众文化的概念与特点

由于群众文化是全人类精神文明与社会生活、社会机制的重要构成，因此它在世界各地普遍存在，具有全球范围的广泛性；而世界各地的群众文化，由于时代、地域、民族的差别，以及人们认识的差异、信仰、习俗、个性与文化传统等方面的不同，故内容与形式、称谓和概念又有着明显的差别。

据现有资料，在国外关于群众文化的概念与特点，大致有以下几种类型：

### (一)群众文化

明确认为群众文化的主体是广大人民群众。群众文化是一种文化宣传活动,它将民族化和大众化统一起来,为人们所喜闻乐见。

社会主义性质国家的各级文化部门、事业机构经常根据党与政府关于群众文化的总体要求,布置和安排具体的工作任务,并有专门的指导机构与活动场所——文化馆、站(也有称“文化会馆、文化中心”)。群众文化还包括了多种多样的创作活动,如苏联的群众文化活动就包括了“在文学、戏剧、音乐、绘画、舞蹈艺术和其他种类的艺术领域中群众性的非职业性的艺术创作”。并认为这种业余艺术活动从形式上看,具有突出的民族性。从表演成员、承传过程、艺术流派、审美属性以及为千千万万劳动群众所喜闻乐见并反映他们的社会进步要求来看,更具有高度的人民性。

在西方,有人认为群众文化的“群众”的含义是“有一定的影响力”并“带有被动性,容易轻信,而致受人摆弄”。而有的社会学家,如法国的路易·阿拉贡(1897—1982)则在他的《群众文化或不被接受的题目》一书中,对于这种他认为的新型文化招致的异议、抗拒或提防表示愤慨,并故意选了“群众”一词来陈述,以示这个名词附带了明显的社会政治和意识形态的标记。

### (二)社区文化

通常指聚居在一定地域范围内的人们在所处的社会生活共同体中所从事的各种社会性文化活动。社区文化中一般有着传统的文化生活方式与共同的归属心理特征。因为每个社区都有特定的地域、人口、区位、结构和社会心理因素,所以人们对自己所处的文化共同体有着相应的认同意识。

国外社会学家、文化学家多以发展程度把社区划分为古老、新兴社区;或按经济发达程度划分为贫困、发达社区;也有按规模层次划分为城市、城镇、乡村等大、中、小型社区和以产业特征等来划分社区。

在社区文化中,日本的公民馆以提高居民修养,增进健康、活跃文化生活,发展社会福利为宗旨。为适应市、镇、村及其他一定社区内居民的社会生活需要而兴办的有关教育、学术和文化事业的设施,是由社区中的公益法人设置管理的。在英国,一些城市社区的“社区学院”运用各种文化设施,向居民提供教育与学习的机会。美国的社区文化,在发达的新兴社区,都市化、现代化的文化特色明显,异质文化流动不居;而在古老的、相对贫困的社区,则传统的民族、民间文化特色浓厚。

随着现代工业化程度的提高,人们交往交流的频率不断加快,社区文化的局部区域性、乡土性特点日趋弱化,但先进的社区文化特质则正在强化。

### (三)人民文化

“人民文化”在法国等国家指的是与专业性较强的文化相对应的一种文化形态。这种群众文化观所指的“人民”并非指全体人民,而是他们观念中的“人民阶层”。他们认为只有那些富有的、受过教育的特权者才能够获得“高级形式的文化”。而对于其他形式的文化,人们既不称它是中级的,也不说是低级的,而是称之为“人民的”。

人民文化又不单纯是民间艺术,还与整个生活方式有关,包含着介于生和死之间的许多经验和活动的文化影响。越来越多的学者认为人民文化具有更大的教育价值,它蕴含着能够使

“人民”阶层参与“高级形式的文化”生活的一切手段。人民作为人民文化的对象，应该参与改造和升华的过程，同时又要保持构成其特殊性的真正价值和生存方式。

**（四）大众文化**

大众文化在西方国家指的是将大众传播媒介与集体文化活动结合起来进行的一种文化形态。联欢会演、大型演出、民间音乐会以及某些体育表演都可能是集体文化活动。自从大众传播媒介能让众人随时接触以来，大众便成了文化的主体，如演出或节目播送走出了国界，可以送达至不同国家的几千甚至几亿的听众或观众；德国柏林交响乐团的演出，在欧洲同一个晚上曾有一亿二千万人收听；而美国的首批人类登上月球的壮观画面，几乎全球人都可以通过电视看到。

**（五）终身教育**

终身教育对个人而言是人生的一贯教育，对社会而言是全体国民、全人类的教育。终身教育与社会整体紧密相联，在一切生活领域里都存在着教育机能。文化是具有最重要的教育机能的一个领域，因此也有称“终身教育”为“终身文化”。持这种观点的人还认为：凡是文化，本质就在它的不自足性，必然要求不断丰富、不断更新，否则就会停滞、消亡。凡是有文化修养的人，一旦满足于自己已有的知识，立刻会面临衰退。

美国的终身教育由家庭教育、学校教育、校外活动、成人教育这四个领域组成，文化的多样性教育是其显著特点。例如，在终身教育的继续教育中，强调大学开放，大学要对地区社会的自治、娱乐、就业提供帮助。

法国的终身教育活动主体——民间团体与公共机关，非常重视辅导员的培养，不仅培养体育运动方面的辅导人员，而且培养文化艺术方面的辅导人员。

德国终身教育的中心——市民大学，相当于日本的公民馆，其活动内容十分广泛。以法兰克福大学为例，市民大学每年第二/两个学期中内容涉及政治、经济、文化、语言学、教养、家政、娱乐等。为便于市民利用，市民大学每学期初把半年内的讲义索引汇集成册发行，且价格便宜。

丹麦义务教育的大众化延长到前期中等教育，其内容不断扩大并向多样化发展，如提供一般正规学校不授予的教育内容——劳动运动教育、民间艺术教育等。

**（六）闲暇文化**

在西方，闲暇文化多指人们在业余、空闲时间从事的文化活动，且有三种机能：休息、娱乐、自我开发（包括陶冶人格）。其中自我开发机能被特别重视，该机能以闲暇作为终身教育的机会，如此来运用闲暇，闲暇才不仅是权利，而且能展现其自身的价值。闲暇具有最大的开展文化活动的潜能。

在日本，人们从现实出发，由开始“产生闲暇的指导”到“善用闲暇的指导”作为认识和运用闲暇文化的教育功能与娱乐功能的一个过程。但是，受西方价值观的影响，一些大众拙劣地使用闲暇，招致劳力和金钱的浪费，导致危害社会的行为和其他不良行为的产生，并成为社会不安定的因素之一。而高度市场化与高度工业化的生存环境，以及由此形成的社会分工的高度专业化，带来了个人人格的分裂或自我异化，使人们重新审视闲暇文化，并以此解除身心疲劳，作为再次劳动的准备和为恢复个人健康人格的机会。所以一些国家除了注重闲暇文化的娱乐性，还注重其教育性，让人们在提高运用闲暇能力的过程中，进行更好的自我开发。

国外群众文化的概念与内涵虽然互相存在差异,也可能还有其他的称呼与外延,但其所指的主体,大多为广大人民群众;在活动的内容与形式间呈示着明显的广泛性与社会性;在现代,更加体现了传授与自我开发的功能。随着时代的发展和社会的进步,它正向着高品位与多层次不断演进。

## 三、关于群众文化的定义

群众文化这一专用名词是由"群众"与"文化"两个名词组成的。

所谓群众,群,即众。殷代甲骨文里称生产的奴隶为"众","王大令众人日宿田"。群与众完全可以互训。"群众"泛指多数人、许多人、人民大众。群众两字的合成使用,首见于《荀子·富国》:"功名未成,则群众未县,群众未县则君臣未立也。"《后汉书》中《申屠刚传》亦有"群众疑惑,人怀顾望。"两千多年前的"群众"与今日的含意大体一致。

"文"的本义,指各色交错的纹理,引申为包括语言文字在内的各种象征符号。许慎《说文解字》中,"文"通"纹",指的是一种精神规范。"化"则有变,"化"的含义是二物相接,其一方或双方改变形态性质,又引申为教行、迁善、告谕使人回心、化而成之等。"文"与"化"的并联使用,早见于战国末年儒生编撰的易传《易·贲卦》的《彖传》:"刚柔交错,天文也。文明以止,人文也。观乎天文,以察时变;观乎人文,以化成天下。"晋束皙《补亡诗》又说:"文化内辑,武功外悠。"文治与武功相对应,文化是作为一种运动过程。在中国人的传统观念中,文化亦谓文治教化,共同的文化可以促进中国各民族的密切联系,是中华民族内聚力经久不衰的重要原因。时人又多以为文化的涵义应是科学、艺术、宗教、道德、法律、风俗、习惯等的综合体,在特定条件下的规范运动。

文化,从广义上说,指人类社会历史实践过程中所创造的物质财富和精神财富的总和;从狭义上说,指社会的意识形态,以及与之相适应的制度和组织机构。

但是,群众文化并非是"群众"与"文化"两个名词一般意义的组合。它是一个特指的文化类型,具有特定的含义。群众文化的定义是人们在职业外,自我参与、自我娱乐、自我开发的社会性文化。

群众文化是一个集合概念,它是包含着群众文化活动、群众文化工作、群众文化事业和群众文化队伍在内的具体概念。在"文化"这一属概念下,群众文化与其他文化类的根本差别从内部特质来讲为人们的"自我参与""自我娱乐"与"自我开发",而"职业外"则是它的外部形态。

群众文化的运动过程,无不体现着个人之间、群体之间的交互作用及作用方式,有着明显的社会互动关系。在构成社会的人、自然环境和文化三个基本要素中,群众文化是参与人数最多与最重要的文化类别。群众文化还涉及到人类社会的各个领域,是社会全体成员不可缺少的组成部分。参与的全民性、活动地域的广阔性、活动内容的普及性均体现了群众文化的社会性。

群众的自我参与、自我娱乐、自我开发,是人们以自我的意识和意志认识和把握群众文化这个对象的主观实践。

自我参与,在群众文化中显现着以自我为主体的自愿、自由、自为的个体意识,也活跃着自我对群体的加入,自我意识欲和他人相互作用的集聚意向。群众文化是自觉自愿并与一定的文化群体发生关系的。它的基本群体构成,无论是在家庭、邻里、工作班组或是地域、民族中,没有个体自我参与基础上的集合，没有与他人的互动，都不可能发生群众文化这一社会历史现象。

自我娱乐，是人们的一种基本精神需求，也是群众文化的一种基本动力。群众文化产生与发展的重要原因之一就是人类在生产劳动后需要以自我娱乐实行自我调节与自我完善。人们的文化活动被这些需要所驱使，就以活动动机的形式表现出来，朝着一定的方向，追求一定的对象，继而产生属于群众文化范畴的行动，以获得自身的满足。

自我开发，是人们自我参与群众文化的目的之一。古时，人们曾依托群众文化重演劳动过程，认识与传承生产的知识技能，教育氏族成员。而“寓教于乐”则在潜移默化的过程中使人们的智能得到开发，这一效应贯穿了自古至今的群众文化活动。因此，自我开发也是群众文化的显著成果之一。自我开发的良性循环，使人们在思想素养、文化水平等方面得到不同程度的提高，从而让群众文化呈现出涌动不息的活力。

从群众文化主体所从事社会劳动的分工特征看，这一种社会性文化又是在职业（工作、劳动与学习）之外进行的。

在史前期蒙昧时代和野蛮时代，初民们基于繁衍与生存的需要，往往是无一例外地卷入群众文化中。但是当原始宗教的原生文化形态萌发，及文明时期陆续衍生的新生态文化入世后，群众文化就先后派生了专业的巫觋、女乐、倡优等借以谋生的文化人。也正因这类文化人的职业化走向，此类文化也就从群众文化的营垒里裂变出来。当然，专业文化人所创造的文化成果是群众文化从事文化艺术欣赏的活动的重要对象。但从专业文化人本身的职业特征来讲，他们的文化投入含有相当部分的商品意识，并受到经济价值的制约，因而决定“他人参与”远远大于“自我参与”。在群众文化活动中，也有人因为某种需要暂离民间。例如南宋孝宗隆兴年间，皇廷不置教坊，所用乐工改为临时点集，艺人事后还是返归乡里，因乐舞活动的非职业性，使他们仍不失为群众文化活动的一分子。当代群众文化活动中也常有集中培训、脱产排练之举，但由于这些还是属于群众文化长期效益的一种行为，所以，仍为群众文化的一个组成部分。换言之，倘若古代艺人专在宫廷从艺献艺，当代文艺骨干长期脱离原来劳动岗位，而将文化艺术活动职业化，那么，他们就成了为少数人或群众服务的古今专业文化工作者了。专业文化人的社会分工是以从事文化活动为职业，并以此为社会服务，取得相应报酬的。在“职业外”开展文化活动是群众文化和与其相对而言的专业文化在外部形态上的界别。

## 第二节　群众文化研究的产生与发展

### 一、群众文化研究的出现

人类观念形态文化的产生与发展，是与整个历史和物质文化的进程交织在一起的。但群众文化的发展又与其学术史的发展不尽同步。

大致在人类文化发展期的中级蒙昧社会时代，先民对群众文化现象还仅仅是一种朦胧的思索；能较为自觉地对群众文化进行钻研与推究约于文明社会的前期，即标音字母发明与文字使用的成形、成熟期；以科学的方法探求群众文化的本质与现象，进行深入研究并硕果迭出的时期,则是在当代了。

在原始社会中,生产力极度低下,只能依靠集体劳动获得有限的生活资料。意识是物质的反映,原始初民在认识、改造客观世界与人类本身的过程中,由脑力活动所表现出来的人类智能是很低的,往往只是对事物直接、具体与浅表层次的反映,因而对群众文化的种种现象也谈不上什么更多、更深入的认识,基本处于混沌迷茫、知识未开的不自觉状态。但他们有对美的初级需求,参与了群众歌舞和实用美术等方面的粗浅原始制作。也常常随着朦胧的意识去改变认为不适合自己劳动与生存的原始群众文化形式,并通过强烈的原始宗教意识,反映着他们粗浅的世界观。如他们认为宇宙天地间的生物和无机物都可能互生或化生,可以在其中找到先祖、寻到生命的源头,例如原始乐舞就与图腾崇拜紧密联系——澳洲土人模拟袋鼠等种种动物的舞蹈,爱斯基摩部落以鲸骨、冰鹿皮等制成的原始乐器与中国“鸟兽翔舞,《箫韶》九成,凤凰来仪,百兽率舞”,人们扮成以本氏族所崇祀的鸟兽图腾翩翩起舞的现象也就陆续出现了。

由于生产力的发展,原始氏族社会逐步解体并过渡至奴隶制阶级社会,人类开始进入了文明时代。

以公元前 500 年为中心(公元前 800 年—前 200 年),人类的精神基础同时或独立地在中国、印度、波斯、巴勒斯坦和希腊开始奠定。这个时代产生了我们今天依然在思考的关于群众文化的一些理论。

那时,铁器的出现和普遍应用,促进了生产力的迅速发展,劳动者开始从笨重的生产过程中得到一定程度的解放,并且在社会政治生活中日益显示出决定性的力量,从而促进了民本思想的高涨。在中国春秋战国时期诸子百家争鸣中,很大一部分的学说也顺应了“民为邦本,本固邦宁”的思潮,从而酝酿、产生发展了散见在一些礼乐文章及乐舞著述中的群众文化之论。

与中国上述时期相差不远的早期希腊时的毕达哥拉斯(盛于公元前 6 世纪)与德谟克利特(公元前 460 年—前 370 年)、苏格拉底(公元前 469 年—前 399 年)等学派先后发表过群众文化范畴中有关音乐、诗歌、绘画等方面的主张,提出了一些很值得重视的美学观。

这个时期,人们已从迷茫、混沌中苏醒,并生发了自觉的理论意识。群众文化的研究开始了零星却持续的发现,逐项但又多样的积累。

## 二、近代国外群众文化研究

### (一)关于群众文化的起源与初期状态的研究

群众文化的源头究竟起于何时?这在近代文化史的研究中是引起许多人思考追究的问题。

19 世纪中叶起,国外人类学、历史学家们虽然还没有对类似群众文化的文化现象的起源与概念作出正确的结论,但是人们开始了对发生文化的研究。其中关于文化的界说及群众文化缘起的见解,取得了一定的学术成果。如人类学进化论开创者泰勒(1832—1917)对文化这一概念所作规定的准确性,基本为当今学术界所接受,他在 1871 年写的《原始文化》一书中说:“所谓文化或文明乃是包括知识、信仰、艺术、道德、法律、习俗,以及包括作为社会成员的个人而获得的其他任何能力、习惯在内的一种综合体。”泰勒将文化与在长期社会生活中的人类所特有的状态关联了起来,强调了文化同本能的生物学遗传或先天性行动方式的区别;确认了社会成员对文化承前继后的特性;点明了文化不是简单孤立诸要素杂乱无章的堆砌物,而应作为诸要素复杂的纵横交错所产生的统一的总体。这就有利于人们对群众文化源头与内在特性的判断。

以俄国的思想家、美学家普列汉诺夫(1856—1918)为代表的观点,坚持认为劳动及与之适应的生活方式是群众文化缘起的根本动因。群众文化之所以起源于劳动,从本质上看就因为劳动不但是人类满足自身需要的活动,而且是一种创造性的活动。否则,就不可能从劳动中产生出与劳动不同的群众文化活动。原始艺术绝大部分是劳动的再现,虽然常与巫术等现象联系在一起,但仍不可否认地包容了对于劳动再创造所产生的愉快、欢乐以及人类征服自然的愿望与力量。

德国近代人类学家、艺术史家格罗塞(1862—1927)探究了对原始群众文化起作用的心理、气候和地理诸因素。他认为各民族的求生方式是决定性的因素。任何原始民族审美活动和审美能力都与实用功利密切相关。例如,狩猎时期的纹样总是从人体或动物身上借鉴,却从不从植物身上借鉴。他还提出了原始部族艺术和文明民族艺术之间的联系,从而证明人类对美感具有本能的要求和反应。例如,原始艺术从形式上看往往显得很怪诞,但是深入观察就可以发现,其中包含着某些与近代艺术相通的内容。

在近代国外,群众文化的起源还有摹仿说、游戏说、巫术说等。

摹仿说认为,文化艺术来自对自然界和社会生活的摹仿,而摹仿又是人类固有的本能,在编年史的意义上,这是一种涉及文化艺术起源最古老的理论。

游戏说认为,人们从事文化艺术的创造活动不带有任何功利目的;人们在现实生活中受到物质与精神两方面束缚,但有过剩的精力,就用这种精力从事游戏,借以创造一个自由天地,这就成为文化艺术的起因。

巫术说在近代国外群众文化起源说中较有影响。英国人类学家泰勒(1832－1917)在文化人类学方面作出卓越贡献的同时,也最早提出了巫术说。后来一些学者又做了冗长详尽的研究。巫术说认为原始人的世界观及其所产生发展的文化,无非是给一切现象凭空加上无所不在的人格化的神灵作用所生成的。

**(二)关于群众文化主体的研究**

国外近代史上有不少思想家,虽然还没有深刻地指出人的社会本质与人的社会化是群众文化发生的条件,没有鲜明地确认人民群众作为主体在群众文化中的主导作用与在整个人类文化发展中的巨大推进力量,但他们还是朦胧地看到了群众,并对群众在群众文化运动中的主体地位进行了若干研究。

西方启蒙运动的杰出代表,法国哲学家、文学家狄德罗(1713—1784),在反对为封建宫廷服务的新古典文艺的斗争与摸索文化的新方向中,作了一些努力,他在"市民剧"的戏剧理论中认为,市民同样具有崇高的感情,应该在舞台上表现他们。他说剧作家要关心社会上发生的重大问题,戏剧要起教育民众的作用,并提出作家要住到乡下去,访问当地的农民。虽然狄德罗是资产阶级意识形态的创始者之一,但他能以唯物主义的观点,坚持文化艺术的现实基础是面向广大群众,还是难能可贵的。他是西方第一个呼吁文化人要深入生活和同情劳苦大众的人。

19世纪俄国伟大的批判现实主义作家托尔斯泰(1828—1910)通过对艺术的人民性、现实主义创作原则及其艺术形式的肯定,认定艺术要面向人民群众。艺术应当传达人类最高尚的情感，才能起到教育人和团结人的作用。强调艺术的社会作用在于启迪包括低层大众在内的人类。

**（三）关于群众文化社会功能方面的研究**

群众文化随着社会的进步，愈来愈显示了它巨大的效应，也触动了国外一些哲人学子的思维。他们比前代人更主动地思索着群众文化的社会功能，经过比较与分析，在理论上进一步发掘了群众文化与人类发展的密切关系。

那时的学者能用社会现象所发挥的功能来解释其起因和结果，在方法论方面特别强调比较研究，认为研究和分析某一具体文化现象时，应当把它同那个社会中的一般现象加以比较，并将群众文化作为整体来分析。

被称作人类学功能学派之父的英国人类学家马林诺夫斯基（1884—1942）认为，一个民族的文化就是一张满足社会基本需要的互相联系着的网，其中每个现象都像生物机体中的每个器官一样，具有一定的功能。他认为，文化在其最初时，以及伴随其在整个进化过程中所起的根本作用，首先在于满足人类最基本的需要。这“最初时”的文化，无疑是指初民的原始群众文化，他认为，群众文化一开始就有着独特的社会功能。

德国哲学家康德（1724—1804）、黑格尔（1770—1831），英国哲学家席勒（1864—1937）等人认为，人类之所以要通过群众文化把自己的生活作为人类自由的创造并表现出来，是由于群众文化最根本的社会功能在于不仅仅将其作为直接功利目的的手段，而是同整个人类的发展联系密切相关，认识到人的自由的实现是群众文化内在的最高目的。他们对群众文化功能的认识，也不仅停留在娱乐愉悦上，还认为其有很大的认识作用，而且与传播知识、开发智能有关。黑格尔曾说：“实际上艺术是各民族的最早的老师。”

**（四）对群众文化史的研究**

在近代国外，对群众文化史的研究开始逐步摆脱脱离实际的空谈与主观唯心缺乏实证的揣测，而转向以美国考古学家、人类学家摩尔根（1818—1881）为主要代表的深入对象实质、讲究科学验证的研究。

摩尔根 19 世纪 40 年代早期曾积极参加印第安人的“大易洛魁社”的活动，以促进美国白人对印第安人的感情。1847 年被易洛魁人中的塞内卡部摩氏族收为义子。

1851 年，摩尔根根据实地调查，发表了《易洛魁联盟》，研究了其组织结构、宗教信仰和风俗习惯等群众文化现象。1877 年他出版了毕生最重要的一部著作《古代社会》，从而发展了文化进化的理论，并基于许多物质迹象进行了时代划分。他认为全世界的文化都是通过蒙昧、野蛮和文明这几个大致相同的连续阶段发展起来的。

摩尔根的理论与其研究作风、方法对人类学、群众文化学界都产生了深刻的影响，德国艺术史家、社会学家格罗塞（1862—1927）就深受其影响。

格罗塞根据对原始部族文化的深入考察写成了《艺术的起源》。他是第一个在群众文化领域搜集例证来阐述社会经济组织和精神生活之间密切关系的艺术史家。

他认为，原始艺术在文化发展中具有重要作用。强调对一个民族文化艺术的认识有助于深入了解该民族。主张在研究中对于从前最被忽视的民族应加以特别注意。格罗塞还侧重于对原始文化艺术变迁心理和经济基础进行分析论证，从而得出原始部族审美能力的发展和他们当时物质生产水平直接相关的结论。同时又从揭示原始部族艺术和文明民族艺术之间的联系入手，证明人类具有对美感普遍有效的条件。他的一些观点在国外群众文化史研究界有较大的影响。

## 第三节　群众文化研究在中国

### 一、古代的群众文化研究

在中国古代文化史中，最早在群众文化方面展开研究的是春秋战国时期的儒家，其中，孔子是当时诸子百家中对群众文化研究最有造诣的一位。孔子之说，将其对血亲人伦、现世事功、实用理性与道德修养的重视融注到关于群众文化的观念意识之中，这在中国古代是独树一帜的。

群众文化学的蒙昧时期，原始宗教作为一种观念形态出现之后，几乎所有群众文化活动的形式与内容都体现着一定的原始宗教意识，而孔子提出内容重于形式的主张，最终改变了群众文化活动完全依附于宗教的关系，成为向群众进行政治伦理教育的重要手段。孔子明确肯定了群众文化的审美教化作用与认识社会生活的作用，他在《论语·阳货篇》中曾说："诗，可以兴，可以观，可以群，可以怨。迩之事父，远之事群，多识于鸟兽草木之名。"意思为读诗（周朝有采诗制度，包括民歌），可以培养联想力，提高观察力，可以锻炼合群性，可以学得讽刺的方法，从近处说可以运用其中的道理来孝顺父母，从远处说可以用于服侍君王，而且可以多识鸟兽草木的名称。"兴、观、群、怨"的说法，是我国群众文化学史上第一次从美学的角度和特征出发对群众文化的功能所作的简洁表述。孔子还表示，群众文化活动形式要服从内容，"乐"要表达"礼"的内容，因而主张通过礼乐文饰、文质的统一来巩固统治者的地位。

那个时期，在高涨的学术氛围间，还出现了儒家乐舞理论的代表著作《乐记》。《乐记》进一步阐发了群众文化活动中人的思想情感的激发是："人心之动，物使之然也。"情之动，是由于外界客观事物的刺激。心感于物而形于声，再根据美的规律才使之"成文"。这里所指的"文"是广义的文化，人的情感，主要缘于社会活动。《乐记》又认为："声音之道，与政通矣！""审乐以知政而治道备矣！"从作为人们心声的乐舞中可以察知人们的内心活动、风俗人情和政治的治理。可见《乐记》十分重视群众文化在政治生活中的作用。

儒家在痛心疾首地反省了周代以来所出现的"礼崩乐坏"的历史教训以后，接受了前代在乐舞与政治学说方面的有益部分，看到群众文化的某些重要性，把乐舞的社会意义与政治、宗法、伦理、教育等社会思想紧紧地结合起来，作为一种哲学和美学思想与在文化娱乐中的深刻见解，在我国群众文化学的思想史中占有一定地位，并产生了深远的影响。

秦代至汉，以西汉哲学家董仲舒为代表的儒家思想"罢黜百家，独尊儒术"。董学将孔子学派的学说与神话迷信结合起来，形成了神秘主义的思想，并提倡宫廷雅乐，轻视民间艺术。

董学为适应中央集权封建制度的形成与巩固，认为群众文化虽能"深入教化于民"，但文化的创作、管理均由"王者"所定。故而重雅轻俗。这种观点，在汉时并未引起多大关注，但在统治者与后代文人中是有一定影响的。

魏晋南北朝，定型于西汉中期的以经学为主干，以儒学独尊为内核的文化模式一度崩解。在文化的多元发展中，文化思维比较活跃，但大多并不是指向现实政治与现实功利，而是追求较为纯粹的精神愉悦。在这个政治动荡、南北政权长期对峙的时代，由于统治阶级权力的分散造成政治对学术干预的弱化，新的学说与观念乘隙而起。如那时候的文学批评家刘勰等人，一方面接受了玄学思辨的影响，一方面总结了前人与自身的经验，其中有关群众文化方面的研究，特别是群众文化艺术的见解相当精辟，有的至今仍有很大影响。例如，对继承与创新，刘勰在《文心雕龙·定势》（以下所举只注出《文心雕龙》的篇目）中指出了那种“厌黩旧式”，对传统采取虚无主义，对创新只是“率好诡巧”是错误的态度。在《通变》中他认为要求创新，当然要学习当代人的创作，但不是互相因袭；另一方面要继承传统，因为有继承才能创新，而且还有继承什么传统的问题。又如，关于内容与形式，刘勰在《总术》中认为二者都不可偏废，“或义华而声悴，或理拙而文泽”都不能成上品；他在《征圣》中要求的是像“圣人之文章”那样“衔华而佩实”的形式和内容的统一等。

到了宋时，统治者又提倡以理学治天下。理学，亦称“道学”。宋儒多以阐术义理，兼谈性命为主，故有此称。程颢、程颐在哲学上为北宋理学奠基者。后来朱熹发展了“二程”的学说，始集大成，建立了一个比较完备的客观唯心主义体系，世称“程朱学派”。程朱理学认定“理”先天地而立，把抽象的“理”（指封建伦理准则）提高到永恒、至高无上的地位。由于董仲舒之说、程朱学派的哲学思想迎合了统治者的需要，因而都先后被视作官方哲学。程朱理学极大束缚了本来可以取得更大发展的群众文化活动。当时，统治阶级为了享乐、粉饰太平，也会组织乐舞机构，调集民间艺人，或集养家伎表演各种技艺。但倘若他们感到群众文化有违封建伦理准则的“理”，不利于他们统治，就屡屡下令禁止。由于封建道德伦理思想的长期教化，民间文艺活动也多少受到影响，故而许多百姓也不敢轻犯所谓“出规之举”与“丧志之玩”。例南宋末因理教甚严，统治阶级与受程朱理学影响较深的人认为散乐百戏之中的歌舞有伤风化，屡加禁止、谴责，盛极一时的南宋瓦子、勾栏间的民间舞蹈，后来就很难得见了。

道释哲学也渗入了群众文化。佛教在汉代已传入我国，到东晋和南北朝时，由于统治阶级的提倡，佛教已有相当影响。佛教利用倡乐和俳优宣扬佛法教义，佛教徒还纷纷将佛教艺术与民间美术相融，在石窟、寺院中以雕塑、绘画等造型艺术宣扬教义。教道也有类似的文化活动。

佛教主“不生”，“盖有生必有死”；道教主“不死”，“盖不死则永生”。教义虽然不同，但宣扬的都是唯心主义。统治者想利用宗教麻醉百姓，以便加强他们的统治，而许多苦难的人民，也想舒解痛苦，企求幸运。故而道释哲学迅速与庙会百戏、寺窟雕绘结合一起，形成了一种别具样式的群众文化。宗教型的群众文化中那种“来世得福”“因果报应”“得道成仙”的思想内容，对于封建社会中深受压迫凌辱的百姓来说，是有不少吸引力的。因而影响较为广泛与深刻，并渗入后人的行为规范、生活习俗与审美心理之中。

明清之际，是我国封建社会的末期，封建统治更为腐朽，但思想上程朱理学仍占据主导地位。平民阶层和反封建的民主思想也在发展，因而反封建哲学家、文学家也相继出现，对群众文化的探究有所创见。如李渔在群众文化学方面的观点主要认为，文化艺术应力求让人民群众所了解、所掌握，因而要尽可能地通俗。因而，他在《闲情偶寄》一书就主张“戏文做与读书人与不读书人同看，又与不读书之妇人小儿同看，故贵浅不贵深”，反对艺术上的形式主义与为求高雅而脱离了群众审美能力的倾向。

作为创造群众文化的人类是怎样起源的？这是自远古以来人们就反复思索的重大课题。囿于时代的局限和知识的浅陋，许多国家和民族都流行过神创造人的传说。

值得全世界群众文化研究者注意的是，在拉马克、达尔文前两个世纪，正当欧洲还盛行“神创说”，蒙昧主义和神学唯心论还占据统治地位之时，17 世纪的清代哲人王夫之已用明白无误的语言在《思问录·外篇》中表达了这样一个思想——人类的祖先是直立行走的野兽：“考古者，以可闻之实而已。……中国之天下，轩辕以前……亦植立之兽而已矣。”王夫之提出人类祖先“亦植立之兽”，这在盛行祖先崇拜的中国，是一个大胆、惊人的创见，天才的猜想。这对群众文化史的探源无疑有所突破。

中国古代群众文化的研究在这一阶段呈现着三条互为交叉的思维轨迹：

(1)尽管广大群众在奴隶主的残暴统治与封建皇权的桎梏中很少有发言权，也没有著书立说的能力与机会，但他们还是不顾统治阶级的种种禁令，掀起了好几次群众文化高潮，以执著的追求表现了他们的内在精神实质。

(2)一些知识分子开始对群众文化做着有意义、有价值的研究。这些言论与著述体现了理论研究的自觉。许多观点随历史的进步而缓慢发展，具有一定的人民性。其中在文化娱乐作用于教育，不赞成消极被动地将群众文化仅仅限于享乐，而应着眼于教化功利，还有在群众文化艺术的特性、规律的研讨及群众文化溯源等方面均取得了一定成果，并作用了那个时代，为后世也做了可贵的理论积累。

(3)道释哲学通过与宗教维系在一起的群众文化活动形成了独具样式、影响后世的一种群众文化意识。道释宗教意识那种对来世美好境地的渲染及神秘虚幻的意念，以及宗教仪式、象征性艺术的熏陶，使人们形成了对写意性生活图景和偶像式人物形象的追求、崇拜，从而在一定程度上奠定了民间理想主义的审美心理。

### 二、近代的群众文化研究

1840 年(清道光二十年)爆发了鸦片战争，是中国近代历史的开端。自从中国的大门被英国侵略者用鸦片和大炮轰开以后，中国便由一个封建社会一步步变成了一个半殖民地半封建的社会。

从那时起，封建主义的清皇朝经历“康乾盛世”而日趋衰落，在落后挨打的情况下中国被迫与侵略自己的西方世界打交道。随着资本主义萌芽的滋生，新的生产力、生产关系的植入、生长，西学的冲击，国人于失败中的悟醒，群众文化也在中华传统文化与西方异质文化的碰撞中发生了较大的变化。

道光、咸丰年间的经世实学，作为中国跨越古代与近代之交这个特定历史阶段出现的特定文化形态，承袭着儒学经世的传统，同时又孕育着近代新学某些开放、启蒙的因子。当时一部分知识分子纷纷从古籍考证和玄学思辨中抬起头来，怀着强烈的社会责任感去议政论世，探学为文。就学术品格而言，经世实学本质上尚属于中国传统文化，《周易》的变易观念，《左传》和《孟子》的民本思想等均有所继承挖掘；他们主张“师夷长技以制夷”，“寻求异域之书，究其情事”，睁眼看世界，觅知向异域的开放精神，从而搭起了群众文化研究通往近代新学精神的桥梁。

1851年(道光三十年)兴起的太平天国农民运动之所以是一场近代史上的伟大农民革命,除了政治与军事上对旧垒的猛烈冲击外,它在群众文化范畴中对传统文化的固有精神、对名教偶像的批判也是空前的。太平天国领袖洪秀全借"皇上帝"名义"总追究孔丘教人之书多错"。太平天国还采取了删改"四书"与"五经"的办法,"改定四书五经,删鬼神祭祀吉礼等类","为政之道,不用孔孟,不用鬼神,不用道学"。为了宣传、鼓动群众,使天国创立的新宗教掌握群众,洪秀全还认识到群众文化易于深入人心的功能,编写了朗朗上口、易传易诵的《原道救世歌》《原道醒世训》《原道觉世训》等民谣来宣传教义,召唤、聚集贫苦农民的力量。

清末,由于社会生活的变化,文化信息量的激增,市民、学人对报刊图书等公益文化的呼声日高,对群文报刊、图书的种种审视也相继递现。那时的社会舆论力陈报纸在广开言路、沟通朝野、丰富群众文化生活方面的社会作用。资产阶级维新变法派也极力鼓吹办报,因为报纸能使群众"渐知新法之益",亦有利"广人才、保疆土、助变法、增学问、除舞弊、达民隐",并主张报纸要适合市民口味"记注倡优起居,并载诗词小说",又为了"广考镜而备研求","保存国粹,造就通才,以备硕学专家研究学艺,学生士人检阅考证之用"。当时,从内容到形式都不同于封建藏书机构的近代图书馆便先后出现了。

随着戊戌维新运动的兴起、新文化的启蒙与面对群众文化的当时实际,一些群众文化的研究成果也陆续面世。

孙中山对中西文化的取舍提出了比较科学的观点。对中国传统文化,孙中山认为:中华民族创造了光辉灿烂的古代文化,长期处于世界领先地位,到近代才落伍了;应批判封闭、保守的传统文化心态,但反对从一个极端跳到另一个极端,对传统文化、尤其精神文化中的许多合理成分要加以恢复、继承。对西方文化,孙中山主张:好的部分,要吸收,不好的部分要排斥;对于西方是好的、适合的东西,搬到中国来也不一定好,要根据中国的国情具体分析,总之要"发扬吾固有文化,且吸收世界之文化而光大之"。孙中山把中国传统文化的民本思想接受过来,发挥为民权思想;又将"修身的解释提到抛弃陋劣习气、进于文明生活、培养文化素质的高度等,都是对群众文化现象的认真思索,并注入了许多革命民主主义内容的思想。

梁启超吸收了欧美资产阶级思想,在许多著述中体现了他对群众文化的种种思考。梁启超认为人们需要美,而群众文化的自然美与群众的好美性最为吻合。他确信"美"是人类生活一要素,"韵文之兴,当以民间歌谣为最先。歌谣是不会做诗的人(最少也不是专门诗家的人)将自己的瞬间的情感,用极简短极自然的音节表现出来。因为这种天籁与人类好美性最相契合,化以好的歌谣,能令人人传诵,历几千年不废,其感人之深,有时还驾专门诗家而上之。"梁启超还提出了重视群众文化的趣味性与趣味高尚健康的问题,趣味是生活的原动力,趣味丧掉,生活便成了无意义。梁启超还认为地理环境对群众文化的影响很大,大而经济、心性、伦理之情,小而金石、刻画、游戏之末,无一不与地理有密切的关系。他分析了天然景物的不同类型对人的情感理智所产生的不同影响,认为我国与希腊文明不同的原因在此,我国艺术南北风格的不同原因也在于此。

王国维则以叔本华哲学作为自己的理论基础,他认为生活的本质是"欲","欲与生活与苦痛,三者一而已矣"。要摆脱这种生活之欲带来的苦痛,只有求助于美和艺术。他反对把艺术作为道德政治的手段,主张保持艺术的纯粹性和独立性。

我国近代的思想家、教育家和革命民主主义者蔡元培，在群众文化研究中突出地强调美育，提出以美育代替宗教。美育可以破人我彼此的偏见，可以破生死利害的顾忌，使人们达到一种新的境界，即达到“实体世界”。蔡元培的这种思想主要来源于康德的美学思想。蔡元培还认为我国社会之不平，乃是教育之不平，所以极力提倡社会教育与通俗教育。他将社会教育问题分为二种：普通性质的社会教育和专门性质的社会教育，并对此做了分门别类的研究；在提倡群众文化活动中，强调要注意教育的对象与效果。

近代群众文化的研究在中国凸现了以下特征：

(1)开启了在群众文化方面对中国沿袭千年的传统文化核心思想与儒学思想的认真批判。传统文化中更多负面性的暴露，成了人们追求新型群众文化的契机。

(2)西方异质文化在中西文化碰撞中开始涌入，造成了群众文化及其研究的开放性等特点。群众文化的研究增添了明显的东西方学说的交错性。群众文化新型理论在崛起，并影响着研究对象的变化发展。

(3)群众文化的研究也在一定程度上启示了国人对真理的追求，从而为后来“五四”狂飚的掀起作了初步的思想准备。

## 三、现代的群众文化研究

这一时期，中国进行了旧、新两种性质的资产阶级民主主义革命与社会主义革命。群众文化研究在经过了漫长的历史积累与近代阶段的整合更新以后，又在现代阶段发生了符合社会进步与真正走向人民的质变。

“五四”新文化运动推动了群众文化研究的革命性的变化。

清王朝被推翻以后，辛亥革命的胜利果实很快被北洋军阀篡夺。黑暗统治与意识形态领域中复古尊孔的反向逆流，使一些小资产阶级激进民主主义者、有共产主义思想的知识分子受到了强烈的震动。他们深切感到，辛亥革命没有能在中国建立起民主政治，主要是因为没有触动旧思想、旧文化。于是在革命形势的推动下，终于引发了一场思想文化领域中比辛亥革命猛烈得多的反帝、反封建的政治运动与向旧的传统、道德、思想、文化挑战的新文化运动。中国群众文化研究现代阶段以此为起点，在革命的群众文化运动中显示了经由总结实践，转变流向，逐步走上现代化、科学化的时代特征。

### (一)将群众文化导向真理，导向革命

“五四”时期开始的新文化运动，展开了对封建文化的猛烈进攻，并开始在我国传播马列主义。一些资产阶级教育家，曾提出了以开展识字和扫盲活动为主的“平民教育”的口号；一些具有共产主义思想的先驱者们则相继提出了劳动教育的问题，要求劳动人民都能学到文化、用到文化，以新的世界观给新文化运动注入了新的、更加科学、更加大众化的思想活力。

“五四”新文化运动是在高举民主(德先生)、科学(赛先生)两面大旗，以反对旧道德、提倡新道德，反对旧文学、提倡新文学为主要内容的阵势下展开的。在此时期，陈独秀、李大钊和鲁迅主持的《新青年》成了勇猛反击复古尊孔逆流，提倡新文化的主要阵地。他们通过《新青年》主张：“要拥护那德先生，便不得不反对孔教、礼、法、贞节、旧伦理、旧政治；要拥护那赛先生，便不得不反对国粹和旧文学。”

李大钊在1919年的《青年与农村》一文里主张青年要到农村中，“一面劳作，一面和劳作的

伴侣,在笑语间商量人生向上的道理"。周恩来也是"五四"时期从事群众文化研究的先驱者。早在1916年,他在南开《校风》杂志发表《吾校新剧观》一文中写道:"中国今日所急者,人民之贫极矣,智陋矣!"而解决这个问题的途径,就是进行通俗教育,唤起人民群众的民族觉悟和革命精神。

工人运动日益高涨的20世纪20年代初,一些工厂和工人聚集区创建了工人俱乐部。在这些工人群众文化组织显示了它的作用时,中国共产党的一些组织(或其前身)及时抓住苗头,加以肯定,推广了长辛店工人俱乐部的经验,以群众文化能"联络感情、团结工人""和衷共济、以图发展"来鼓动工人踊跃参加,并以工人俱乐部"专为工人求幸福、争自由,谋得工人应享的权利"作为宣言来争得人们对革命群众文化工作的更多支持和生存空间。

在苏区农村群众文化活动中,针对使用一些空洞说教导致宣传效果不佳的情况,中共中央就特别指出:"当注意利用画报、标语、歌谣、幻灯、小说式的文字等项,以能改变乡村传说神话而把我们的宣传附会上去,不要做毫无兴趣的机械式讲义式的灌输。"党领导下的革命的群众文化,通过经常性的指示、演讲等各种层次的理论导向,不仅把握了群众文化工作的方向,而且将活动开展得既热烈又扎实,成了革命事业中一个不可或缺的重要部分。

在群众文化史与其特性的研究方面,一些论说也以历史辩证唯物主义的观点,做了颇为精辟的分析,例如鲁迅在《门外文谈》谈到群众文化起源的一番高见:"我想,人类是在未有文字之前,就有了创作的,可惜没有人记下,也没有法子记下。我们的祖先的原始人,原是连话也不会说的,为了共同劳作,必需发表意见,才渐渐地练出复杂的声音来,假如那时大家抬木头,都觉得吃力了,却想不到发表,其中有一个叫道'杭育杭育',那么,这就是创作。"从而清楚地阐明了导致群众文化产生最初精神活动的源头与脉络。

闻一多通过对原始舞蹈的分析研究,阐说了原始社会的群众文化对先民生存及团结协调的社会功能作用:以综合性的形态动员生命,以律动性的本质表现生命,以实用性的意义强调生命,以社会性的功能保障生命。

如果说现代前期群众文化的研究者已开始触及到了群众文化的本体研究,对群众文化是社会生活的反映已没有更多异议的话,那么,对群众文化的社会、文化性质总的认识倾向已开始归结到把群众文化作为唤醒民众,挣脱半封建、半殖民地统治的桎梏的一种利器或方式,并给资产阶级改良主义与共产主义初萌状态提供了思想园地。所以,当时的大众化之说,即是群众文化的人民性与教育性的初步挑明。随着研究的不断深入,导向作用的持续加强,群众文化的研究才从前期末及至中期起,逐渐发生了根本意义的、革命性的变化。

**(二)将群众文化回归群众**

广大人民群众是群众文化的主体。人民群众对精神文化生活的需求在人类社会形成时就产生了,但这个问题长期没有得到真正的解决。社会进入奴隶与封建社会制度后,统治阶级是以本身的利益为基准的。许多专门家与知识分子又常常脱离劳动人民,因而文化艺术的内容与形式又往往与群众的需要格格不入。

在现代的群众文化研究中,人们通过种种论说,极力扭转理论上的种种错位,让群众文化真正成为广大人民群众自己的文化。

李大钊是较早主张将文化运动深入到工农中去的一位,他认为教育机会人人均等,劳动者必须有受教育的机会，现代的著作必须用通俗的文字，使一般苦工也可以了解些许道理。当时，一般新文化倡导者只注意到市民阶层和知识分子的要求，李大钊则响亮地提出要为劳工阶级争取接受文化教育的权利。为了尽力引导文化回归其真正的主人，1934 年 4 月，苏区的中央工农民主政府人民教育委员会在吸收实践经验与瞿秋白等多人研究成果的基础上，公布了我国最早完备指导群众文化工作的文件——《俱乐部纲要》，极其鲜明地指出："俱乐部应该是广大工农群众'自我教育'的组织"，"俱乐部的工作必须深入群众，因此在乡村农民中、在城市贫民中，尤其是文化水平低的群众之中，一定要尽量利用最通俗的广大群众所了解的旧形式而革新了的内容"。由于这个纲要十分重视群众对文化的所需、所想，并被实践证明了它在广大群众中的可行性，因而它阐述的一些启导性的基本原则长期为革命群众文化工作者所遵循。

20 世纪 30 年代初的上海，左翼文艺运动开展了文艺大众化的讨论，瞿秋白、鲁迅、周扬等人在这次关于文艺如何与群众联系、群众文化如何开展的问题上发表了重要的见解。例如瞿秋白在《论大众文艺》中提出："文艺大众化的运动必须是劳动群众自己的运动"，并旗帜鲜明地指出："中国新的文化生活"就是"几万万群众的文化生活"，同时，他还连续发表文章，呼吁创造群众容易接受的新的通俗文艺形式。

鲁迅支持郁达夫创办《大众文艺》。他在《文艺的大众化》一文中对于把艺术置于民众之上的错误观点做了有力的批驳，并指出"现今的急务"，是"应该多有为大众设想的作家，竭力来做出浅显易解的作品，使大家能懂、爱看，以挤掉一些陈腐的劳什子"。他倡导木刻、版画，并和瞿秋白一样，写过一些通俗歌谣。

周扬也著文探索着群众文化如何为人民大众服务的问题，他尖锐地指出，革命的文艺工作者不能隔离大众，而应是实际斗争的参加者。在普及与提高的关系上，他认为如果不顾目前中国劳苦大众的一般文化水准的低下，而一味地高谈应当提高大众的程度来鉴赏"真正的、伟大的艺术"，那实际就是拒绝为大众服务，就是一种取消主义。

现代后期，特别是 1949 年中华人民共和国成立以后，人们对群众文化的研究不断深入，注重实践与调查研究，详尽占有丰富而又真实的感性材料，继而运用科学的思维方法进行分析概括，使人们对群众文化的认识提高到一个新的理论高度。群众文化的研究者们不但协助有关领导部门起草、制定了一系列关于群众文化事业的规章、制度，而且进一步明确了群众文化事业机构的性质、工作对象、工作方针和任务，这些都对群众文化的发展起到了积极作用。1959 年，当时的中央文化学院的群众文化研究班集体编写了一部群众文化论著《群众文化工作概论》，由此开始了系统的关于群众文化的基础理论与应用理论方面的研究。

1978 年中国共产党十一届三中全会以后，由于思想解放运动与实事求是之风的兴起，群众与专家、领导的一致奋力，群众文化研究经过了一段时间的勃兴，到了 1985 年中国群众文化学会成立以后，则在全国群众文化系统和相关学术界掀起了群众文化研究热。群众文化研究成果大量及高质地涌现出来，队伍日益壮大，学科理论的构建开始有组织、有目标地进行，并且日趋系统和完整。

20 世纪 80 年代至 90 年代初期，群众文化学渐趋成形，至今已形成了一门独立的新兴学科。

在这个阶段中，群众文化的研究者们大多在"百花齐放，百家争鸣"方针的指引下，学术气氛浓厚,各种课题讨论深入展开,并力求多方位、多侧面、多角度地去探求群众文化的真谛。在基础理论的研究中,主要集中在对概念的探讨、研究对象的把握、研究范围的选定与方法论的运用等研究;在群众文化史方面展开了对群众文化源头的追溯、产生的缘由、发展的脉络、演变的原因等研究;在应用理论的研究中,主要集中在对群众文化具体工作对象的探讨,如活动内容、业务辅导、管理工作、群众文化产品的生产等研究。

几年来,全国各地纷纷办起了群众文化刊物,已经出版的关于群众文化研究的论著、丛书、专集、手册和小百科全书、群众文化辞典等,其品种、数量在中国文化史、出版史上都是前所未有的。

在学术研究中,人们着重将实践经验上升为理性认识,同时注意理性的硬度与群众的读知水平尽量结合,通过经常性的对有关重大群众文化课题的学术研讨活动,努力提高学科构建的系统性和科学性,从中揭示出具有中国社会主义特色的群众文化本质及其运动规律。

## 第四节　群众文化学的研究对象与方法

### 一、群众文化学的研究对象及定义

群众文化学,是研究群众文化本质及其运动规律的一门科学。

“科学研究的区分,就是根据科学对象所具有的特殊的矛盾性。因此,对于某一现象的领域所特有的某种矛盾的研究,就构成某一门科学的对象。”群众文化学的研究对象是群众文化。群众文化学作为社会科学领域的一门新兴学科,面对着的是构成群众文化这个整体的特殊的矛盾性。

自从人类形成了对客观世界反映的意识,群众文化作为意识形态的一个现象便开始了永不止息的运动。群众文化学伴随着群众文化的产生而孕育、萌发、逐步发展乃至成形,它与群众文化的不同步的演变历程是与人类观念文化的历史、物质文化的历史交织在一起的。群众文化基础理论、群众文化史、群众文化应用理论及其分支学科作为组成群众文化学主体构件的本质内涵,由来缘起、运动轨迹、规律特性等也就成了群众文化学研究者、群众文化的广大参与者欲穷究竟的课题。

探求群众文化的运动规律,是群众文化学研究的目的和任务。群众文化的内在规律客观地存在于群众文化质与量的联系与发展中,客观地存在于人类的精神文化生活中。群众文化学对群众文化运动规律的研究,包括对历史上一种群众文化形态向另一种形态转变的研究,和对现有群众文化形态及其运动规律的研究,其目的在于寻辨群众文化发展过程中正负效应的因素、条件、动因,以扬长克短,彰往察来,避免群众文化的逆动与失控,保持与推进群众文化发展的良好态势。

对群众文化不断地深入研究,可以加快群众文化理论被广大群众掌握的进程,增加群众文化学的理论积累,在实践中成为指导和推动群众文化建设的物质力量。

### 二、群众文化学的研究方法

所谓方法论,并不是指具体研究的方法及技术。方法论是关于研究方法、方式的学说。它受一定世界观的指导，但有其独立的意义。

群众文化学研究的方法是很多的，但都是在方法论的原则和思想指导下进行的。有人曾把方法论和各种具体研究分出了三个方面的层次和类型，运用到群众文化学中，则可以这样认为：

第一，方法论。它统帅着群众文化学的各种研究方法。

第二，基本方法。一般指对群众文化学中出现的特殊矛盾所采取的带有普遍性的基本研究方式。

第三，具体研究程序技术。一般指研究要经历的具体步骤和手段。如调研提纲的制订、具体施行的措施、调研材料的处理等。

在群众文化学的研究中，三个方面是统一的整体。方法论占统帅和指导地位，而基本方法与技术，则是为了达到研究目的而采取的手段，后者在群众文化学中具有重要应用价值。

在群众文化学领域里，经常运用的是这样一些方法论：

归纳和演绎的方法。唯物辩证法认为，归纳和演绎是两种特殊的，但不是独立的研究形式。它们不是彼此孤立，而是相辅相成的。我们在研究群众文化时经常运用的归纳和演绎的方法，是由个别到一般，由事实到概括（归纳），再由一般到个别——由一般原理到个别结论（演绎）的研究方法。

分析和综合的方法。即分析和综合的结合——各个部分的分解和所有这些部分的总和、总计。

历史和逻辑的方法。要求以历史和逻辑的统一性对对象作出分析。这种方法论认为，历史从哪里开始，思想过程就应从哪里开始，而思想过程的向前推进无非就是以抽象的和理论上前后一贯的形式反映历史过程。

类型学的方法。这是一种在同种现象中按类别进行研究的方法。如对群众文化的不同形式进行的研究，对民族特色、地方风格或某群众文艺作品思想和主题、结构和情节等的研究。

群众文化学要在创立的基础上得到更快的发展，不但要更好地运用通常的研究方法，还要有选择地引进和吸收一些横向的方法或其他方法，建立新的方法论。如“老三论”——系统论、信息论、控制论；“新三论”——耗散结构论、协同论、突变论等。这些是 20 世纪 40 到 70 年代逐渐兴起的横向研究方法。

系统论研究方法。这是一种把对象作为整体、作为系统加以考察、研究的方法论。将系统论的方法用之于研究群众文化，要求把群众文化的活动和现象、参与群众文化的人等，都看成具有多层次的、系统的、完整的有机构成部分。在系统论中，一个大型活动、一件微型作品的研究，甚至一个历史时期的群众文化现象，都应当被看成是一个系统。通过对这个系统进行研究，找出各部分之间的相互联系，在这种相互联系中把握整个研究对象。

如果用系统论的方法评论某一群众文化活动，则不是抓住活动中的某一个细节作结论性的判断，而是要从活动的整体作用上研究它的总倾向，从活动的组成部分的相互依存、相互作用上研究它的客观效果与社会价值。

信息论研究方法。这是一种用信息的概念作为分析、研究和处理问题的方法论。采用信息论的方法，就是把系统看作是借助于信息的获取、传播、加工、处理而实现其有目的的运动的一种方法来研究群众文化,和系统论有着密切联系。例如,同样开展校园群众文化活动,但不同学校开展活动的规模、风格、形式、内容不一,这就是不同领导者、组织者、辅导者在活动酝酿、组织过程中制造、保存、传递出来的精神信息不一样。又如可以将艺术家创作过程和观众的欣赏、参与过程看成是一个有机的统一信息系统。

控制论研究方法。这种方法着眼于事物或对象内部不同系统、结构、环节之间的自动调节规律,其特点是它能在特定条件下,把本来是两套不同类型的信息加工控制系统,构成一个统一的控制系统。如运用于群众文化研究,则可把群众文化活动或群众文艺作品视为被控制对象,研究它是否满足了社会需要,满足到什么程度,并具体表现为价值量。这个价值量还须作为反馈信息返回给社会或作者。

耗散结构论研究方法。这个理论认为,一个远离平衡的开放系统,在外界条件变化达到某一个临界值时,量变就能引起质变。系统通过不断与外界交换信息、能量和物质就可能从原来的无序状态转化为一种时间、空间或功能稳定有序的状态。由于这种客观有序结构需要耗散物质和能量才能维持其有序状态,所以称之为耗散结构。

过去,我们对文化消费大多采用的是定性分析,对文化消费的能力、结构和水平,只能就个别例子进行推论。引进耗散结构论作为研究方法,我们就可以借助相应的统计资料,建构数学模型,进行定量分析,就可以看出带自发因素的文化消费活动从无序到有序的发展过程。

协同论研究方法。这种研究方法从"协同学"延伸而来。协同学意指相互协同作用的科学。协同学研究的系统是包含有大量子系统的复杂系统,而这些子系统在性质上可以极不相同。但它们又是在一定条件下从无序到有序演变的,都呈现出非常相似的特征,遵从相同的发展规律。

例如,我们在研究人们审美现象时,可以把它看成一个复杂的系统,而审美对象、审美情感、审美理想、客观审美尺度等都是这个复杂系统下的性质不同的子系统。发生在每个人身上的审美现象,其子系统的自由度是各不相同的,也就是说,每个人审美心理的构成是千差万别的。而这种差别的产生,是由于审美心理内诸要素(子系统)协同过程的结果。正是这种协同过程,使审美心理内诸要素按照"自组织"(即自发地协调配合)方式,产生了综合的美感效应。

突变论研究方法。突变理论的基本内容是考察某一过程从一种稳定状态向另一种稳定状态的跃进现象。只要改变控制条件,就可以使飞跃改为渐变,或使渐变改为飞跃。突变理论的目的,不仅是描述各种质变现象,更重要的是研究对于质变各种形态的控制。因此,突变理论也是系统科学的一种。

鉴于突变论可以具体解释表面上看来是非逻辑性的、不一致的、不自然的关系的变化,人们可以用它来阐释群众文学作品中题材的提炼、主题的形成、构思的定型、结构的组织等,并可以用它来研究一个时代群众文化学说的变化、分合、活动形式的演进等。

进入21世纪,随着研究对象、客观世界的发展变化;随着人们研究客观世界、了解研究对象的工具的改变;随着人们认识客观世界,认识所研究对象的能力的提高;随着科学的方法论的不断发展和变化,我们既要在辩证唯物主义和历史唯物主义的哲学思想指导下,把握好群众文化的哲学本质,吸收新的研究方法;又要靠研究者充分调动自己的科学的敏感性与分析能力,对各种方法论加以灵活应用,在实践中创造出更好的方式方法。这样,既能保证群众文化学方法体系的内在统一，又能使研究者的认知程度和方法兼容并蓄，不断更新，保持旺盛的研究活力。

## 三、群众文化学与其他相关学科的联系

群众文化学的构建进程已向人们清楚地昭示：自身范围由一般性应用研究到基本理论的研究，进而到理论体系的建立，不是一种孤立的、单向性的推进，而是一种与周围现存相关学科相互渗透、相互作用、多向性的演进。群众文化学作为一门带有交叉性质的新兴学科，其理论体系发展过程中的内部矛盾运动较之传统学科更为深刻，而急速发展的社会进程，使传统的研究范畴已不能概括群众文化的种种现象，急需脱颖出一个新的研究范畴与逻辑框架，以寻求一种涵盖面更广、穿透力更强的研究方法。因此，这也就促使人们刻意到相关学科与群众文化学科的联系中去寻求答案。群众文化学具有相当边缘学科特点的学科特征，故而研究群众文化学与其他相关学科的关系，通过与其他主要相关社会学科的比较，更清楚地发现它们之间的相互联系，不仅有助于深刻理解群众文化学的性质和特点，而且能够不断提高加强群众文化学的学科建设，使之对群众文化实践产生更积极的意义。

### (一)群众文化学与文艺学

群众文化学与文艺学都是文化学的组成部分。它们都是文化的一个局部层次。

文艺学的主要内容在群众文化学的内部结构中，即群众文化中的文化群体：企业群众文化、校园群众文化、村落群众文化、军营群众文化、家庭群众文化等的活动中都有所体现。群众文化主体的主要活动形式是通过文艺这一载体来体现的。

作为现代文艺学的一个分支学科的文艺心理学，它所研究的是鉴赏个体的知觉调动、情绪调动和心理激活；另一分支学科的文艺语言学所研究的是观众在欣赏活动中对作品内涵的延伸、发挥和补充，都与群众文化学中作为主体的广大群众的审美心理与鉴赏思维特征直接相关。特别是它的第三个分支学科文艺社会学所研究的对象的两个部分更与群众文化学密切相关：文艺作品和社会的关系成为文艺社会学研究的基本范畴，文艺的社会价值是文艺作品和社会文化背景之间最深刻的内部联系，即文艺价值的实现是文艺作品直接参与社会关系——而这与群众文化学中的自娱性特征，即与群众为主体的能动作用和观照作用对社会的关系的直接参与性非常接近。文艺社会学认为，文艺的社会机制主要包括文艺生产、文艺传播和文艺消费，它们互相联系互为因果，构成了一个有机的社会行为过程；而群众文化学的传播功能认为，群众文化是一种社会性的文化活动方式，同时又是一种表现着社会关系的特殊媒介；倘若群众文化的主体参与活动，必定会主动接收，并通过一定的活动加以传播，从而产生种种精神调节功能；这种生产——接收、传播——传播、消费——生产的两头对应，中间复合的内在联系，也说明了两个学科之间的相关性。

但两个学科也存在着一些基本差异。例如：研究对象不同，群众文化学是以群众文化作为研究对象，而文艺学则以文艺的各种现象作为研究对象；研究内容不同、群众文化学的研究内容主要在于群众文化本质论、构成论，群众文化管理学与群众文化史等方面，而文艺学研究的主要内容只是与群众文化学的局部内容相联系。

### (二)群众文化学与社会学

群众文化学与以社会为研究对象背景的社会学是密切相关的。

首先，社会作为一个体系，是各种人际关系的总和。群众作为群众文化的主体，是各种人与人、群体与群体关系的集合。在群众文化活动中，就显现了各种社会观念的相互渗透，一定范围内的社会联系、社会规范和社会心理的特殊表现形式等特定内容。

其次，社会除了人、人群以外，还有各种文化参数，即人类生产力的发展中有着文化创造的作用——文化参数。文化的创造活动，促进了生产力的提高，而生产力的发展又改变着群众文化活动的种种形态。如，从河姆渡文化时先民们吹奏着骨哨与陶埙，到由于人民劳动能力和文化素质的提高而创造了交响乐队；原始时期人们击筑而歌，如今是随着“卡拉 OK”机欢唱。乐器与娱乐形式由于现代科技的进步丰富了群众文化艺术活动的表现能力，群众文化活动形态及其组织方式的变化也改变着人们的社会关系。

再有，作为社会学重要分支的文化社会学，主要研究的是精神生产、精神财富的创造和传播，如教育、体育、新闻、出版、文艺等。这些学科的研究中有不少是与群众文化的研究交叉或复合的。

然而两个相关学科不仅各自的研究对象与内容不同，就其两学科交叉部分的学科思想来剖析，也有明显的不同。群众文化学主要从群众对社会文化生活的需要出发，着力研究这种“参与”关系及其表现形态；找出这种相关性所决定诸形态的必然性，及由这种必然性支配下群众文化开展和发展的趋向，侧重于对自身对象的发展规律，即内在联系的“应用性”的研究。而文化社会学则从整体文化诸形态的生产、传播和消费的角度去研究这一切与一般社会发展的关系，社会的文化结构与经济结构、社会结构的相互作用，侧重于文化对社会的广泛联系的“证验性”的研究。

**(三)群众文化学与民俗学**

能从民俗学研究的历史、对象与内容看来，群众文化学与民俗学在历史属性上是十分亲近的。群众文化的历史沿革，特别是民族、民间文化的源流演变，与许许多多的民俗的历史形成或现有事象是交融在一起的。群众的文化意识曾强有力地作用于历史民俗文化，民俗文化作为历史的桥梁传承了群众文化。

在群众文化的传统中，广大群众为了庆丰收、求幸福、祛病灾、健身体，也为了陶冶性情或图个吉利，常常与一个时代一个地区和一个民族的岁时风俗习惯、信仰禁忌紧密相连；历代氏族部落、封建王朝也常在群众文化中“观民俗”而“采民风”，将民俗事象与民间文艺维系在一起，在历史的长河中，群众文化与民俗是搀扶共进的。

其次，当代民俗丰富了当代群众文化的民族性、地方性，使群众文化更为绚丽多姿。群众文化又为开一代新风起了很大作用。民俗发展到当代，事象与行为模式更加丰富。例如春节风俗，本来源于古代蜡祭，祭祀各种对农事有恩功的神祇，是与人类求生存的需要有关。演变至今，又不断扩展积淀成祭神、拜祖、贺年、守岁、请春酒、贴春联、放鞭炮、茶话座谈、文艺演出等多种活动，它的功能也由单纯祈年谢神演进为与群众文化直接有关的交际、娱乐、喜庆。而群众文化在当代作为精神文明的实现手段，也极大地影响着民俗，许多地方的祭神拜佛转化成祈祷丰年，纪念先烈先祖；请酒拜年中的铺张现象也多由勤俭节约的春节团拜所代替；影视、文艺迎春晚会不但符合着我国人民除夕守岁的习惯，也为家人欢度良宵提供了新的群众文化形式。

再次，群众文化学与民俗学在现代学术研究中，研究对象往往是同一的，故而现代人的种种生活习惯、民风习俗以及带有群体意识的文化现状，都成为群众文化学与民俗学在各自领域中进行剖析、探究的对象，通过对这些文化现象发展规律的把握，对当代群众文化与民俗文化作出解释并产生影响。

尽管群众文化学与民俗学纵横交叉，但它们研究的侧重面却不尽相同。民俗学主要在于对民间文化传承中的民俗事象的剥离与整理；认识民俗的意义、发生、发展的实质，更多的在于探究民风习俗的成因与形成，证实民族与地域文化圈中历史文化的变化与发展，从而吸取它的合理内核，为移风易俗发挥现实作用。而对于群众文化学来讲，对民俗学方面的研究有助于进一步认识各民族、各地区群众文化的形态、内容及其历史成因，从而更好地了解其艺术价值及社会价值；有助于了解和认识不同民族、不同地区的群众文化的发展事实，为开展民族地区群众文化活动找到依据；有助于了解不同民族、不同地域人们生活习俗中的社会心理及其种种禁忌，从而知道怎样去开展活动和开展怎样的活动；有助于区别群众文化活动中的积极因素和消极因素，从而更好地开展健康有益的群众文化活动等。

群众文化学作为一门综合性与边缘性特征都较强的学科，由于学科本身的特点与当代科学技术革命的诱导，更具有交叉性。因而除与文艺学、社会学、民俗学等相联系外，还与经济学、心理学、教育学等一些学科有着广泛互动的联系。

### (四)群众文化学与经济学

由于一定的文化(当作观念形态的文化)是一定社会的政治和经济的反映，又给予伟大影响和作用于一定社会的政治、经济，因而群众文化学与经济学存在着内在联系是必然的。在群众文化学中，常常借用经济学的范畴和逻辑观点，分析群众文化在市场经济社会中的运行规律。

就当代而言，群众文化学还要研究群众文化工作如何为经济建设服务，怎样围绕以经济建设为中心，让群众文化工作产生积极的作用；研究群众文化发展的经济因素及与之有关的种种因素，如社会生产方式、分配方式和消费方式等对群众文化的制约和促进及如何借用经济规律推动群众文化有偿服务活动、以文补文与文化专业户等的进一步发展，以在质的规定性之内使群众文化不断地得到自我完善。

### (五)群众文化学与心理学

心理学是研究心理现象及其规律的科学。心理现象是参与群众文化活动的每个人都具有的。例如，人在活动时的感觉和知觉，思维和想象等认识活动；在认识客观事物时人们持有一定态度而产生的体验——情绪情感；人与人之间在需要、欲望、兴趣、信念、气质、性格等方面的个性心理特征；运用某种知识经验完成一定活动方式的运动技能和智力技能等。这些心理现象的各种规律有助于对群众文化做更深入的研究。群众文化学与心理学都要研究人与人的活动心理，只不过研究的角度有所不同。例如，运用心理学关于人的心理因素等方面的研究成果，可以去确定不同爱好、愿望、年龄、性别、职业、文化层次、社会经历的人，对群众文化的不同需求，以使群众文化学在多样化与层次化方面的研究中更加科学化。

此外，心理学的研究也为研究群众文化学的历史发展提供科学依据。心理学研究心理、意识的起源和发展，心理现象对客观事物的依存性，研究外界的客观事物怎样引起脑的活动继而产生心理需要问题,不但有助于辩证唯物主义者具体地论证物质第一性、意识第二性在群众文化中的反映,意识是高度组织起来的物质的产物以及意识是客观世界反映等文化哲学上的基本命题,也有助于探析群众文化的源流,群众文化的嬗变与群众文化的发展趋势。

**(六)群众文化学与教育学**

教育是培养人的一种社会活动。一个人出生以后需要经过教育才能成为一个自为的人、社会的人。教育学就是研究作为培养人的这种社会现象和它的规律的一门科学。

由此,至少在教育功能与社会功能方面群众文化学与教育学是互为交叉渗透的。

就教育现象而言,一个人一生受的教育是丰富的、多方面的。教育的基本职能之一就是将人类社会文化遗产传授给年轻一代或让上年纪的人接受新知识,使其成为他们认识社会和自然、改造社会和自然的具有一定的教养、知识和技能的劳动者。教育不仅受到一定社会的政治经济的影响,而且受到包括群众文化在内的社会文化和历史传统的影响。如何根据各地的特点和文化的传统来发展地方教育事业,是各地教育工作者都在研究的问题。

人类创造的群众文化的继承和发展除了物质生产发展中的历史继承性以外,就是依靠教育。教育又是群众文化产生吸附作用与影响力的主要因素之一。寓教于乐,乐中求知是广大群众的日常生活内容之一。

人们还可以通过对教育学中教育对象、教育规律研究的进一步探索,将教育学中的有关教学工作的任务、过程、内容、方法、组织形式、教师与学校领导的管理等成果运用于群众文化教育中,对群众文艺爱好者、群众文化活动者和组织辅导者进行教育与培训,提高他们的水平,并让群众文化活动在寓教于乐中有更加丰富多彩的内容和形式,更具理论依据,进而培养出更多的人才。

# 第二章 群众文化活动的分类管理

## 第一节 群众文化演出、展览及相关比赛活动的管理

### 一、群众文艺演出及比赛活动的管理

#### (一)群众文艺演出活动

1.演出活动内容的管理

即保证群众文艺演出活动的内容能够做到思想性、艺术性、观赏性的有机统一。在演出活动内容的管理上,需要通过“四个坚持”,不断提升群众文艺演出内容的政治质量、精神质量和艺术质量。一是坚持正确的宣传导向,将群众演出活动作为坚持先进文化的前进方向、贯彻科学发展观、推进社会主义核心价值体系、宣传党和国家路线方针政策的重要文艺载体;二是坚持正确的文化立场,弘扬真善美,贬斥假丑恶,发挥文化引领风尚、教育人民、服务社会、推动发展的作用;三是坚持寓教于乐的演出艺术表现手段,弘扬主旋律,传承优秀民族民间文化,根据每个地区群众不同的文化需求和地方文化风俗,把群众喜爱的演出艺术活动送到基层,创作出叫得响、传得开、留得住的高水平群众文艺作品,在广大群众中引起反响、形成互动,让群众在陶冶情操、愉悦身心的同时能受到教育;四是坚持与群众的生产、生活实际相联系,群众文艺演出活动的内容要贴近实际、贴近生活、贴近群众,把握群众的文化脉搏,了解群众的活动期望,以多元化的文艺手段展示植根于基层、普通群众身边的好人好事,演群众想看的戏、讲群众想听的故事、跳群众喜爱的舞蹈,以“群众演群众”“群众看群众”的专有演出活动的方式丰富演出活动的内容,使活动可亲可信、深入人心。

2.演出活动人员的管理

即通过培训、辅导、排练、表演的过程,实现发现人才、培养人才、用好人才的目标,调动人力资源完成演出的组织、筹备和演出现场的舞台表演及服务工作。群众文艺演出活动内容丰富、互动性强,参与演出活动组织、服务的人员业务种类多,大体可包括:演出活动的策划人员和决策人员、文案人员,文艺节目创编和辅导人员,导演(总导演)、演员、演出统筹人员,舞台美术(包括布景、灯光、化妆、服装、效果、道具、音乐等)工作人员、摄像(照相)人员,后勤保障人员和安保人员等。各个岗位的工作人员应在决策人员和总导演的指挥下,分工合作、密切联系,形成一个完整的演出活动现场工作管理组织,共同完成制定演出活动方案和流程,编排文艺作品,辅导组织演员,舞美设计布置,演出协调,领导、嘉宾、评委等的邀请接待,观众组织,后勤服务及撤场,安保巡视等工作。因此,做好演出人员管理工作的重点是科学领导、智慧决策,分工明确、责任落实,密切配合、协同作战。

3.演出活动质量的管理

即通过比赛、观摩、交流、评比等手段,不断提高演出活动的策划组织水平、艺术表演质量。

无论是通过竞争的方式还是通过学习的方式，群众对演出活动的要求通常受到活动时间、活动地点、参与活动对象、社会环境和活动竞争等因素的影响。这些因素变化，会使群众提出许多不同的新的活动要求。活动的策划组织水平和质量不仅体现在活动的内容和形式上，而且也体现在活动的服务管理环节中，并随着社会的发展、技术的进步而不断更新和丰富。加强对群众文艺演出活动的创新，不断挖掘活动的文化特色，努力满足群众对演出活动不断提高的适用性文化需求，是提高演出活动水平和质量的关键。

提高活动的策划组织水平要注重提高获取和科学处理各方面相关信息的能力，提高对群众文化发展变化的预见能力及根据文化资源发挥创造性思维的能力，提高在活动组织实施过程中科学决策、统筹协调、调整反馈的能力。提高演出活动的质量则要注意树立以群众的文化需求为中心和打造群众文化活动品牌的观念，加强对活动组织者履行标准化服务流程、开展个性化服务的教育与培训，完善活动的监督执行和整改评估机制。

**(二)群众文艺演出类比赛活动**

演出类比赛活动的内容主要包括：比赛方案的确定、比赛场地的选择、比赛流程的安排、比赛标准的拟定、比赛评委的落实、比赛结果的公布、工作人员的分工、比赛过程的掌控等。演出类比赛活动的特点是：具有明确的演出规则、严格的评审标准、确定的演出次序、明晰的比赛结果。演出类比赛活动过程的管理应注意的问题是：人员分工要明确，指挥调度要严格，应对变化有预案，比赛结果要公平。

1.比赛方案的制定

制定演出比赛活动方案除对常规的活动要素做出说明外，要重点根据不同艺术门类的特点和比赛的目的对参与比赛活动的形式做出准确的说明。以舞蹈比赛为例，要明确参赛的舞种和形式，如民族舞、古典舞、现代舞、拉丁舞和独舞、双人舞、三人舞、群舞等，对各单位报送参赛作品的名额做出明确的分配，对舞台上的统筹和布置工作、现场观众的组织工作要做出明确的部署。

2.比赛场地的选择

对于演出比赛场地的选择，要围绕演出活动的经费、活动定位、活动规模、气候和自然环境条件、交通情况、场地设施情况、出席活动领导和嘉宾的情况等做出综合分析和选择。

3.比赛流程的安排

演出比赛流程是对活动方案主要内容安排的程序化介绍，按照活动开展的先后顺序和时间节点对各项比赛工作进行简要说明，让人一目了然。

4.比赛标准的拟定

比赛标准、评委打分和公布比赛结果关系到比赛活动的质量和公平性。因此，制定比赛标准要公开、透明，并与群众演出的实际水平相适应，邀请的评委应老、中、青结合，不仅要求具备较高的专业水平，而且应当熟悉群众文化活动的规律，重要演出比赛的结果应进行公证和公示。

5.比赛过程的掌控

演出比赛过程的掌控是指对比赛开始到比赛结束全部过程的控制、协调，包括：制订计划、发出比赛通知、组织报名、训练彩排、赛前准备（场地布置、人员分工、组织评委、准备奖品等）、赛前检查和向上级汇报、组织比赛、接待领导、组织观众、维护现场秩序、解决比赛中的问题、核对分数、宣布比赛结果、颁奖、组织退场等。演出比赛的掌控工作一般由现场总指挥和活动总导演牵头负责,并组织各个岗位工作人员分工实施。

群众性演出比赛活动不同于专业演出比赛活动,它不仅承担着参与比赛的群众间、演员间、地区间交流技艺、自娱自乐的任务,而且带有浓厚的"友谊第一、比赛第二"的艺术竞技的特点。比赛的规则、标准、次序要明确,要有利于参赛者和参赛团队在同一标准上发挥和展示各自的艺术水平,方便互相比较和学习。对于演出次序,要结合实际情况有依据、按程序制定,还要人性化地体现"群众文化为群众"的特点。如在条件允许的情况下,应尽可能安排老年组、少儿组演出项目优先比赛,体现"尊老扶幼"的比赛理念。参与演出比赛活动的人数多,在台上台下、场内场外有参加比赛的选手、观看比赛群众、参加打分的评委、参与比赛活动的组织人员、场地的物业工作人员、媒体记者、安保人员及为比赛提供服务的临时雇佣人员等,具有岗位类别多、分工细腻的特点。

因此,在组织演出比赛活动时必须构建统一、高效的指挥、通讯系统,严格按照业务流程和岗位职责开展工作。比赛活动,特别是大型比赛活动都可能面临着因突发性自然力量或人为力量导致的变故。针对这类情况,比赛的组织者要有清醒的安全意识和超前意识,在制定活动方案时就要将突发变故的偶然性当做必然性来对待,有预见性地制定活动预案,从演出安全、人员疏散、紧急救治、安全保卫、信息发布、通讯联络等方面做出周密的部署,有条件的应进行赛前演练。

## 二、群众文化展览展示及相关比赛活动

### (一)展览展示类活动

1.展览展示活动内容的管理

群众文化展览展示活动内容的管理主要包括:设计方案的制定、展出内容的把握、展品展台的选择、布展设台的合理、现场观众的组织、场地安全的布控、展后工作的处理等。

设计方案要包含展览展示的名称、目的、主题、时间、地点、主办与承办单位、展览展示的内容、艺术表现形式和环境氛围营造、展品要求以及仪式宣传等总体安排、后勤服务等内容。群众文化展览展示内容要重点把握:主题性——即弘扬主旋律、倡导积极健康的文化理念,切合展览的文化主题;代表性——即能代表一个地区或一个领域内的群众文化艺术水准;独特性——即能展示独特的文化魅力。布展的重点是以展品为中心,以展台、展架和辅助性器材为依托构建完整的展览展示系统。展品可以是实物、模型、图表、资料、照片、道具等,借助视频、音响、灯光、讲解人员等增加视觉冲击力和渲染力。要采取多种安全措施保护好现场有较高价值的珍贵群众文化展品,提前准备好解说词,对参观的群众要进行通俗易懂的讲解,对前来学习交流的群众文化同行要给予深入、详细的专业讲解。

2.展览展示活动形式的管理

展览展示活动形式的管理包括:布展场地的确定、展览规模的控制、展线长度的设定、科技手段的运用、辅助设备的准备、参展资料的编发等。

群众文化展览展示活动具有较强的灵活性,展出场地根据活动的需要,既可以在室内或室外举办,也可以在专业展览馆或文化站(室)、社区(村)举办。展览的规模、展线的长度取决于展品的数量和内容,并与展览展示的设计思路、管理方式、经费预算有关。对展出规模和展线的控制要适量、适度,要以能够传递给观众清晰、准确、整洁的展览展示信息为主要依据。办展

览时运用科技手段、使用辅助设备、发放参展资料，能起到事半功倍的宣传效果。例如，在互联网上举办展览被称为“永不落幕”的展览会，不仅能够补充实物展览的不足，而且成本低、影响广泛；灯光、音响、视频、广告板等辅助设备能够为展品制造出高雅、厚重、时尚等不同格调的文化氛围，是对展品的生动解读；参展资料可以图文并茂、声像并茂，便于参观群众随身携带、随时阅读。此外，还要注意参展项目现场表演人员与观众的互动交流，选择合适的展位和空间，便于人流的活动，准备必要的交流材料，以增强互动交流的效果。

3.展览展示活动质量的管理

展览展示活动质量的管理包括：受众人群的统计、观众舆论的收集、展出水准的评估、效益效果的评价等。

群众文化展览展示活动是群众展示文化艺术才能、交流文化艺术体验、继承文化艺术传统、传播先进文化理念的群众性宣传教育活动。展出活动应以群众创作的艺术作品为主要媒介，营造人与人进行文化情感沟通的特定文化氛围。参与展览展示活动的群众不仅包括展品的作者，展览的组织单位和支持单位的人员，以及观赏展品的普通群众和各级领导，而且还包括参与交流学习的群众文化工作者和具有一定技艺水平的文艺爱好者、媒体记者等。

对以上受众人群参展后感受的收集整理，要作为展览展示活动质量管理的重点，纳入展出水准的评估、效益效果的评价之中。评估、评价工作包括对展出成本效益的评估、宣传质量效果的评估、预期目标完成情况的评估、参展人员数量和构成、参观平均时间的统计、相关社会意见建议的反馈分析、展位展线艺术表现效果的满意率等。评估、评价工作的意义和作用在于对展出活动的全面总结和科学分析，对展览的实际效果提供客观的结论，为今后办好相关展览提供依据和经验。

**(二)展览展示类比赛活动**

展览展示类比赛活动内容的管理主要包括：比赛作品的选定、比赛场地的选择、比赛标准的拟定、比赛结果的公布等。比赛活动管理的重点主要包括：比赛组织的严密性、作品安全的保障性、现场人员的流动性、评审结果的相对性等。比赛活动过程的管理，包括作品安全的管理、现场秩序的管理、作品评审的管理等。

1.比赛作品的选定

群众文化展览展示类比赛活动主要有书法比赛、绘画比赛、摄影比赛、手工艺作品比赛等，对这些艺术门类参赛作品的选定，主要应涉及作品的主题、作品的艺术表现手法、作品的数量、作品的规格、作品的知识产权等。

2.比赛场地的选择

展览展示类比赛活动可以根据展览的目的、展览的规模、展览的经费预算、展品的性质等做出灵活的选择。适于组织展览展示类比赛活动的场地可以分为室内场馆和露天展馆、专业展馆和综合展馆以及近些年随着科技发展兴起的网络展馆、手机展馆等。

3.比赛标准的拟定

比赛标准要根据不同艺术门类的特点拟定，一般要根据不同的参赛组别从参赛作品的健康性、完整性、美观性、艺术性、创新性等方面进行综合的评定。如摄影比赛可以从主题内涵、画质构图、视觉效果、创意方向、文字描述等方面设计评定标准。各项群众性展览展示比赛都不尽相同，比赛组织者应根据地方的实际情况设计具体的比赛标准，广泛调动群众参与活动的热情和积极性。

4.比赛结果的公布

公布比赛结果要按照“公平、公正、公开”的原则进行，应对比赛的参与情况和评审情况做出总结，可以举办规模灵活的颁奖仪式并组织适当的宣传，避免活动“虎头蛇尾”的现象出现，规格高、规模大的比赛活动要对比赛结果进行公示和公证。

群众文化展览展示类比赛活动具有严密的组织程序，要认真制定展览展示方案、规范比赛程序和评选细则、发布比赛通知、开展比赛宣传、收集各类参赛展品、确定比赛场地、组织布展和撤展、组织群众参观、邀请评委打分、汇总比赛成绩、公布比赛获奖结果、组织比赛颁奖仪式、完成赛后总结评估和归档等项工作。

群众文化展览展示类比赛活动还应采取多种措施保证展品的安全。比赛过程中要加强与公安、消防、场地保卫部门的密切协作，要加强对比赛组织机构工作人员的专业培训，在展品收集、保存、运输、布(撤)展、展品返还的各个环节中按照规范进行操作，选择安全可靠的邮递、仓储、包装、展览等比赛合作服务商，要为展品选择合适、安全的展览场地和展台、展柜，为价值高的展品上保险，要加强参赛者对保护自己展品的意识等。

与欣赏演出比赛的观众不同，欣赏展览展示类比赛的观众流动性强，要注意做好场地卫生、秩序维护、控制人流密度、预留紧急疏散通道等工作。展览展示类比赛往往举办时间相对较长，而且比赛环节较多，对比赛过程的管理重点涉及相关人、财、物的安全秩序维护，比赛评审过程的公平。由于很难为艺术作品评审划定精确、统一的比较尺度，而且每个评委不同的艺术阅历、不同的艺术喜好、不同的艺术审美倾向往往导致了“仁者见仁、智者见智”的评审结果。因此，比赛组织者要加强学习和研究，尽可能科学地制定比赛程序、因地制宜地制定好比赛评审细则、建立评委专家库、选拔组建好评委会，用好媒体的监督服务功能。同时，参赛者对艺术类作品评审结果要带着包容、欣赏的态度去看待，以重在参与、学习、交流的目的参加比赛活动。

## 第二节　群众文艺创作与理论研究活动的管理

### 一、群众文艺创作活动的管理

#### (一)创作活动的组织

群众文艺创作活动的组织包括创作活动选题与策划、创作人员的选择、创作素材和所需材料的准备、创作活动场地和设备的安排、创作作品的审定、创作作品的展示等工作环节。

文艺创作活动的管理者要指导业余文艺作者以火热的现实生活为源泉、以掌握的创作素材和创作灵感为基础，选择和确定所要创作文艺作品的主题，并围绕该主题对创作目的、创作内容、创作方法、创作风格、作品传播途径等进行全面设计、构思，提出创作实施计划。

由于群众文艺创作具有创作时间业余化、创作群体分散化、创作形式多样化、创作水平差异化的特点，为保证文艺创作计划顺利实施，首先，要选择优秀人员组成一支包括活动的组织者、辅导者和创作者的文艺创作队伍，其中要重点发挥好群众文化事业单位文艺干部的骨干作用。其次，要从文艺创作所需的软件和硬件两方面，做好前期准备工作；在软件准备方面，要推敲、找准、细化创作素材，并广泛搜集与创作主题有关的历史风俗、创作技法等相关材料，不断完善创作构思；在硬件准备方面，要根据文学、美术、摄影、音乐、舞蹈、曲艺、戏剧等不同艺术门类的创作规律，提供必要的创作室、排练场地和创作器材、创作设备等。再次，创作活动的组织者、辅导者要积极主动地帮助创作者审查、核定各类作品的初稿，既要集思广益，努力帮助作者提高创作水平，又要尊重作者的意见，保持鲜明的创作风格。最后，要搞好文艺创作作品的展示，用出版发行、组织演出、举办展览等方式，并结合广播、电视、报刊、网络等新闻传播媒介，充分发挥其宣传、教育功能。

**(二)创作内容的管理**

对创作内容进行管理的重点是：坚持社会主义先进文化的前进方向，践行社会主义核心价值观；体现中国特色社会主义的共同理想；体现以爱国主义为核心的民族精神和以改革创新为核心的时代精神；体现社会主义的荣辱观和价值观。要全面贯彻“文艺为人民服务、为社会主义服务”方向和“百花齐放，百家争鸣”方针，按照“贴近实际、贴近生活、贴近群众”的要求，遵循以人民为中心的创作导向，坚持正确的文化立场，弘扬真善美，贬斥假恶丑，力求创作出思想性、艺术性、观赏性相统一与群众喜闻乐见的优秀群众文艺作品。

群众文艺创作的内容要从实际出发、从文艺创作规律出发，树立群众文化精品意识，坚持遵循“小题材、小投入、小制作、大效益”的创作方针。坚持“四个结合”：即坚持弘扬主旋律与提倡多样化的结合、坚持民族文化传统和发掘时代创新精神的结合、坚持群众文艺创作新品与精品的结合、坚持舞台艺术与非舞台艺术的结合。处理好主旋律与多样化的关系、地域性题材与多样性题材的关系，在热情歌颂中华民族的文化传统和精神风貌、热情歌颂新时代的辉煌成就和模范人物的前提下，创作出群众喜闻乐见、生动活泼、风格迥异的各类群众文艺作品。

**(三)创作队伍的建设**

对群众文艺创作队伍的建设，主要应从四个方面入手：

1.坚持业余创作队伍与专业创作队伍的结合，不断扩大和壮大群众文艺创作队伍

业余文艺创作者来自社会各行各业，他们的优势是能够广泛收集生产、生活各领域中极其丰富的文艺创作素材，同时对文艺创作充满热情，能够自觉、主动地参与文艺创作；专业文艺创作者具有接受过某个艺术门类的专业训练、有敏锐的创作捕捉能力和创作研究能力的优势。在文艺创作中，将两者的优势相结合，通过各类活动搭建彼此学习、交流的平台，有利于提高群众文艺创作队伍的整体水平。

2.通过活动发现和培养创作人才，组建文化艺术团队、协会等团体

举办各类群众文艺创作比赛、交流、展览等活动，能够为广大文艺创作爱好者提供展示、交流的平台，能够为文艺创作活动管理者提供发现和培养有潜力的文艺创作人才的机会。在举办文化活动以外，日常培养创作人才的有效手段是组建专门的业余文艺创作组织，并能够让群众文艺创作者有机会接受专业的、长期的、系统性的训练，不断培养他们的创作个性和创作风格；同时，有利于培育和形成以群众文艺创作团队、协会等为主体的地区群众文艺创作骨干力量。

3.通过举办高水平的群众文艺创作活动，呈现“出作品、出人才”的群众文艺创作格局

举办高水平的文艺创作活动，可以对群众文艺创作起到积极的引领和导向的作用。通过对参加活动人员的范围、结构等提出要求，对创作作品的主题、内容、形式、艺术技法等提出要求等，有利于促进群众文艺创作人才和作品的目标化、精细化培养。在群众文艺创作活动举办过程中，群众文艺创作人才、作品之间的同台竞技与展示，可进一步加强彼此间的学习与借鉴，多项优秀的文艺创作作品通过活动集中涌现，表现出群众文艺创作活动发展、繁荣的景象。

4.运用评比、奖励等各种方式鼓励业余作者进行文艺创作，推动群众文艺创作水平的提高

评比、奖励等手段为群众文艺创作者切实提供了开展业余文艺创作的精神动力和物质动力。参与群众文艺创作活动的优胜者、获奖者不仅能够获得标志着一定艺术水准的荣誉奖项、出版相关的作品集、获得宣传报道、职称评审破格等机会，进一步增强创作的自信心；而且有机会获得奖励经费、创作设备、辅导培训、社会赞助等方面的物质奖励，为今后开展文艺创作活动积累必要的物质保障。

**(四)创作成果的展示**

充分发挥群众文艺创作成果的社会效益，采用各种手段进行宣传和传播。

1.群众文艺创作成果按艺术形式展示

群众文艺创作成果按艺术形式展示包括：动态艺术形式的展示、静态艺术形式的展示、动态与静态艺术形式共同展示。动态艺术形式的展示主要集中在对音乐、舞蹈、戏剧和曲艺等艺术门类的群众文艺创作作品进行演出展示；静态艺术形式的展示主要集中在对美术、书法、摄影类的群众文艺创作作品进行展览或出版图书、登载报刊等方面的展示；动态与静态艺术形式共同展示，则是对不同艺术门类的群众文艺创作作品进行动静相间的综合性文化展示。通过舞台表演、群众互动文化活动、文艺作品展览、创作实物展示、文艺创作图文资料发放及售卖等文艺展示方式，集中向社会进行宣传和传播。

2.群众文艺创作成果按传播方式展示

群众文艺创作成果按传播方式展示包括：以报刊、图书等平面媒体及广播、电视、网络等电化传媒的方式进行成果展示；以演出、展览、现场演示等形式进行成果展示。平面媒体和电化传媒是群众文艺创作成果面向社会开展普及性宣传的有效方式，具有传播范围广、速度快、受众群体分散的优点，特别是网络媒体，可突破传统媒体传播的时空局限性，实现全天候、广覆盖、能互动的媒介传播方式。群众文艺创作成果以演出、展览等形式进行的现场展示方式是面向特定群体开展针对性或提高性群众文艺创作宣传的有效方式，具有欣赏效果真实、互动性与时效性强、受众群体集中、传播效果显著等特点。在实际活动中，管理者应根据群众文艺创作成果的艺术规律将媒介成果展示法与现场成果展示法结合使用，在传播推广中妥善处理好群众文艺创作成果普及与提高、一般与重点的关系。

## 二、群众文化理论研究活动的管理

### (一)群众文化理论研究的内容和步骤

1.群众文化理论研究的内容

群众文化理论研究的内容主要包括基础理论和应用理论两大类。

基础理论主要是研究群众文化的基本规律，包括群众文化史、群众文化学等；应用理论主

要是探索现阶段群众文化工作实践中出现的各种问题,包括群众文化事业的改革与发展、体制机制创新等。基础理论揭示了群众文化的本质和普遍性、抽象性的发展规律,注重理论的科学性、系统性和逻辑性;应用理论是以基础理论为指导,摸索群众文化实践中总结的特殊性、具体性发展规律,注重遵循实事求是、以人为本、与时俱进的理论研究原则;两者间存在着相辅相成、指导与被指导、发展与创新的理论研究关系。

2.群众文化理论研究的步骤

群众文化理论研究活动主要包括研究课题的设定、工作方案的制订、参加人员的选定、相关资料的搜集、研究报告的形成、研究成果的应用等步骤。

课题是理论研究的最基本单元,研究课题的设定即是将群众文化工作中存在的主要问题或亟待解决的重要事项,确定为研究和讨论的对象。工作方案的制订即是针对研究对象制订可操作的工作实施方案,应包括课题的基本情况、课题的研究目的、课题研究的基本思路和具体措施、研究成果的应用与推广等内容。选择合适的人员参与课题研究,就是要保证课题组内,既有具备理论研究能力和组织协调能力的课题组组长,也要有开展调查分析、整理资料、撰写报告的研究人员,还要有致力于培养青年研究者和业务骨干的人员。搜集相关资料即是要与总结自身实践经验相结合,广泛收集国内外同领域内或相关联的跨行业的数据、信息并进行综合分析及预测。研究报告的形成和研究成果的利用,则是在前期学习、交流、调研、思考、总结、鉴定的基础上起草、完善研究报告,并在实践中利用研究成果指导实际工作取得成效的过程。

**(二)群众文化理论研究的基本要求**

群众文化理论研究活动的基本要求是:研究课题的有效性、研究目的的针对性、研究过程的可行性、研究成果的功用性。

1.研究课题的有效性

研究课题的有效性是强调在选择和确定研究课题时,必须首先要保证研究课题对解决群众文化实践中具有普遍意义的特定问题能起到有效的指导作用,将理论同实际工作联系起来探索、创新应用的新途径,或将实践工作经验总结和提炼为能丰富群众文化基础理论内容的一般性规律。

2.研究目的的针对性

研究目的的针对性是强调课题研究要根据群众文化实践的需要,对其中某个领域中存在的主要矛盾或重要问题进行分析和研究,提出有明确指向性的解决办法及措施,对群众文化事业改革与发展具有现实意义或对群众文化应用理论建设具有学术价值。

3.研究过程的可行性

研究过程的可行性是强调研究程序上的可操作性。首先,要有适于从事该课题研究的具有实践经验和学术研究能力的人员;其次,要确定因地制宜、范围适度、目标集中的课题任务和科学规范的研究步骤;最后,要有保障课题研究能正常开展的必要经费和设备。

4.研究成果的功用性

研究成果的功用性是强调课题研究成果在指导群众文化实践、解决具体问题中所体现出的功能和发挥的作用,从而反映出群众文化理论研究的实用价值。为保证研究成果具有较好的功用性，必须从课题的选择、调研的过程入手，坚持做到贯彻落实“两方向”；坚持做到课题研究遵循“先进性、适用性、有效性”原则；坚持做到将解决群众文化事业当前存在的实际问题与长远发展规划结合起来。

### (三)群众文化理论研究过程的管理

群众文化理论研究过程的管理包括研究课题的管理、研究人员的管理和研究成果的管理。

1.研究课题的管理

理论研究课题管理工作的程序分为：课题的选择、课题评审、课题实施、课题成果鉴定四个阶段：一是要组织研究人员认真学习国家及地方的文化方针、政策，结合当前的群众文化工作任务明确课题研究服务方向，认真调查研究，了解国内外有关领域内的文化发展动态并经过综合分析和预测做出研究价值评估，确定合适的选题；二是要从研究目标和内容的重要性与必要性、研究方案的可行性、研究成果的预期前景等方面对课题研究进行评审；三是在课题实施阶段要依据签订的课题研究合同，认真抓好组织检查与分工落实工作；四是对于群众文化理论研究成果的鉴定，要从创新性、先进性、适用性、效益性四个方面给予科学的评价。

2.研究人员的管理

课题研究是一项团队合作任务，体现了研究团队的集体智慧和团结协作的工作作风。对课题研究人员的管理，应重点从合理安排人员分工协作、发挥研究人员专长、建立研究课题激励约束机制三个方面做好管理工作：首先，要合理分工，要有负责课题工作总体规划的组织负责人员，要有负责参与课题调研、分析资料、撰写报告的课题实施人员，要有在课题组内负责传递和汇总信息、收集相关信息资料、安排研究工作日程、做好后勤服务的课题协调人员，要有向课题组提供专业指导和咨询的专家(课题顾问人员)等；其次，要根据以上四类人员的分工、专长、年龄、职称、性格等特点进行合理的人员搭配，在课题研究中尽可能地发挥他们的业务特长；最后，要通过实施合理的奖惩管理制度调动他们的积极性，在团队内部营造良好的学术研究氛围和业务交流环境，从“以人为本”的角度保证课题研究的质量和效果。

3.研究成果的管理

研究成果的管理是在学术研究成果鉴定的基础上，对研究成果进行登记、建档、上报、申请奖励、交流、推广、应用等工作环节实施的管理。对研究成果的管理，既是对课题研究过程做全面、系统的梳理和总结的过程，也是将课题研究理论成果转化为长期推动群众文化事业发展创新的实践动力的过程。因此，课题管理者要把研究成果管理作为推动课题实现社会效益和经济效益最大化的关键工作，常抓不懈。

### (四)群众文化理论研究成果的转化与利用

理论研究从实践中来，最终还要到实践中去检验。理论研究成果的转化与利用是理论研究工作的重要目的，也是理论研究为群众文化工作服务的出发点和落脚点。研究成果转化与利用的目标，就是要发挥理论研究成果对群众文化实践活动的指导作用、对政府文化决策的参考作用、对群众文化理论研究的推动作用。

为实现以上目标，首先，要对群众文化理论研究成果有正确的认识，研究成果的数量和质量是一个地区群众文化事业发展水平的主要标志，是衡量各项群众文化工作成效的重要尺度，也是推动群众文化创新发展的宝贵信息资源；其次，要为理论研究成果的转化与利用提供试验田,采取先试点、再推广的方法,在充分总结试点经验和教训的基础上逐步推广;再次,要加强对群众文化理论研究成果的广泛宣传,通过各类社会媒体和群众文化理论学习交流活动推广研究成果,力争使其在更多单位和地区使用;最后,要在实践中不断完善和发展理论研究成果,任何理论研究成果都有一定的适用条件,随着地区精神文明和物质文明的进步、群众文化事业的日益发展,群众文化理论研究成果要不断适应新形势的需要,自觉补充和更新内容,在有必要、有条件的情况下,应深入开展二次课题研究。

此外,还要以积极、客观、包容的态度对待理论研究成果的转化与利用。既要肯定理论研究成果对推动事业创新发展的必然性作用,在实际工作中大胆运用理论研究成果;同时也要正视新事物、新成果的风险性,要结合实际工作,以稳中求进的方式逐步推进理论研究成果的转化与利用,客观地降低并化解风险。

## 第三节　基层群众文化活动的管理

### 一、社区(村)群众文化活动

#### (一)社区(村)群众文化活动的地位

1.社区(村)是文化建设与社会建设的契合点,是和谐社会建设的最基层阵地,社区、村落是开展群众文化活动的重点

社区(村)将生活或工作在固定地理区域中的人们密切联系在一起,共同的生存环境和需求,让居民(村民)之间在许多方面形成了一致的意识和利益,并体现出带有鲜明地域特色的文化。社区(村)文化是社区(村)建设的基本要素,具有满足群众基本文化需求、教育娱乐群众、规范思想行为方式、传承文化成果、增强群众地域认同感和归属感、促进地区经济发展等功能。村落与社区不同,村民间往往有着世代相传的血缘关系,基本的生产、生活方式趋同,许多村落的地理位置相对偏僻,这让在村落举办群众文化活动方面有着更加扎实的群众基础和更加迫切的群众文化需求。

2.社区(村)群众文化活动是居(村)民享受基本文化权益的重要形式

社区(村)群众文化活动便于群众就近参加,符合便利性原则,也符合群众文化活动灵活机动、小型多样的原则。同时,社区(村)举办的群众文化活动一般具有较强的针对性,通常活动组织者来自街道乡镇或社区居委会、村民委员会和驻地单位,能够比较充分地了解地区群众的人员结构、知识层次、兴趣爱好、作息时间等情况,在此基础上结合自身区域文化资源优势,组织开展艺术类群众文化活动及与体育、教育、卫生、普法、党建等相关联的文化活动,容易吸引当地群众积极参与。

这些活动既有定期组织的群众性文化娱乐活动,如在春节、端午节、中秋节、五一劳动节、七一建党纪念日、十一国庆节等节日期间举办的社区(村)节庆文化活动,也有长年累月坚持开展的社区(村)阵地文化活动,如扭秧歌、跳交谊舞、读书、看报等,许多群众将社区(村)开展的各类群众文化活动比喻为"文化娱乐穿线,集体活动织网,共建欢乐家园"。社区(村)文化活动中常出现以本社区(村)真人、真事为素材创编的群众文化艺术创作,鲜活的艺术形象和内容也

是较容易引起群众关注和共鸣的主要原因。社区（村）群众文化活动在家门口举办，在客观上为群众就近参与活动提供了交通上的便利和地域上的亲切感，能够与亲戚、朋友、同事、邻居等一同参与活动并形成互动，在轻松休闲娱乐的同时达到人与人之间沟通交流、增进感情的目的。社区（村）群众文化活动"灵活机动、小型多样"的特点，保证了活动的普遍性、连续性、丰富性、创新性，让群众有机会随时随地地参与活动、抒发文化情感。

虽然社区（村）文化建设总体上呈现出蓬勃发展的态势，但由于文化资源相对匮乏，使其开展群众文化活动的能力与地位很不相称。主要存在的制约因素：一是部分领导干部对社区（村）文化建设的重要性认识不足，相当一部分社区（村）的群众、驻地单位对社区（村）文化建设的内涵和功能缺乏认识；二是社区（村）文化建设机制需要进行改革，如活动经费的保障机制、社区（村）单位共建机制、活动管理组织机制、活动评估激励机制等都应适应文化建设的需要；三是社区（村）文化设施建设的普遍水平有待提高，设施建设率与利用率、设施器材设备的现代化率等都不适应群众需求；四是社区（村）文化骨干队伍总体上比较缺乏，社区（村）文化管理员队伍、中青年文艺骨干队伍、文化志愿者队伍、文化艺术辅导教师队伍等都亟待培育和加强。

**（二）社区（村）群众文化活动的管理**

1.明确责任主体

县（市、区）和街道（乡镇）政府是开展社区（村）群众文化活动的责任主体。社区（村）群众文化活动属于基层公共文化建设和导向性文化宣传的重要组成部分，因此基层政府在对其管理上处于主导和优势地位。对社区（村）群众文化活动的管理，应形成县（市、区）文化局（委员会）、街道（乡镇）文化科（室）指导支持，文化馆、综合文化站辅导帮助，社区（村）委员会、文化室负责组织实施的活动管理机制。

2.明确主管人

在社区（村）的居（村）委会内，宜设定一名主管群众文化工作的领导成员。居（村）委会作为政府指导下依法办理群众自己事情的社会基层自治管理组织，应根据有关法规担负起发展辖区公益文化的职责，并本着高度重视和主动维护辖区群众基本文化权益的态度，指派热爱文化事业、有基层文化管理能力的领导成员负责群众文化工作，组织开展好本社区（村）的群众文化活动。

3.建立协调组织

即联合地域文化、体育、精神文明建设等相关部门，建立社区（村）群众文化活动协调组织。社区（村）文化活动内容广泛、形式多样，涉及辖区内人们的信仰、价值观、行为规范、历史传统、风俗习惯、生活方式、地方语言和一些特定象征的内容等，并且许多社区（村）中的文化管理人员、文化活动设施都担负着开展文化活动、体育活动、党建活动、精神文明创建活动等一体化的工作任务。因此，建立相关的协调组织，多部门一起齐抓共管，有利于节约人力、财力和物力，也有助于扩大文化活动规模、丰富文化活动内涵。

4.调动社区（村）资源

即充分挖掘社区（村）内的文化资源，为社区（村）群众文化活动提供服务。这些资源主要包括：社区（村）周边的企事业单位、学校以及社区（村）家庭的活动场所资源，文化艺术产品资源，各类文化艺术人才资源等。调动社区（村）丰富的社会资源参与群众文化活动，是在辖区内形成文化共建、文化共享、文化共荣良好局面的基础。重点加强政府引导下的文化共建激励措施、组织保障措施的建设,不仅有利于形成高水平开展社区(村)文化活动的长效管理机制,也能为辖区单位的文化建设增添新的内容,符合辖区单位科学发展的长远利益。

5.建立援助机制

各级政府、社会各界应帮助社区(村)建立群众文化活动的援助机制。县(市、区)文化馆、乡镇(街道)综合文化站要加强对社区(村)群众文化活动的指导和帮助。县(市、区)、乡镇(街道)级文化部门要分别整合两级区域文化资源,提升社区(村)群众文化活动水平。组织家住社区或农村在外工作的知名人士、企业家或团体,参与社区(村)的群众文化活动。以个人或组织的知名度带动外界文化资源的引进,推动辖区文化活动的活跃开展,逐步彰显地区文化活动的风采。

6.发展特色品牌

即大力发展"一社区一品"、"一村一品"的特色群众文化活动。注重传承和保护民俗生态文化,加大对优秀民间文化资源的发掘、整理和保护,积极培育具有当地文化特色的项目。以文化活动为抓手,联结和整合辖区内不同类型的文化资源和同类型的上、下游资源,以举办品牌活动的手段,实现全方位推动社区(村)文化活动的目的。

7.改善活动设施

即依托社区(村)综合文化室,加强对社区(村)级文化设施的整合。积极争取上级有关部门的支持,不断增加和改善开展群众文化活动所需的场地、设施和设备。逐步建立和完善有专人管理的社区(村)群众文化组织队伍,统筹属地内的文化活动设施和文化活动设备,提高使用效率。因地制宜地完善活动设施建设、维护、升级制度,保证活动设施稳定、持久地发挥其文化服务功能。

## 二、广场(公园)群众文化活动

### (一)广场(公园)是开展群众文化活动的重要载体

广场(公园)是覆盖城乡的公共文化空间,它为群众交流思想、联络感情、强身健体、娱乐休闲、展示才能、切磋技艺等提供了良好的文化环境,是开展露天性群众文化活动的理想场所。文艺表演类活动、休闲健身类活动、主题展览类活动、民间收藏活动、文学美术创作类活动及文化市集类活动等,都是广场(公园)群众文化活动的主要形态。广场(公园)群众文化活动总体上包括两种类型:一类是城乡居民自发组织的、以广场(公园)公共活动场地为基本阵地所进行的群众文化活动;另一类是由有关部门和单位在广场(公园)开展的、有组织的群众文化活动,如广场文艺演出、比赛,公园的游园、灯会、庙会等。这些活动有效地调动了群众的文化热情、从不同层面上满足了群众多元化的文化心理需要,实现了群众业余文化需求个性化与共性化的统一、随机性与导向性的统一、专业文艺活动与群众业余文艺活动的统一,使广场(公园)群众文化活动呈现出雅俗共赏、兼容并蓄的景象。

广场(公园)群众文化活动具有多重功能。一是作为面向群众开展宣传思想教育的重要阵地,广场(公园)活动让群众在身心娱乐之际,自觉地领会、宣传和贯彻党和政府的各项方针政策,在潜移默化中推动社会主义核心价值体系建设和公民思想道德建设;二是作为群众休闲娱乐、交流沟通的舞台,广场(公园)活动荟萃了社区(村)文化、校园文化、军营文化、企业文化、机关文化等，让人们有机会在自由接受艺术熏陶、展示艺术才能、提高艺术素养的同时沟通感情、凝聚心智；三是广场（公园）活动是塑造地区文化形象、保障群众基本文化权益的举措，对于加快推动公共文化服务体系建设、提高政府基层文化工作能力、改善服务质量起着重要作用。

**（二）广场（公园）自发群众文化活动的特点**

1.群众自发开展，自然形成

广场（公园）自发的群众文化活动一般以群体为组织形式，以单一性的文化娱乐活动为内容，组织者多为有一定号召力并热心群众文化活动的文艺骨干。在广场（公园）有着共同兴趣的文艺爱好者具有彼此切磋提高技艺、互相展示欣赏的文艺需求，经过较长时间的共同活动和人员聚集，而自然形成了群众业余文艺组织。其中那些组织能力强、文艺技能水平高的人员从中发挥了协调组织、指导服务的重要作用。有的群众业余文艺组织由组织者按照约定标准收取一定的费用，但大多用于团队活动的一般性支出，包括聘请教师、购置设备等。

2.活动的组织者、活动骨干、地点、时间相对固定，活动规律呈日常化

广场（公园）群众业余文艺团队的组织者和文艺骨干，由于坚持为组织成员提供热心周到的服务和耐心规范的辅导，得到大家的认可和肯定，在团队中树立起了威信，成为带领文艺团队长期开展活动的领导者，也使这些团队在一定时间内具有较强的凝聚力和稳定性。参与团队活动的成员一般多是居住在广场（公园）附近的群众，他们基本相同的生活作息时间与松散的团队活动纪律要求结合起来，形成了定时、定点、定内容的日常活动规律。

3.自我组织、自我管理，但没有明确的组织章程和组织形式

在广场（公园）参与自发性群众文化活动的文艺团队，一般是某一门类文艺爱好者出于强身健体、休闲娱乐、联络感情的需要而共同设立的，活动目的比较单一。团队成员大多来去自由，且一般不受团队其他成员的约束，团队主要依靠文艺骨干的号召和成员之间的诚信关系实行松散的自我组织、自我管理。大多数广场（公园）的群众文艺团队既未在民政部门办理过社团登记手续，也未在本地区街道、乡镇备案，属于非正规的群众文艺组织，因此没有明确的组织章程和组织形式。

4.自然有序、受众面广，是广场（公园）最普遍、最活跃的活动

在广场（公园）自发举办的群众文化活动性质决定了参与活动的群众都是自觉自愿的，很少存在指派人员强制参与或群众被动参与的情况；同时，自发举办的群众文化活动对于愿意参与其中的群众不设条件限制，并且符合绝大多数人的文化娱乐需求和意愿，这使得参与活动的群众范围不断扩大、人员不断更新，呈现出自然有序、受众面广、普遍、活跃的特征。

**（三）广场（公园）自发群众文化活动的管理原则**

1.切忌生硬介入，过多干涉

在广场（公园）自发举办的群众文化活动一般有着比较坚实的群众基础，反映了当地部分群众的文化审美取向，体现了比较一致的文化需求。对于此类活动只要主题格调健康、积极，同时对他人或对环境不造成影响，群众文化管理者就要尊重群众的文化意愿，防止生硬介入、过多干涉所引起的不必要的矛盾和纷争。

2.调查研究，建立沟通渠道

要加强在广场（公园）自发举办群众文化活动的调查研究工作，对活动内容、活动形式、活

动时间、活动地点、活动经费、参加人员、组织方式、群众文艺创作等方面进行系统的调研，并及时总结、推广活动的成功经验，加强与活动组织者的沟通，用群众易于接受的方式给予适度的指导，引导活动高水平健康开展。

3.发现群众文化骨干，将其纳入群众文化骨干管理范围

在广场（公园）自发举办的群众文化活动中涌现出的文化骨干，一般都是具有较高综合素质或突出文艺专长的人员，并且在群体中得到了多数人员的拥护和肯定，具有较高的威信和号召力。对于这类群众文化骨干人才，要及时将他们纳入群众文化骨干的管理范围，有针对性地加大培训力度，通过以培养骨干促活动的方式，提高自发性群众文化活动的水平。

4.发现和扶持优秀群众文艺团队

对于在自发性群众文化活动中发现的优秀群众文艺团队要加强帮扶力度，一方面要帮助其规范自身的组织结构及管理机制建设、培养团队管理者、在经费和设备上给予支持；另一方面要帮助其健全组织、开阔眼界，加强业务辅导、培育文艺骨干、提供参与相应比赛的机会，并将其纳入业余文艺团队管理范围，使其逐步走向规范化、正规化。

5.发挥广场（公园）群众文化资源的效力

调动广场（公园）自发群众文化活动中表现优秀的文艺团队的积极性，发挥和利用这些团队的优势和特长，组织他们参与社区（村）的群众文化活动，并促进其与辖区内其他文艺团队的沟通与交流，引导他们由以满足个人文化需求为中心的活动理念向展示有特色的地区文化风采的活动理念方向转变，由自娱自乐的活动方式向参与社区（村）文化共建、共享的活动方式转变，以此促进区域文化资源的整合。由有关部门和单位在广场（公园）开展的有组织的群众文化活动，应根据地区群众的需要、地方政府年度文化宣传工作的安排，结合广场（公园）的建筑设备情况有序开展，并积极发挥示范、引领作用，引导广场（公园）自发群众文化活动健康地发展。

## 三、家庭群众文化活动

家庭群众文化活动的管理一般应遵循的原则和办法是：

### （一）尊重历史文化传统和群众意愿

家庭群众文化活动是以家庭为基本载体，成员间根据个人的兴趣爱好、审美取向、文艺特长共同组织开展的创办于家庭、服务于家庭的群众性休闲娱乐活动与文化教育活动。组织开展家庭群众文化活动，要尊重历史文化传统和活动规律，尊重群众意愿，活动方式能够适合以家庭为单位进行或适合家庭成员集体参与，注重引导家庭群众文化活动健康发展。

在举办家庭文化活动时，既要保持尊老爱幼、勤俭节约、助人为乐等中国家庭的传统文化美德，又要尊重家庭成员和周围街坊邻居等与家庭相关人群的意见和建议。一方面要启迪文化活动思路，努力营造和谐的文化氛围；另一方面要告知他人，争取别人的支持和理解，不妨碍他人的日常生活。开展活动的形式和内容要符合家庭的实际情况，应多举办如书法、绘画、音乐、摄影、舞蹈、文学创作、手工艺制作、影视欣赏和评论、棋牌等家庭成员易参与、互动性强、对空间需求有弹性的文化活动。各种家庭文化活动都应积极传播社会主义核心价值观、践行“八荣八耻社会主义荣辱观”，在文明、祥和的文化艺术氛围中融洽家庭成员间的感情，提高家庭的凝聚力。

**(二)融入区域文化建设规划**

家庭群众文化活动是群众文化活动的有机组成。家庭群众文化活动应当纳入地域文化建设的整体规划,并应与社区(村)群众文化活动共同规划,形成互动和互补。

家庭群众文化活动既有其独特的文化魅力,也是构成各类群众文化活动的基本组成要素。几乎每个群众文化活动参与者的背后都有来自家庭的支持和鼓励,大部分文艺骨干在成长中都得到过家庭的艺术引导或熏陶,家庭文化活动作为社区(村)文化的细胞,在细微处体现和展示着不同地域的文化内涵。群众文艺骨干的培养、群众文化特色的彰显、群众文化活动的参与、群众文化创新力量的激发,都离不开家庭群众文化活动高水平地开展。

在地区文化建设规划中,不仅要对开展标志性、主题性的群众文化活动提出发展思路,而且要把家庭文化活动当做保证各项优秀基层文化活动可持续开展的基石,对其进行认真的研究和规划。做好家庭文化活动规划,要从地区文化建设的总体目标入手,结合不同家庭文化活动开展的实际情况,从活动特点、参与活动的成员、家庭文化氛围的营造、政府拟定的扶持措施等方面综合考虑,统筹做好相关规划的酝酿、制定工作。

**(三)搭建家庭群众文化活动平台**

以演出、展示、交流、比赛等各种形式搭建家庭群众文化活动平台。家庭群众文化活动不只是在一个家庭内部成员之中开展文化活动,更多的是要在不同家庭成员之间开展共同参与、互相切磋、同台竞技的文化活动。举办多种形式的家庭群众文化活动是提高家庭文化活动水平、发现群众文艺人才、丰富地区文化内容、展示群众精神风貌、倡导健康文明生活方式的需要。地域政府及文化部门要努力发挥家庭群众文化活动中所突出的充满人类高尚亲情与爱情的文化感召力的作用,将搭建家庭群众文化活动平台作为建设地区基层文化阵地的重要内容,落实推动家庭文化活动"自我参与、自我发现、自我欣赏、自我发展"的工作措施。

在家庭群众文化活动中应注重发挥当地妇女联合会(以下简称"妇联")的组织协调作用。多渠道搭建家庭群众文化活动平台,充分发挥具多层面的社会文化价值。例如精神文明建设、文化宣传、党员学习、司法普及、体育健身、卫生保健、计划生育、校外教育、公益慈善等主题工作,都能够通过不同的活动内容和形式与家庭群众文化活动相结合。各地区的妇联组织在推动和谐家庭文化建设方面具有丰富的经验,他们组织开展的相当一部分家庭文化活动已具有地区文化品牌效应,因此文化部门要加强与当地妇联的合作,共同搭建起广阔的家庭文化活动舞台。

**(四)培育和发展文化户**

培育和发展具有特色的文化户(文化家庭),在家庭群众文化建设中具有重要作用。培育和发展文化户(文化家庭)重点应做好三个方面的工作:一是抓好文化户(文化家庭)的基本硬件条件建设。作为文化户要遵纪守法、操守社会公德、热爱公益事业、邻里关系良好、知书达理、愿意为群众服务;家庭成员要有一定的文化艺术特长和修养,能继承中国家庭的优良传统文化;家庭主要成员应长期居住在本地,家庭居室环境整洁,具有一定的接待能力;能够积极主动地参加文化部门、街道(乡镇)及社区(村)组织的各类文化艺术活动;有条件的应能完成上级布置的宣传任务,乐于配合媒体的采访。二是帮助文化户(文化家庭)达到文化部门或街道(乡镇)制定的有关艺术水准的量化标准,例如,对本地区的文艺展演类特色家庭可以提出"家庭成员中有×人以上具备舞蹈、音乐、戏曲、曲艺等艺术门类的展演才能,有一定的表演水平;展演节目的内容比较丰富,应达到×个以上,既有传统的,也应有自创的;具有演出所需的简单服装、道具和相应的化妆能力;具有组织小型群众文化活动,辅导小型群众业余文艺演出团队的能力等"。三是抓好文化户(文化家庭)的日常管理。管理部门要经常关心文化户的活动情况,对于遇到的困难和问题应提供必要的帮助,对文化户开展的文化艺术活动应给予必要的辅导,搭建平台给予文化户必要的表演展示机会,对成效突出的文化户可按照"家庭自荐、群众推荐、组织公示"的程序给予必要的表彰和资格审核。

**(五)提供辅导、指导等各类服务**

抓好家庭群众文化活动的管理,还应组织群众文化优势资源,根据需求为家庭群众文化活动提供辅导、指导以及必要的服务。首先,可以通过举办各类讲座、展览、交流、竞赛和参加地区群众文化活动的方式,定期对家庭群众文化活动骨干进行培训,根据活动组织者的要求有侧重地讲授活动组织、文艺技能等方面的知识,提高他们的文化艺术水平和组织活动的能力。其次,要以优秀群众文化工作者和文化志愿者为主体,邀请部分专业艺术人才对家庭群众文化活动骨干进行辅导培训,并积极整合地区工会、共青团、妇联、教育、民政系统及驻地共建单位的相关文化人才资源,对家庭群众文化活动骨干进行业务指导。最后,要利用好图书馆、文化馆、文化站、工人文化宫、青年宫、少年宫、少年之家、社区(村)文化活动中心(文化大院)等公共文化设施资源,为家庭群众文化活动提供服务,各级政府和文化管理部门也可以根据实际情况为骨干文化家庭添购必要的活动器材、学习资料或适当给予补贴、奖励。

## 第四节　民族民间群众文化活动的管理

### 一、民族民间群众文化活动的内容、原则和管理

**(一)民族民间群众文化活动的内容**

以往对民族民间群众文化活动的内容主要界定为:各民族不同信仰、习俗、风情、生产生活习惯的文化活动;各民族群众从事改善聚落区域内生存环境的文化活动;展示各民族繁衍、生存顽强精神的文化活动;各门类民族民间文化艺术活动。在非物质文化遗产保护日益得到国家重视的大环境下,民族民间群众文化活动可更多地围绕民族民间文化遗产的保护工作展开。按照文化部对"民族民间文化遗产保护收集范围"的界定,民族民间群众文化活动可围绕以下五个方面进行。

1.民族民间口头文学传习活动

即各民族群众以口头创作、口耳相传的方式集体修改、加工、流传的,反映各族群众社会生活历史、信仰与情感、审美与艺术情趣的民间文学作品(民间传说、民间故事,民间神话、民间歌谣、长篇叙事诗、史诗以及小戏、说唱文学、谚语、谜语等)的群众文化活动。

2.民族民间传统技艺创作和展示活动

即各民族群众为满足生产生活的需要,利用各种物质材料和技术手段开展的,带有地域文化艺术特征的手工艺类(建筑装饰、剪纸工艺、织染工艺、雕刻工艺、烧造工艺、编扎工艺等)的

群众文化活动。

3.民族民间节庆文化活动

各民族群众以传统节庆为载体,并和与节庆相关的农业耕作、民间祭祀、重要人物纪念等习俗相结合,深入挖掘节庆文化内涵,组织开展寓教于乐的群众文化活动。

4.民俗文化活动

各民族群众开展的蕴含每个地区独特的生产生活风俗文化成果与文化传统(如民间服饰等生产民俗、人生礼仪等社会民俗、民间信仰等精神民俗)的群众文化活动。包括城市举办的庙会活动、少数民族地区举办的与民族特色传统相关的歌舞活动等。

5.民族民间艺术活动

历史悠久、广泛流传于各民族各地区民众中间的,内容丰富、形式多样的群众文化活动,包括民族民间音乐活动、美术活动、舞蹈活动、戏曲活动、曲艺活动、木偶、皮影、杂技活动等。

这些不同民族、不同地域的群众文化活动是中国先进文化的根基,是展示地区文明的重要标志,凝聚着不同地区人民群众精神创造和劳动智慧的结晶。

**(二)民族民间群众文化活动的原则**

民族民间群众文化活动需要把握三个原则:民族性原则、传统性原则、政策性原则。

1.民族性原则

民族性既是各民族群众文化活动的主要特征,也是民族民间文化活动管理的第一位原则。民族性是民族群众文化活动管理需要贯彻始终的主题。民族民间群众文化活动中的民族性,主要表现在将一个民族的生活特色、风俗习惯、情感素质、审美方式、思想内容、语言思维等带有独特民族风格、民族气派的精神气质和行为模式艺术化,并充分体现在群众文化活动的内容和形式上。一个地区民间文化活动中的民族性,往往代表着该活动在各地区众多同类活动中的特殊性、品牌性和吸引力。对文化民族性的挖掘深度,很大程度上决定了民族民间群众文化活动的质量和水平。

2.传统性原则

民族民间群众文化活动中的传统性,主要指在民间群众文化活动中,按照一定的规则将民族发展史上所传承的表现优秀民族文化特质和文化风貌的思想文化、观念形态、艺术技能、历史实物等稳定地展示和体现于活动当中。如世代相传的民族文化精神、文化信仰、文化习俗、文化艺术等,在民间群众文化活动中表现出地位的稳定性、内容的地域性、形式的融合性、发展的渗透性,将继续留存于现在的活动之中并影响未来的活动。应按照“取其精华,去其糟粕;批判继承,古为今用”的态度,贯彻落实活动的传统性原则。

3.政策性原则

民族民间群众文化活动中的政策性原则,主要指在举办活动的过程中要遵守各项法律法规和各级党委、政府及文化行政部门制定的民族、宗教等相关政策。民族民间群众文化活动常具有鲜明的地域色彩、民族色彩、历史特色和风俗特色。因此在活动中,特别要注意贯彻社会主义的宣传文化政策,坚持正确的舆论导向;贯彻保障少数民族权益和传统的政策,尊重少数民族的风俗习惯;贯彻国家宗教政策以及涉及国家社会公共安全的政策,坚持移风易俗,确保活动的健康有序。

### (三)民族民间群众文化活动的管理

对民族民间群众文化活动的管理需要把握的基本原则是:

1.尊重各民族的不同信仰和习俗习惯

在活动的策划、组织过程中,要充分考虑活动的内容和形式是否与活动举办地各民族的信仰和习俗习惯保持一致。在少数民族地区举办活动时,要提前做好调研和咨询论证工作,避免有违于民族政策和民族传统的事件发生。在活动举办过程中,如与民族传统、风俗习惯产生矛盾时,应及时依靠当地政府部门向民族群众做好沟通和道歉工作,并对活动内容进行整改或停止举办。

2.加强民族团结和国家统一的思想引导

一方面要依法举办活动,在活动中广泛宣传党和国家的民族团结政策、国家统一政策;另一方面要根据举办活动的目的、参与活动的群体情况,巧妙构思、有计划地安排能够增进民族感情、促进民族团结、有利于宣传维护国家统一的活动内容。

3.立足提高各民族群众的整体文化素质

组织民族民间群众文化活动既要继承和弘扬优秀的民族文化,保持健康有益的风俗习惯,适应当地群众普遍的文化需求,而且要不断与时俱进,将群众能接受的有时代感、有科技含量及其他民族的优秀文化活动内容,充实到原有的活动当中去,立足于逐步提高群众文化活动的档次,逐步提高民族群众的科学文化水平。

4.注意对民族民间文化遗产的发掘与保护

要把民族民间群众文化活动作为促进地区文化遗产传承和展示的有效载体,在加强文化遗产保护宣传的同时,以丰富活动内容、创新活动形式为契机,深入发掘文化遗产的社会价值、经济价值,使其保持历久弥新的文化生命力。

## 二、民间传统节日群众文化活动的内容、特点和管理

### (一)民间传统节日群众文化活动的内容

民间传统节日群众文化活动是中国悠久的历史文化及传统节庆文化的重要组成部分,也是世代相传、不断创新的珍贵的民族精神文化遗产。群众在民间传统节日期间开展的舞蹈、音乐、戏曲、游戏、手工艺制作、美术、书法等民俗文化活动,都展示出每一个传统节日的独特文化魅力和深厚的文化底蕴。丰富的节日群众文化活动内容是各个门类艺术与传统节庆所特有的时令性、农业性、纪念性、宗教性、商贸性、社交性文化的结合。这些活动周而复始地定期举办,在愉悦身心的同时不断强化着人们的节庆文化意识,弘扬了优秀民族文化传统,在身临其境中实现了传递与继承,体现了共同的民族心理和民族性格,增强了民族的凝聚力和感召力。

最有代表性的民间传统节日群众文化活动包括:在春节、元宵节时举行的庙会、灯会等民俗文化活动等;在清明节、端午节、中秋节、重阳节等传统民俗节日举行的传统民俗活动;遵照历史传统并利用节令、节气举行的群众文化活动等。这些节庆文化活动深受百姓喜爱,参与面广泛,流传至今而经久不衰。

### (二)民间传统节日群众文化活动的特点

民间传统节日群众文化活动具有鲜明的特点,主要体现在严格的周期性、广泛的群众性、参与的普遍性、鲜明的主题性。

1.严格的周期性

节日活动的周期性主要体现在伴随传统节日每间隔一定时间段的到来，节日群众文化活动就会按照传统程序和规则周而复始地举办。群众通过周期性地参与活动，反复感受基本相同的活动内容与活动形式，对传统节日文化内涵的认识不断深入，文化心理的感受趋于一致。

2.广泛的群众性

节日活动的群众性主要体现在每一个传统节日都表达了一个或若干个民族群众在思想精神领域某些方面的共同文化愿景。各民族群众在节日期间自觉参与文化活动，将自己对节日文化的认同充分表达出来，把文化活动作为每个群众感受和认识节日文化精神与体验和分享节日文化成果的媒介和载体。

3.参与的普遍性

节日活动的普遍性主要体现在各地区传统节日活动普遍开展、活动总体规模较大，这得益于对民族有认同感并乐于体验节日文化人群的广泛分布，有时甚至跨越了民族和国界；同时，社会各行各业根据自身的文化需求、经济需求参与到各项节日文化活动中去，让活动表现出更加社会化、普遍性的特征。

4.鲜明的主题性

节日活动的主题性主要体现在不同传统节日的文化活动中，因为承载了独特的节日文化内涵表现出与众不同的活动主题。节日活动的主题与宗教信仰、农业耕作、时令节气、健康辟邪、纪念祖先和英雄等有关，并通过活动内容和活动形式进行具体的诠释，也由此显示出节日文化活动主题的丰富性。

### （三）民间传统节日群众文化活动的管理

民间传统节日群众文化活动管理的原则主要体现为：组织管理是关键，活动管理是主体，安全管理是保障。民间传统节口群众文化活动管理的方法是：将活动安全管理置丁第一的位置；尊重历史文化传统、民族民间习俗和活动自身规范；尊重人民群众的意愿和需求，并引导活动健康发展；提供完善到位的服务。可总结概括为：尊重历史传统、尊重民族习俗、遵守活动规律、遵从群众意愿、重视活动安全。

民间传统节日群众文化活动管理的原则是开展活动时所必须遵循的基本活动组织准则和基本活动管理界限。民间传统节日群众文化活动的管理方法是为遵循活动的原则、保证活动在合理的管理界限以内顺利开展，而提出的基本管理要求和办法。一些群众文化工作者经常将注意力集中在具体活动内容、具体活动形式的组织安排上，反而忽视了对决定和指导活动方向、内容、形式的管理原则和管理方法的考量，造成活动在实际举办过程中出现宣传有偏差、组织不周密、安保措施不完善等问题。因此，活动组织者在策划、开展传统节日文化活动时要坚持微观管理与宏观管理相结合的方法才能做到活动导向正确、活动安全稳妥、活动创意新颖、活动内容丰富、活动形式多样、活动程序清晰。

## 三、庙会群众文化活动的特点与管理

传统庙会又称“庙市”或“节场”，是指在寺庙附近聚会所进行的祭神、娱乐和购物等的传统民俗活动。传统庙会因庙而生，祭祀是其最显著的特征。传统庙会一般在寺庙的节日或规定的日期举行,流行于全国各地。后随着经济的发展和人们交流的需要,传统庙会在保持祭祀活动的同时,又融入集市交易活动,使过年逛庙会成了人们不可缺少的过年习俗。庙会活动是地域风俗习惯、民风民情的体现,这些民俗传统直接影响了庙会活动的内容、形式、等级、规模。传统庙会虽然与封建迷信、鬼怪神魔有关,但人民群众借助这一形式,将其发展为既调节精神,又带来文化娱乐享受的群众文化活动形式。现代庙会不属于传统意义上的庙会,只是一种以庙会为载体的庙会群众文化活动。它在社会经济、政治、文化发展的基础上,借助庙会的效应,逐步由民间信仰的酬神祭祀活动转变发展为被群众接受的新的文化活动形式。

### (一)庙会群众文化活动的特点

在节日期间举办的现代庙会群众文化活动,除了具有民间传统节日群众文化活动的一般特点外,还具有民间祈福性、文艺娱乐性、节庆习俗展示性、商贸食品集市性等特点。

1.民间祈福性

庙会活动的民间祈福性传承了传统庙会祭祀的习俗,主要体现在庙会所在地的佛教寺院、道教宫观、民间俗神庙宇等举办的各类传统祈福活动。这类活动虽然有烧香拜佛等内容,但更多地显示了吉祥文化的传统,是传统节庆文化的核心内容,也是现代庙会活动的文化根基,有着广泛的群众基础,是现代庙会具有旺盛文化生命力的重要源泉。

2.文化娱乐性

庙会活动的文艺娱乐性主要体现在庙会现场各式各样的民间文化活动中,如文艺演出、花会社火、曲艺杂技、棋牌游戏、书画笔会、民间体育、手工艺展示、游戏游艺等活动。这些活动老少皆宜,为群众提供放松身心、休闲雅趣的好去处,为庙会增添了具有时代感的文化活力。

3.节庆习俗展示性

庙会活动的节庆习俗展示性主要体现在按照传统节日的文化主题对庙会现场的环境布置,以及活动现场的传统节庆礼仪、传统节庆展陈、传统民俗文化活动等方面。如春节期间的庙会现场都要贴春联、挂红灯笼,人与人见面都要互相拜年,参与请福牌、打金钱眼、看拉洋片等节庆民俗活动,这些都体现了对传统节庆文化的尊重及继承。

4.商贸食品集市性

庙会活动的商贸食品集市性主要体现在庙会现场的商品交易区和餐饮区。商品交易区摆满了琳琅满目的小商品,既有节庆用品、生活必需品也有各类礼品、儿童玩具和装饰品等。餐饮区则主要有节令食品、各地小吃,现在甚至发展到中外小吃,展示了我国传统节日文化中的饮食文化魅力。

### (二)庙会群众文化活动的管理

研究、引导、改造和完善庙会文化活动的内容和形式,使庙会这一传统文化活动形式为新时代文化建设服务,是庙会群众文化活动管理的主要任务。新兴的文化庙会、洋庙会、室内庙会、新春游乐会等现代庙会层出不穷,使庙会在形式和内容上实现了新的拓展,因此对新兴庙会群众文化活动的管理应重点抓好活动管理、安全与卫生管理、宗教信仰管理、交易收支管理等。

随着人民生活水平的提高,群众对现代庙会文化活动提出了更高的要求。首先,庙会活动组织者要下力气抓好庙会活动管理。坚持积极、健康的活动导向,丰富庙会活动的内容,积极引入有时代感、有科技含量、方便群众参与的文化活动。在依据传统节庆文化理念、深入发掘节庆文化内涵的基础上兼顾活动传统与活动创新。与时俱进地将更多创意融入庙会文化活动中。其次，要抓好庙会安全与卫生管理。庙会群众文化活动规模大、参与人数多、人员流动性强。要统筹协调地区公安、交通、消防、城市管理、安全生产监督、卫生防疫、环境卫生、工商行政管理、电力等部门，齐心协力地抓好庙会现场的治安、交通、防火、安全生产、食品安全、环境卫生、人员急救等工作，确保庙会现场的安全、卫生等保障工作。再次，要抓好宗教信仰管理。要积极维护庙会现场宗教场所的正常秩序，依法尊重群众宗教信仰自由的权利，对节日期间大部分普通群众在宗教场所举行的节庆祈福文化活动要给予支持和引导。要注意防止出现有人借庙会内的宗教场所传播歪理邪说和封建迷信、低级庸俗言论等扰乱活动正常秩序的现象发生。最后，要抓好庙会交易收支管理。庙会群众文化活动是公益性文化活动，但由于庙会活动规模大、参与人数多，许多庙会活动历史悠久、社会知名度高，使得庙会活动间接地带动了商业发展，越来越具有显著的经济效益。庙会门票收入、商业摊点租赁收入、互动游戏收入、小商品和食品销售收入、赞助收入等已成为支持庙会活动良性循环地举办的重要动力。因此，要积极研究符合庙会群众文化活动规律的财务管理制度，为庙会活动实现越来越好的社会效益与经济效益提供制度保证。

# 第五节　对外群众文化活动的管理

## 一、对外群众文化活动管理的意义

### （一）加强对外群众文化活动管理，有助于促进中国群众文化与国际间的友好交流和融合

随着我国改革开放的深入、社会文明程度的进步，以及群众文化活动水平和规模的不断提高，群众文化活动的内容也越来越丰富，在满足国内广大群众基本文化需求的同时，焕发出勃勃生机。群众文化活动发展的趋势表明，加强对外群众文化活动管理，有利于文化活动自身又好又快地发展；有利于以群众文化活动为纽带，推动优秀民族文化“走出去”；有利于其发挥群众文化活动的社会性、民族性的文化优势，担当起促进中国与国际间多元化民间文化交流的光荣使命。

### （二）加强对外群众文化活动管理，有助于对外展示和宣传中国悠久的传统文化和浓郁的民俗风情

我国是世界四大文明古国之一，中华文化绵延至今，表现出强大的生命力。我国群众文化的发展历史、本质特征和其所具有的精神调剂、宣传教化、普及知识、团结凝聚的社会功能，决定了群众文化传承博大精深的中华文化的能力和责任。群众文化活动遍布全国 34 个省级行政区和 56 个民族之中，活动与各地群众的生产生活密切联系，一年四季不断线，内容及特色各不相同。群众文化活动体现了我国民间丰富的地域化、民族化、习俗化、传统化、多元化的文化风采。配合文化外交的需要，进一步加强群众文化活动涉外管理，有助于更加科学地利用这一对外平台，形象、生动地宣传中国多样性的传统文化。

### （三）加强对外群众文化活动管理，有助于中国群众文化与各国民间文化的相互借鉴和共同进步

自改革开放以来，群众文化活动参与对外文化交流的机会日益增多。尽管中国与世界各

国的国情不同，在经济发展、政治体制、历史文化及社会形态等方面存在较大的差异，但是各国、各地区在文化建设的相关领域都有许多优秀的经验和成果，值得学习和借鉴。俗话说："他山之石，可以攻玉"，实事求是地借鉴世界各国不同民间文化的长处，吸取他们的教训，是促进我国群众文化活动又好又快发展的捷径。同时，通过加强管理还可以在文化交流中塑造更有中国特色的群众文化活动形象，有力地提高对外文化的输出能力，广泛传播中华文化，促进世界各国民间文化、群众文化的共同进步。

#### (四)加强对外群众文化活动管理，有助于我国专业文化和文化创意产业的发展和提高

群众文化活动属于人们生活中不可或缺的寓教于乐的业余文化活动，具有受众面广泛、通俗易参与、老少皆宜、文化传播能力强的特征，对外文化交流中对境外参与者没有或较少有艺术门槛的限制。这就可以较容易地形成活动互动，让更多的人感受中国文化的魅力，为引导和培养境外人群带着兴趣自觉地了解和参与我国专业文化和文化创意产业打下一定的基础。群众文化活动在对外文化交流中，有机会广泛地了解各地的风土人情、文化市场发展情况，能为专业文化和文化创意产业建设提供有价值的市场信息；同时在交流活动中，还可以为其培养一大批有对外文化交流经验的管理型、业务型的后备人才。

### 二、对外群众文化活动的内容

#### (一)出访型的对外群众文化活动

出访型的对外群众文化活动是指应外国(或地区)的友好邀请，组织团队或人员到邀请国(或地区)所进行的群众文化交流活动。出访型活动在出访前要在认真领会上级部门部署的关于本次出访活动的意图及访问地的国情、民间风俗、邀请安排的基础上，制定周密详细的活动计划和团队后勤、内保方案；在出访过程中，要认真落实活动计划，如遇到一般性的意外情况要与接待方平等、友好协商，对于重大问题要及时请示上级领导，必要时应联系我国驻外使、领馆以便获得帮助；在出访结束后，要认真做好活动的总结、归档、成果展示等工作。

#### (二)接待型的对外群众文化活动

接待型的对外群众文化活动是指根据上级外事部门的安排或有关部门的批准，组织团队或人员接待来访的外国(或境外地区)群众文化团队(或个人)所进行的群众文化交流活动。含两国之间的双边文化交流和多国之间的多边文化交流。接待型群众文化活动通俗地讲，就是在群众文化活动领域里，以主人的身份在国内接待来访的客人。为此，除了协助客方团队办好入境的手续外，在接待前需要重点核实客方的活动计划是否与实际活动安排相符，活动内容的政治性、思想性、社会性和艺术性是否为主办方认可或是否与要求相符。在接待过程中，要在重点保证对方活动安全的前提下，一方面为他们提供食、住、行、向导、翻译等方面的服务，尽量满足对方提出的合理要求；另一方面要做好活动现场的组织、交流、观摩、宣传等工作。交流活动结束后，要重点总结对方的优秀经验，以利于我们及时消化、吸收，提高自身的活动质量。

#### (三)合作型的对外群众文化活动

合作型的对外群众文化活动是指经上级外事部门批准，与外国(或地区)相关部门或机构以合作的方式共同开展或举办的群众文化交流活动。具体包括工作访问、考察、讲学、演出、展

览展示、会议、比赛等类型。合作型对外文化活动要在遵守我国的相关法律、法规和外事纪律的前提下，遵循活动的平等互利原则和文化资源优化原则。平等互利原则，强调的是中、外文化活动交流单位在合作地位与合作关系上的平等；在满足文化需求、获取文化权益与经济权益方面的互利。文化资源优化的原则强调在合作型活动当中，参与交流各方的文化资源都应既是本国优秀文化的代表，又有鲜明的地域特色、民族特色，能够围绕共同确定的活动主题进行广泛的交流、展示，在表现多元文化魅力的同时，能够在某些领域达成文化认知的共识，共同保障活动的水平和质量。

## 三、对外群众文化活动管理的原则

### （一）规定性原则

对外群众文化活动要遵守我国的法律、法规和对外政策。文化部作为全国对外文化艺术表演及展览活动的最高归口管理政府部门，出台了《文化部涉外文化艺术表演及展览管理规定》（文化部令第 11 号），其中对“我国与外国政府间文化协定和合作文件确定的文化艺术表演及展览，我国与外国通过民间渠道开展的非商业性文化艺术表演及展览”等，包括对外群众文化活动在内的主要文化交流活动形式从“组织者的资格认定、派出和引进项目的内容、项目的审批程序和罚则”等方面，都做出了明确的管理规定。同时，活动组织者还必须依法接受与对外文化交流活动有密切管理关系的公安、财政、海关、工商行政管理、税务、物价、卫生、检疫、审计及其他有关部门的管理、监督和检查。此外，出访的群众文化艺术团队在境外开展文化交流活动时，要注意遵守所在国或地区的有关法律、法规。

### （二）互利性原则

对外群众文化活动的互利性指本着增进友谊、增强交往、促进合作的精神，使参与对外群众文化活动的各方从中得到文化享受。互利性首先强调的是参与对外群众文化交流活动各方的文化地位、文化关系必须平等，应在不损害他方利益的前提下，平衡各方的需求，获得自己的利益。其次是要以互敬、互谅、互让的态度，以多赢、共赢为方向，以求同存异的方式寻找各方文化权益的交汇点统筹协调，达到兼顾各方文化权益的目的；只有参与交流活动的各方都获得各自认同并均等化的文化权益，互利性原则才能继续生根发芽、扩大影响，促进群众文化交流活动的繁荣兴盛。最后是要讲究实事求是、以人为本，不能搞绝对的均等化；西方文化依靠强大的经济、科技、管理成果做支撑，在群众文化交流活动中常处于强势文化传播地位，第三世界国家则因为经济和科技相对落后处于文化传播的弱势地位；因此，执行互利性原则不能“一刀切”、认同貌似的平等，要视参与交流对象的情况，实事求是地提出互利性要求。

### （三）艺术性原则

对外群众文化活动的艺术性原则旨在提高活动的质量和水准。各艺术门类的对外文化交流活动所体现的艺术表现性有较大差异。但总体上说，各种对外文化活动的艺术性都应遵循“百花齐放、百家争鸣”的社会主义文化工作方针。活动主题、活动内容、活动形式等要和谐，要在实现艺术水准的雅俗共赏与思想导向的积极向上方面形成统一。活动要具有以反映主办者文化为主、承办者及协办者文化要素都有的多元化艺术特征，在活动中要重点展示参与交流各方多元艺术的民族性和多元艺术的独创性。参与对外群众文化活动的受众所感受到的艺术性，来自于他们参与活动时发现和体验到的艺术价值，即通过活动的艺术化主题、艺术化展示、艺术化装饰环境、艺术化活动环节等内容，在活动的策划者、组织者、表演者、参与者之间达到情感交流与共鸣的目的。

## 四、对外群众文化活动管理的特点

### (一)注重各国群众文艺爱好者的友好交往

群众文艺爱好者在对外文化交流活动中，用“以文会友”的方式拉近了因经济条件不同、社会制度不同、历史文化传统不同、地理环境不同等客观原因导致的彼此间的距离，在增进了个人间、团队间友谊的同时促进了不同意识形态社会间的相互理解，增进了我国与境外国家或地区的文化互信。对于起源于境外地区的文化艺术门类(如西洋乐器演奏等)，通过组织文化交流活动，不仅有机会获得原汁原味的艺术交流与辅导的机会，而且可以把赋予了中国元素的境外艺术传播出去，更容易获得有关国家主流社会的认同和肯定。

### (二)强调对国家法律、法规和外交政策的贯彻执行

我国的对外群众文化活动是传播有中国特色的社会主义先进文化的载体。它是在党的领导下弘扬优秀民族文化、传承悠久中华文明、开展文化外交、展示改革开放成就的重要对外文化宣传窗口。因此，相关对外文化交流活动的组织工作必须规范、严密，有法可依；同时，遵守我国法律、法规和外交政策也是精心策划、顺利组织对外群众文化交流活动的基本保障。在境外举办活动时要注意既要遵守当地的法律法规，也要遵守我国的法律、法规和外交政策，不做有损国格、人格的事情。另外，活动组织者要逐步树立文化外交意识，将活动作为积极宣传我国法律、法规特别是外交政策的文化载体。

### (三)侧重对各国民族民间文化传统和民俗风情的展示

办好对外群众文化活动的亮点是集中力量展示各国民族民间文化传统和民俗风情。各国的文化传统和民俗风情代表了各国绝大部分人群共有的文化认同感和文化审美观，对它们进行集中展示既能得到有关各国政府的支持，也能为活动的成功组织打下扎实、广泛的群众基础。各国文化传统和民俗风情多样性、独特性的风采展示为活动增添了艺术魅力，有助于吸引社会媒体的关注，扩大活动影响。另外，对外群众文化活动对各国文化传统和民俗风情差异性的充分展示，也将会极大地调动世界各国的热情，为各国文化产业的发展提供新的机遇。

### (四)保障对外群众文化活动中的安全

保障对外群众文化活动中的安全，是指要做好与活动有关的生产安全、治安安全和文化输出安全。首先，要在活动的组织过程中做好人员及货物运输、舞台灯光搭建、现场环境布置、观众组织、消防、急救等安全保障工作；其次，要保证活动的治安安全，加强与活动举办地政府和警方的合作，采取周密的安保措施防止游行、示威、反恐、反邪教等事件对活动造成的治安破坏；最后，在文化交流活动中要做好中国及东方文化的输出安全工作，面对西方文化的强势宣传，要尽可能地运用科学技术手段，提高中国及第三世界国家面向全球输出文化的传播能力，努力平衡西方文化的传播力度，维护世界多元文化共存的生态格局。

## 五、对外群众文化活动管理的程序

### (一)合理选定交流项目

要根据政治、外交、经济、文化的需要，结合本地区文化资源的实际情况和对外文化交流专项经费的情况，有目的地选择交流项目，这是涉外群众文化活动管理的关键步骤；在确定了活

动的意向和初步计划后，应与外方及时进行较全面的非正式磋商，但不得做出实质性承诺；根据磋商结果和主管部门的意见，在对活动计划做进一步完善后要逐级向归口管理部门申报、审批；在交流项目获得批准后，交流单位与境外活动交流机构可以签署对外群众文化活动意向书和合同草案。

**(二)按规定办理报批手续**

对外群众文化交流活动确定后，要严格按照国家的规定办理归口报批手续；要按照文化部及各省(自治区、直辖市)文化厅(局)分级负责、归口管理的原则，履行项目审批手续。文化部通过政策指导、信息服务、总量控制、艺术品种分类管理、项目审批备案制度以及巡察监督制度和违纪处罚制度等手段，对对外群众文化活动实施归口管理。各级主管、审核、审批部门负责履行本地区归口管理和审批职责；活动组织单位要就项目的人员组成、访问目的、节目或展览内容、邀请单位的资信情况、接待标准、报酬、承办单位及场地条件等情况，如实全面地向归口管理部门进行资料申报。

**(三)办理进出境和通关手续**

对外群众文化活动组织单位在接到归口管理部门的正式批准通知后，应持批准文件到本省(区、市)人民政府外事办公室申请办理出国护照签证和其他证件手续。出访团体为开展文化交流活动所携带出境的服装、乐器、展品、道具等必备物品须向海关申报，随团出境人员的私人物品不得与团队的公共物品混淆在一起申报。来华参与对外群众文化交流的境外团体出入我国海关前，活动主管部门或活动主办单位应提前将有关事项通知海关和出入境管理部门，以便协助其依法且快捷地办理出入境手续。

**(四)做好出境或接待活动的安排和实施**

出访团体在出国前要精心挑选人员，既要有艺术水平高、表演能力强的群众文艺骨干，也要有政治性强、有文化管理经验的领队和服务人员；同时要认真准备参与交流的文艺节目和作品，安排好出国前的设备运输工作。在国外交流期间，出访团体要将弘扬优秀民族文化、增进中外友谊、遵守外事纪律放在活动首位。对于入境交流的国外艺术团体，要夯实交流安排，提前了解他们的生活习惯，全程做好接待服务和参观交流工作。无论是对我方出访人员还是接待人员，都要做好外事纪律与安全保密教育工作。

**(五)做好交流活动后的总结和资料存档**

对外群众文化交流活动结束后，活动主要组织单位要领头负责活动的总结工作。如安排专人撰写总结报告(或考察报告、个人感受)、召开总结会(或交流座谈会)、收集整理相关资料并存档等。对交流活动中我方及外方的好经验、好做法要认真分析、总结规律，对活动中的问题、教训要及时吸取，提出整改意见。对在交流活动中表现好的人员要给予表彰，对违反纪律、行为不当的人员要视情节轻重给予必要的批评或处分。同时，要重视活动的资料存档工作，把宣传的现实性意义与历史性意义结合起来，把相关电子数码资料保存与重要实物保存、手写资料保存结合起来，做到相关存档资料完整和丰富。

# 第三章　群众文化队伍建设

## 第一节　群众文化队伍的组织方法与建设目标

### 一、群众文化队伍的组织方法

#### (一)各级政府文化部门负责对本地域群众文化事业及机构的管理

根据我国的相关法律、法规和文化政策,本地域群众文化事业机构由各级政府文化部门负责管理。我国现行行政机构的组织方式是:在各级人民政府内设立相关的文化管理职能部门,在同级政府的领导下,负责组织和管理文化方面的行政事务,并实施对群众文化队伍的管理。《文化馆管理办法》(征求意见稿)第四条规定:各级文化行政部门是同级文化馆的主管部门。国务院文化行政部门依据国务院规定的职责负责宏观管理全国文化馆事业。县级以上地方人民政府文化行政部门负责管理本行政区域内的文化馆事业。即各级人民政府所设的文化厅(局)、文化委员会分别负责对同级群众艺术馆或文化馆的管理。

#### (二)各级群众文化事业机构承担对本地域基层群众文化组织和团队的组织与管理

各级政府设立的群众文化事业机构,即各级群众艺术馆、文化馆、综合文化站,负责承担对本地域内基层群众文化组织和团队的组织、管理、协调、指导和辅导的任务。在同级政府文化部门的领导下,由本级群众艺术馆、文化馆、综合文化站负责组织群众文化的专业人员,根据相应的专业类别和职能,对地域内的群众文化基层组织和群众文艺团队进行组织、管理和日常辅导。同时可建立由馆、站直接管辖的群众文化组织和团队,并定期开展群众文化活动。

#### (三)上级群众文化事业机构承担对下级群众文化事业机构的指导职责

根据我国群众文化事业的现行管理办法,上级群众文化事业机构与下级群众文化事业机构是业务指导关系,承担对下级群众文化事业机构的业务指导。履行指导职责的方式主要通过业务辅导、培训、调查研究、指导下级群众文化活动等手段来完成。下级群众文化事业机构需要配合并落实上级群众文化事业机构组织开展的业务活动,完成信息报送、活动组织、作品推荐等具体工作。

#### (四)人民团体、社会组织设立的群众文化机构承担对本系统群众文化组织和团队的组织与管理

除了政府文化部门群众文化队伍的组织体系以外,工会、共青团、少先队、妇联、残疾人联合会(以下简称“残联”)、老干部管理部门等群众团体、社会组织也设有相应的群众文化机构。这些群众文化机构则承担对本系统群众文化组织和团队的组织、管理、协调、指导和辅导的任务。在群众文化队伍的管理实践中,各级政府设立的群众文化事业机构是面向整个辖区所有群众开展群众文化服务,而群众团体、社会组织所设立的群众文化事业机构则只负责对本系统的群众文化组织和团队提供服务。两类群众文化事业机构既有联系,又有区别。妥善处理好

两者之间的关系，可以有效地促进群众文化事业的繁荣和发展。

**（五）各级政府文化部门及相关单位承担对自发的群众文艺团队的管理和指导**

随着人民群众文化娱乐需求的不断提高，在公园、街头等公共活动场所出现了许多自发组建的群众文艺团队。这些文化团队已经成为群众参加文艺活动的重要载体，在群众文化活动中发挥着重要的作用。各级政府文化部门，活动场地所在的公园管理机构、街道办事处，应将这些活跃在公园、街头的群众文艺团队纳入到自己的管理范围，并有效地进行引导和指导。

以下是北京市组织拍摄"公园群众文化活动巡礼"的案例：

2012 年 11 月，由北京市委宣传部、市文化局、北京电视台等联合主办，北京文化艺术活动中心、全市 42 家公园、各区（县）文化委员会承办的"北京公园群众文化活动巡礼"开始启动。此项活动分电视展播、发动参与和大赛汇演三个阶段进行，由北京电视台对参与活动的 42 家公园的群众文化活动进行采访报道，并制作专题片在北京电视台播出。随着专题片的陆续播放，"优秀公园群众文化活动"评选活动逐步展开，由群众通过手机短信、电话热线、部分门户网站进行投票，根据专家意见和大众投票结果评选出 10 个公园优秀群众文化活动。2013 年 5 月 1 日起进行集中比赛和汇演，同时由北京电视台进行现场直播。此项活动的目的在于展示北京城市的公园生活，全景再现北京公园里放歌起舞的人们，突出首都公园群众文化活动的群众性、生动性和娱乐性，引导公园群众文化活动健康发展。

## 二、群众文化队伍的建设目标

**（一）抓好群众文化人才培养，营造有利于优秀人才脱颖而出的体制机制和社会环境，建设一支规模宏大、素质较高的群众文化工作队伍，为群众文化发展提供坚实的人才保障**

人才资源是第一资源。群众文化队伍需要一批有知识、有文化、专业水平高、责任心强、热爱群众文化事业的人才。要使群众文化所需的人才能够源源不断地充实到群众文化队伍中来，就需要进一步完善群众文化人才的管理体制和用人机制。目前，我国群众文化队伍的人员结构虽然较以往有了很大的改善，一批专业院校毕业的大学生、研究生不断地补充到群众文化的队伍中来；但现行人事管理制度仍有许多不够完善的地方，制约了群众文化队伍的发展和进步，使许多群众文化队伍所需的人才"进不来"，而一些不适宜群众文化队伍需求的人员也很难更新和分流，甚至有些地方的群众文化工作岗位仍然被一些"条子户""关系户"所占据。目前国家正在推进的"事业单位分类改革"的工作，将有助于改变群众文化队伍建设方面的痼疾，有利于营造优秀人才脱颖而出的体制机制和社会环境。

**（二）建立健全以培养、使用、激励、评价为主要内容的政策措施和制度保障，实行职业资格管理制度**

建立和完善群众文化队伍培养的政策措施和保障制度主要体现在以下几个方面。

1.规划引导

即强化对建设高素质人才队伍的职责意识。政府文化部门应成立群众文化人才建设领导小组，制定群众文化人才工作实施规划，将群众文化人才工作纳入基层领导班子目标考核责任制。同时，对群众文化事业要准确定位，在政策法规上规范群众文化人才的发现、培养和使用。

2.培养选拔

就是将群众文化人才按照专业、能力等方面进行分类，开展有针对性的培养；创新培养方式，采取形式多样的培训方法；通过推行公开选拔、竞争上岗等制度，大胆发现并积极培养群众文化人才。

3.合理使用

即坚持以人为本，不断地创新和改革用人机制。实行职业资格管理制度，实行全员聘用制和岗位管理制。杜绝“官本位”思想，不能把“尊重人才”简单地理解为“让人才当官”去从事领导或管理工作，而应根据群众文化人才的特点，最大限度地用其所长，保证人尽其才；同时，应注意不断提高群众文化人才的政治、经济和社会地位。

4.科学评价

即建立社会公认的群众文化人才评价制度和以行业公认的业绩为衡量标准的人才考评机制。对群众文化人才的评价，应按照不唯学历、不唯职称、不唯资历、不唯身份的要求，建立人才综合测评体系，将人才的贡献、业绩、能力作为人才的主要评价指标。

5.创新管理

即建立起与社会主义市场经济相适应、与促进文化事业大发展大繁荣相适应的人才发展机制和人事管理体制，建立群众文化人才的考评机制、用人机制和激励机制，建立群众文化专业技术人员职业资格证书制度。群众文化专业技术人员职业资格证书制度是进入群众文化的职业前应取得的职业资格。群众文化专业的从业人员从属于社会文化指导员（师）职业，可将群众文化从业人员按照社会文化指导员职业资格的认定制度，分为初级、中级、高级社会文化指导员和社会文化指导师等层级。

**（三）加强对从业人员的规范化管理，运用多种方式加大培训、轮训力度，着力提高群众文化队伍的思想政治素质和新形势下做好群众文化工作的能力**

群众文化从业人员是指在群众文化事业机构中工作并取得工资或其他形式劳动报酬的人员，即各级群众文化事业单位的工作人员。群众文化从业人员大体可分为三类：一是群众文化事业机构的管理人员，即各级群众艺术馆、文化馆（站）的馆长、站长及其他管理人员（职员）；二是群众文化事业机构的专业技术人员，即从事群众文化艺术活动及辅导的群众文化业务人员；三是群众文化的工勤技能人员。对这三种人员应当区分情况，采取不同的方式进行管理。这是从业人员规范化管理的重要方面。

对群众文化从业人员的管理，应在建立健全群众文化人才引进、培养、选用工作机制的基础上，针对不同专业和门类的特点，加强分级分类指导，实行动态管理，并不断加大管理力度，注重在实践中发现和培养人才；同时应建立严格的人才绩效考评制度，将群众文化从业人员的工作情况纳入年度绩效目标考核之中；要强化对群众文化从业人员的培训，把培训的重点放在提高思想政治和业务素质以及新形势下提高做好群众文化工作的能力等方面。

**（四）采取各种措施吸引各类优秀人才进入群众文化领域发展，鼓励高校毕业生到基层从事群众文化工作；鼓励和支持专业文艺院团改革中的分流人员到各级群众文化事业机构或社区等基层组织工作，担任文艺辅导员、文化指导员**

群众文化工作的重点在基层。要解决基层群众文化人才资源不足的问题，采用鼓励高校毕业生以及专业文艺院团改革中的分流人员到基层从事群众文化工作，是一条重要的途径。如农村中“大学生村官”从事群众文化工作、城市中专业文艺院团及社区中的文艺人才在社区中担任文化指导员，都对基层群众文化活动的开展起到重要的推动作用。

吸引各类优秀人才从事基层群众文化工作还可以采用如下办法：一是对基层群众文化事业机构的空缺岗位实行社会招考录用，特别注重从社会各界发现具有文艺特长和实际工作经验的群众文化人才，通过聘用考核，安排到基层群众文化事业机构去工作；二是在群众文化系统中建立人才选拔调动机制，对上级部门或单位的职位和岗位空缺，可采用从基层群众文化机构选调拔尖人才的办法，以此激励在基层工作的优秀人才奋发进取；即使进入上一级机构工作的群众文化优秀人才，也应鼓励和选派他们到基层锻炼或工作，借以积累工作经验，促进优秀人才的合理流动；三是对于在群众文化领域工作多年的群众文化工作者，应鼓励他们到基层挂职，以此推动基层群众文化工作水平的提高。

以下是上海市实行社区文化指导员派送服务的案例：

自2008年起，上海市群众艺术馆与上海东方社区文化艺术指导中心联合开展"上海市社区文化指导员派送"活动，即以政府购买服务、社区百姓"点菜""派送"的方式，通过社会招募，让全市专业院团和社会各界的优质文化指导资源走进社区，为全市社区文化活动中心提供舞蹈、合唱、戏曲、器乐、时装、美术、摄影、书法等方面的指导。至2012年，全市已招募社区文化指导员500余名，向社区派送文化指导员81 627人次，覆盖全市200余家社区文化活动中心，辅导社区团体6 378支，累计辅导达189万人次。其中2011年派送指导员1817人次，辅导社区团队800多支，接受辅导的社区群众超过71人次，为社区创排节目2 000多个。社区文化指导员派送已经成为推动上海基层文化建设的宝贵财富。

**（五）注重发挥基层文化骨干、文化能人的积极作用，培育和发展社区、农村业余演出队，文化中心户，义务文化管理员等，形成一支扎根基层、服务群众的专兼职群众文化工作队伍**

基层文化骨干和文化能人是群众文化队伍的重要构成，也是群众文化工作的有生力量。活跃在社区、农村中的群众文艺团队、特色文化户（家庭）等，都离不开基层文化骨干和文化能人的努力。因此，应当紧紧依靠和充分发挥这些文化骨十和文化能人在基层群众文化活动中的作用，不断壮大专兼职的群众文化工作队伍。

## 第二节　群众文化专业队伍的管理

### 一、群众文化专业队伍的基本概念

群众文化专业队伍有广义、狭义之分。广义的群众文化专业队伍是指日常从事群众文化工作的各类群众文化事业单位的工作人员。包括各级文化馆（群众艺术馆）、综合文化站以及人民团体、社会组织专门设立的从事群众文化工作的文化中心（文化宫）、青少年宫等机构的人员。

狭义的群众文化专业队伍，则是由群众文化事业单位中专职从事群众文化专业技术工作和管理工作的人员组成，主要包括群众文化从业人员中的第一类人员和第二类人员，即群众文化事业机构的管理人员及专业技术人员。2007年人事部、文化部印发的《关于文化事业单位岗位设置管理的指导意见》第10条规定：主要以专业技术提供社会公益服务的文化事业单位，应保证专业技术岗位占主体。文化馆（站、中心）、群众艺术馆等文化事业单位，专业技术岗位一般不低于单位岗位总量的70%。2011年公布的《群众艺术馆、文化馆评估标准》“必备条件”中也明确规定：地(市)级以上群众艺术馆、文化馆的业务人员不低于全馆人员总数的60%，县级文化馆业务人员不低于全馆人员总数的65%。

## 二、群众文化专业队伍的组建

群众文化专业队伍由各级政府或由工会、共青团、妇联、残联等人民团体负责组建，由各级政府文化部门或各类人民团体、社会组织的相关部门承担人员管理职责。

群众文化专业队伍的组建涉及人员来源、人员构成和人员管理三个方面：

### (一)人员来源

根据《事业单位公开招聘人员暂行规定》的规定：“事业单位新进人员，除国家政策性安置、按干部人事管理权限由上级任命及涉密岗位等确需使用其他方法选拔任用人员外，都要实行公开招聘”。因此，群众文化事业单位应采取面向社会公开招聘的方式，扩充群众文化专业队伍。公开招聘应坚持德才兼备的用人标准，贯彻公开、平等、竞争、择优的原则，并应根据群众文化业务所需的专业，注重对拟用人选才艺、业绩和实际工作能力的考核。招聘方法为：一是公开发布招聘信息。包括载明用人单位情况简介、招聘岗位、招聘人员数量及待遇、应聘人员条件、招聘办法、考试考核的时间(时限)、内容、范围、报名方法等事项。二是资格初审。根据拟聘条件对应聘人员的资格条件进行审查，确定符合基础条件的人员。三是考试、考核。可采用笔试、面试等多种方式。即根据群众文化专业和拟聘岗位的特点确定考试科目和办法，重点进行专业知识、业务能力和工作技能的考察。一般初审合格者可参加由相关专业机构组织的公共科目笔试；笔试合格者可参加各用人单位进行的专业技能测试或面试；急需引进的高级专业人才，可采取直接考核的方式招聘。四是复查。对通过考试的应聘人员，进行思想政治表现、道德品质、业务能力、工作实绩等的考核，并对应聘人员的资格条件进行复查。五是拟定人选并公示。即组织相关人员集体研究，按照考试和考核结果择优确定拟聘人员，并在适当范围公示7～15天。六是正式聘用。按照人事管理权限报批或备案，由法定代表人(或受委托人)与受聘人员签订聘用合同，确立人事关系。

### (二)人员构成

群众文化专业队伍的人员应由在群众文化事业单位中专门从事群众文化艺术及相关业务的专业人员所构成，既包括文化馆(站)的专业人员，也包括其他群众文化事业机构的专业人员。以政府设立的群众艺术馆、文化馆的专业人员为例：根据2011年《群众艺术馆、文化馆评估标准》确定的艺术门类及相关功能的配备要求，群众文化专业人员应涵盖文学、音乐、舞蹈、戏剧、曲艺、美术、书法、摄影及非物质文化遗产(民族民间文化遗产)、群众文化理论以及演出设备管理、数字化服务设备管理10个艺术门类及职能。同时要求，群众艺术馆、文化馆应保证各专业门类及功能配备齐全，并保证其中部分门类及职能配备专门人员。每个门类及职能的专业人员数量，可根据群众文化事业单位的具体情况而定。同一个艺术门类的人员配备，应尽量兼顾不同的专业，如群众舞蹈应配备民族舞蹈、芭蕾、国际标准舞等专业人员，群众音乐应配备声乐、器乐、指挥等专业人员。不必强求每一艺术门类的不同专业都配备一名专业人员，但群众文化专业人员应能做到一专多能。对于县级文化馆，应根据人员编制合理配置相关门类及职能的专业人员。对于综合文化站，由于人员编制的限制，不可能配备艺术门类和职能齐全的专业人员,可根据自身条件和地域特色,优先配备受众群体广泛、群众辅导活动需要的相关艺术门类和职能的专业人员。

### (三)人员管理

按照国家关于事业单位管理的相关规定,群众文化专业队伍的管理应实行人员聘用制度和岗位管理制度。群众文化事业单位的业务人员需经过培训考核合格后持证上岗。在专业人员管理上,推行岗位职级管理制度及与之相配套的人员聘任制度、工资分配制度和社会保障制度,将人员由身份管理转变为按岗位职级分类管理。个人待遇与所在岗位的工作量、工作难度、责任大小挂钩,实行"级随岗走、薪随岗变",强化绩效管理,鼓励专业技术人员向"专业能手"发展。在人员聘任上,应按照"按需设岗、按岗聘任、签订聘约、优胜劣汰"的要求,科学设岗,严格考核,全面推行聘约管理。应根据群众文化专业队伍的不同专业类别、不同岗位,进行分类细化管理,实行不同的考核办法,科学设岗、竞聘上岗、评聘分离、以岗定薪、岗变薪变。打破现行的、单一的职称评审制度,实现群众文化职称资格社会评审、文化馆(群众艺术馆)专业技术职务按岗聘任和社会文化指导员职业资格认证制度三者并行的人员管理制度。

## 三、群众文化专业队伍的标准

群众文化专业队伍的人员应符合如下的三项基本标准。

### (一)良好的政治思想素质

群众文化工作者所进行的是社会审美教育,因此要求群众文化专业队伍的人员应具备良好的政治思想素质。一是要热爱群众文化工作,有强烈的事业心和责任感,拥有良好的职业道德和职业操守;二是要有良好的思想品德和正确的人生观和价值观,要为人师表,当好"人类灵魂的工程师",并能正视和解决自身存在的问题;三是面对各种复杂的社会现象要有较强的识别能力和判断能力,坚持弘扬真善美,摒弃假恶丑;四是要有群众文化工作者的亲和力和强烈的服务意识,有无私的奉献精神。

### (二)较强的专业技术能力

群众文化专业人员要具备较强的专业技术能力。一是要掌握相关的专业知识,同时加强对各种相关学科专业知识的学习,使自身的专业知识达到一定的水准;二是要具备群众文化活动的组织操作能力,包括策划能力、指挥能力、辅导能力、教学能力等;三是要具备一定的专业理论修养,具有分析问题和解决问题的能力;四是要具备较强的专业技能,拥有一项甚至多项群众文化的专业特长,具有进行群众文化传播的技能和进行群众文化理论研究的技能。

### (三)必要的从业资格

群众文化专业人员需要取得必要的从业资格:一是要求群众文化专业人员必须具备一定的专业学历;二是通过群众文化专业技术知识和能力的考核。

2011 年,国家人力资源和社会保障部发布了 12 批新职业的划分方法,"在群众性社会文化活动中,从事文化艺术传授、文艺表演和创作指导,整理、研究和开发民间文化艺术的人员"的职业名称被定名为"社会文化指导员"。其从事的主要工作内容被定义为:对社会文化活动进行咨询与指导;对社会文化活动进行专业能力辅导;策划、组织、排练各演出;策划和实施群众性文化活动;管理和使用社会文化活动所需要的场地、设备、器材、服装、道具等;抢救、保护和开发利用民间民俗文化遗产。从这一意义上说,现行群众文化事业机构的专业人员,都可以划归到“社会文化指导员”这一职业范畴。目前,国家统一定名的“社会文化指导员”的职业名称尚未规范和推广,以“社会文化指导员”定名的职业资格考试也尚未开设,但可以想见,对群众文化全行业的职业规范之路将成为必由之路。

对群众文化专业人员的继续教育培训是提高群众文化专业队伍水平的重要内容和必要措施。2007 年,人事部、教育部、科学技术部、财政部印发的《关于加强专业技术人员继续教育工作的意见》明确规定:“专业技术人员每人每年脱产或集中参加继续教育的时间累计应不少于 12 天或 72 学时。”2011 年《群众艺术馆、文化馆评估标准》也以群众文化“业务人员岗位培训、继续教育达到 72 学时”“职工教育及岗位培训达到 48 学时”作为群众文化继续教育考核的基本依据。因此,群众文化专业技术人员应根据国家对专业人员继续教育培训的有关要求,每年参加本单位和上级指导单位举办的继续教育培训,完成规定的学时。

## 四、群众文化专业队伍的培训

加强公共文化服务的人才队伍建设,提高群众文化专业队伍的服务水平,是各级政府文化部门的职能。从这个意义上说,群众文化专业队伍的培训应由各级政府文化主管部门负责。因此,各级政府文化部门应当根据党和国家的文化政策、时代要求,并根据群众文化专业队伍的整体水平、共性特点和薄弱环节,有针对性地开展岗位培训和继续教育。

群众文化专业队伍的培训内容包括:国家有关文化方面的政策和法律、法规,公共文化服务体系建设及有关群众文化的基础理论和专业知识,各类群众文化艺术的各种专业知识和技能等。国家有关文化方面的政策和法律、法规,是群众文化健康发展必须遵循的基本原则和规定。只有准确地把握国家有关文化建设的目标任务、政策规定,才能保证群众文化工作不偏离社会主义先进文化的前进方向。因此,强化对国家有关文化政策和法律、法规的培训,是提高群众文化专业队伍工作水平的基本保证。

对群众文化专业队伍的培训,应注意抓好三个环节:一是根据人员的岗位类别分类进行。群众文化事业单位的岗位主要分为管理岗、专业技术岗和工勤技能岗。三种岗位的职能特点都有明显的区别。因此,举办培训应区别对待,设置不同的培训班种和培训内容。培训课程可分为公开课和专业课:公开课以公共文化知识为主,所有人员均可参加;专业课则应侧重不同岗位的不同需求,以不同岗位的不同知识为内容。二是根据专业技术人员的职称层次开设培训班种和课程。可根据初、中、高级不同职称的人员,分别开设基础班、提高班和研修班。三是对群众文化专业队伍的培训应进行考核。即根据不同岗位和不同的专业技术门类,采取不同方式的考核方法,组织相应的展示和表彰。

## 五、群众文化专业队伍的考核

群众文化专业队伍的考核是群众文化队伍建设的重要方面。考核一般以考量从业者的工作业绩和工作态度为主,通常以岗位职责或工作说明书作为衡量绩效的标准。考核的内容应符合岗位的实际需要,主要包括德、能、勤、绩四个方面,以考核工作业绩为重点。

德:指工作态度和职业道德。即做到遵纪守法、敬岗爱岗,有良好的职业道德和政治思想品德。应主要从群众文化工作的角度去考核从业者的敬业精神和工作责任心,考核从业者的社会主义觉悟和相应的法律道德意识。

能:指工作能力和创新能力,包括从业者的体能、学识、智能和专业技能等内容。群众文化工作要求从业者要做到“懂”,即要做到懂群众,懂群众文化,懂专业艺术,能够了解和掌握群众的文化需求,具有较强的群众文化专业知识、技能和所需要的基本能力。考核的重点应放在对从业者调研能力、创作能力、学习能力的评定上,同时应检查专业技术人员参加继续教育学习的情况。

勤:指服务意识和工作态度,即从业者的工作积极性、责任心、纪律性和自觉性。群众文化从业者应具有服务意识,肯于并乐于为群众做好群众文化服务。考核时应着重检查从业者的履职态度、劳动纪律和出勤情况。

绩:指工作效率和效果,又称为绩效,是工作数量与质量的统一。包括从业者在岗位上完成工作的数量、质量、成本、社会效益或经济效益,以及专业技术人员获奖、发表论文、获得专利、出版论(译)著等情况。岗位外的绩效也是绩效考核的重要构成。考核时应重点检查从业者完成本职岗位任务指标的情况,以及所取得的工作成果。

提高群众文化专业队伍的考核质量,需要研究和制定科学的考核指标体系,制定和完善严格、规范、可操作性强的考核办法,充分体现考核过程和考核结果的客观性、公正性和全面性。

## 第三节　群众文化(艺术)社团组织的管理

群众文化(艺术)社团组织通常是群众根据自身的文艺兴趣和专长,按照自愿组合的原则,具备成员共同认可的组织章程,以交流文艺技能、开展文化活动等为手段,以丰富业余文化生活、强身健体、增进人与人之间的感情、宣传地区文化等为目的而组成的群众文化(艺术)团体。在一般意义上,群众文化(艺术)社团组织指的就是群众文艺团队。

### 一、群众文化(艺术)社团组织的作用

群众文化(艺术)社团组织的作用主要体现在五个方面。

#### (一)团结凝聚群众文化爱好者

群众文化(艺术)社团是人们为了满足自身的群众文化需求而建立起来的共同活动的组织,它通过群众文化固有的沟通效能、吸引效能和激励效能,促进社团内部与外部的相互交流,起到团结凝聚群众文化爱好者的作用。许多群众文化(艺术)社团都是凭借着这种特殊的作用,从最初的几人、十几人,而逐渐扩展为几十人甚至几百人,吸引了越来越多具有相同志趣的群众文化爱好者参与其中。

#### (二)搭建群众参与文化活动的平台

群众文化(艺术)社团选择相对固定的活动场所,作为经常开展聚集性活动的地点,是一种具有特殊效益的群众文化活动平台。这一活动平台的建立,不仅使社团成员有了彼此认同的活动去处,也通过社团组织的活动起到带动和感染更多群众参与群众文化活动的作用。

#### (三)推动群众文化活动的开展

群众文化(艺术)社团的活动,可以推动群众文化活动的广泛开展。政府文化部门和社会文化机构举办的各类群众文化活动,往往需要群众文化(艺术)社团的参与,是群众文化活动的基本构成和主要力量。而群众文化(艺术)社团自身具有的组织性和活跃性,也为主办方举办

群众文化活动提供了诸多便利条件。群众文化(艺术)社团通过对文化艺术的传播和传递,犹如星星之火,有效地推动了群众文化活动的开展。

**(四)提高群众文化活动的水平**

群众文化(艺术)社团有共同的审美需求和荣誉感,活动周期较为频繁,加之骨干成员的号召力和专业力量的指导,可以发挥团队的整体优势,有效地开展学习、交流、排练、演出等活动,有助于群众文化活动水平的提高。

**(五)促进社会成员间的和谐**

群众文化(艺术)社团依据共同的志趣和爱好,通过经常和有益的活动,能够在公共活动场所发挥很强的正能量。不仅可以有效地增进人际交往,消除潜在矛盾,还能增强团队成员的社会荣誉感和集体荣誉感,起到促进社会和谐的作用。

## 二、群众文化(艺术)社团组织的特点

群众文化(艺术)社团的特点体现在以下六个方面。

**(一)群众参与的广泛性**

群众文化(艺术)社团组织数量众多,能满足不同年龄、不同层次人群的文化娱乐需求,并吸引众多群众文化爱好者参与其中。群众文化(艺术)社团的准入条件一般较低,凡基本符合社团条件的人都有机会加入。其活动内容丰富,多以文学、音乐、舞蹈、曲艺、戏曲、小品、书法、美术、摄影等文化艺术类别为主,也有灯谜、集邮、手工技艺、读书会等群众喜闻乐见的活动样式。

**(二)社团组建的自发性**

群众文化(艺术)社团大多以群众文化积极分子为骨干自发组建,并依赖团队骨干的积极性而生存。这种自发性主要源于对文化艺术的热爱以及学习、提高、交流和展示的需要,以达到审美教育和自我开发的目的。群众文化(艺术)社团自发组建、自愿参加、自我管理的模式,有助于团队的自我成长和发展。但作为群众文化机构组建的群众文化(艺术)社团,需接受所属群众文化机构的登记备案和监管。

**(三)社团成员的内聚性**

群众文化(艺术)社团均具有一定的内聚力和行为的一致性,并有一定的行为规范和约定俗成的奖惩规范。在群众文化(艺术)社团内部,由于技艺专长、组织协调能力和综合素质等因素而自然形成的有威信的核心人物,拥有一种自然的影响力。这种影响力的作用,可形成比较显著的内聚力,即在核心人物周围有一批自觉维护社团核心利益和目标的骨干成员。在这些骨干成员的带动下,社团成员具有较强烈的集体意识和从众倾向。

**(四)活动规律的灵活性**

群众文化(艺术)社团的参加成员、活动方式和活动地点处于相对稳定的状态,但受外部环境制约时易发生改变。由于群众文化(艺术)社团的活动基本都属于业余的性质,多是在工作、学习之余或在离退休之后的闲暇时间进行,因此所花费的时间和精力以及对活动的要求上都比较宽松,受主客观条件的制约较少,活动规律相对比较灵活。

**(五)组织者的权威性**

一般群众文化(艺术)社团的组织者均有一定的号召力和影响力。这是因为群众文化(艺术)社团的组织者一般都是社团的倡导者、发起者,在社团中具有较强的专业艺术技能和活动

组织能力，有较强的人际关系，在社团中拥有较高的威信，是社团的灵魂人物，在一定程度上制约着社团的进步和发展。此外，由于社团是自发、自愿形成的产物，以共同的兴趣、爱好和追求等精神需要为凝聚力，以感情和共鸣为纽带，在这样的群体中，组织者的无偿付出和巨大的精力投入，也一定程度上决定了组织者所具有的权威性。

#### (六)保障条件的不确定性

群众文化(艺术)社团自发形成的性质决定其潜在的不确定因素。加之一般群众文化(艺术)社团均存在着成员不固定、需求不稳定、经费无保证、任务不确定的情况，在很大程度上加剧了这种不确定性。特别是由于没有固定的经费来源，活动场地和设备也没有保障，大多群众文化(艺术)团队处境艰难。随着各级政府对群众文化(艺术)社团重视程度的提高，群众文化(艺术)社团在活动场地、业务辅导等方面的基本保障条件有所改善，社团自身也大多利用公园、广场等公共场地开展活动，但这种潜在的不确定性仍然在很大程度上制约着社团的生存和发展。

### 三、群众文化(艺术)社团组织的组建

群众文化(艺术)社团从性质上说属于社会团体类别，但与政府有关部门和其批准授权成立的政治性社团组织不同。群众文化(艺术)社团可以由有关部门和单位负责组建和管理，也可由社会成员自我组建和管理。群众文化(艺术)社团一般与当地政府文化部门没有行政上的隶属关系，但需接受政府文化部门的管理、指导和监督。群众文化(艺术)社团组织的组建主要有以下五种类型。

#### (一)由群众文化事业单位组建和管理

即由文化馆、文化站、青少年宫、工人文化宫、老干部活动中心等群众文化事业机构组建和管理的群众文化(艺术)社团。这类社团一般要求在群众文化事业机构备案，具备一定的专业水准，活动也较为正规。

以文化馆办群众文化(艺术)社团为例：这类社团分属不同的艺术类别，组建和管理的难易程度也有差异，大致分为三种模式：第一种，由具有相应的文艺专业背景的文化馆业务人员具体组建和负责日常管理，社团负责人及一切活动和管理均由文化馆业务人员负责，需要相关人员倾注大量的时间和精力；第二种，社团已经具有一定的规模和实力，有自己的组织机构和负责人，文化馆只负责安排业务人员进行辅导；第三种，挂靠在文化馆的社团，其内部组织机构比较健全，日常只需利用文化馆的设施场地并以文化馆的名义开展活动，文化馆只实施检查指导，保证活动方向，提供必要的服务。

#### (二)由街道、乡镇一级机构组建和管理

即由街道(政府派出机构)、乡镇政府委派相关职能部门组建和管理的群众文化(艺术)社团。这类社团一般承担协助当地政府完成文化宣传方面的任务，在当地组织开展的群众文化活动中，以地域群众文化团队的名义参加，由当地政府部门给予不定形式的资金或物力支持。随着"政事分开、管办分离"等改革措施的进一步深化，街道、乡镇政府需改变管理方式，主要通过行政、经济等手段进行宏观管理。

#### (三)由社区居委会、村委会组建和管理

即由社区居民委员会、村民委员会为活跃地域群众文化生活而组建和管理的群众文化(艺

术)社团。社区居委会和村委会均属于自我管理、自我教育、自我服务的基层群众自治组织。其组建的群众文化(艺术)社团多为满足群众自娱自乐,组建程序简便,限制条件较少。这类社团在实行自我管理的同时,一般由社区(村)文化室具体负责日常管理。

**(四)由企事业单位、社会团体组建和管理**

即由企事业单位、社会团体为建设企业文化的需要而组建的群众文化(艺术)社团。这类社团的功能主要为展示企事业单位、社会团体的对外形象和精神风貌,增强内部的凝聚力和向心力。一般由工会或相关部门进行管理。

以下为北京印钞厂舞狮队的案例:

北京印钞厂舞狮队成立于20世纪50年代,是在原"白纸坊太狮老会"的基础上发展起来的,队员全部来自生产一线,一般在业余时间进行训练和参加表演。该舞狮队继承了"白纸坊太狮"凶猛粗犷、形神兼备的艺术风格,单狮、双狮、群狮等表演各具特色,"地螺丝""回头望月""过桥"等高难度技巧和造型形态逼真、生动活泼、真实细腻、惊险多变,其中黑狮子的表演更是别具特色,独树一帜。该队曾多次参加国际、国内的一些重大活动和比赛。1987年起连续夺得"龙潭杯"全国花会大赛七连冠,1990年作为中国唯一的一支民间艺术团队,参加了在北京举行的首届国际民间艺术节,1997年获首届全国舞狮大赛北狮比赛第一名,并参加了国庆35周年、40周年、45周年、50周年焰火晚会和香港、澳门回归欢庆之夜晚会。北京印钞厂舞狮队是该厂企业文化建设的重要组成部分,企业也为此荣获"全国全民优秀健身活动站""北京市群众体育先进单位""北京市职工体育先进单位"等荣誉称号。

**(五)由业余文艺骨干组建和管理**

即由群众文艺骨干个人根据自己的志趣和专长自发组建和管理的群众文化(艺术)社团。这类群众文化(艺术)社团主要利用公园、广场等公共场地,有时也利用组织者的个人住所开展活动,社团活动以自娱自乐为目标,以感情为纽带,组织管理相对松散,组织成员处于动态变化之中。

群众文化(艺术)社团中的一部分社团相对比较正规,已登记为面向全社会的法人社团组织;但多数社团均只在地域群众文化管理部门备案,纳入地域群众文化的管理范围,以业余群众文艺团队的名义开展活动;还有部分社团未进行登记和备案。相对正规的群众文化(艺术)社团一般具有一定的组建规范,内容包括:自觉遵守国家的法律、法规,有相对明确的社团名称和组织管理机构,有相对稳定的社团成员,有相对可以利用的场地作为活动阵地,有相对稳定的活动时间和活动规范等。

需要登记为面向全社会的法人社团组织,一般需要具备如下条件:有50个以上的个人会员或者30个以上的单位会员,个人会员、单位会员混合组成的,会员总数不得少于50个;有规范的名称和相应的组织机构;有固定的住所;有与其业务活动相适应的专职工作人员;有合法的资产和经费来源,全国性的社会团体有10万元以上的活动资金,地方性的社会团体和跨行政区域的社会团体有3万元以上的活动资金;有独立承担民事责任的能力。社会团体的名称应当符合法律、法规的规定,不得违背社会道德风尚,并应与其业务范围、成员分布、活动地域相一致,准确反映其特征。地方性的社会团体的名称不得冠以"中国""全国""中华"等字样。

## 四、群众文化(艺术)社团组织的标准

合格的群众文化(艺术)社团大体可分为一般性群众文化(艺术)社团和正规性群众文化(艺术)社团两大类。

### (一)一般性群众文化(艺术)社团组织的标准

一般性群众文化(艺术)社团的标准是:有社团组织者或负责人,有相对稳定并能自觉参加群众文化活动的社团成员,有相对稳定的活动场地,有相对准确的团队名称,坚持常态化的社团活动。这是群众文化(艺术)社团需要达到的最基本的标准。这类社团大多以街道(乡镇)、社区(村)或机关、学校、厂矿单位内部等基层组织的群众文化(艺术)社团为主,其人员范围和活动区域相对有限,活动规模较小,活动的影响有限。但也有许多这一层级的群众文化(艺术)社团发展壮大为正规性的群众文化(艺术)社团。

### (二)正规性群众文化(艺术)社团组织的标准

正规性群众文化(艺术)社团的标准是:制定群众文化(艺术)社团章程,设有明确的组织机构,有较为固定的活动用房,有较为严格的规章制度,经常参加地域的群众文化活动。这类社团多以区(县)级以上群众文化事业机构及各类组织、单位所属的群众文化(艺术)社团为主,相对来说,其人员和活动区域范围较大,活动规模和社会影响力也较大,同时需要在组织管理和业务考核上达到相应的标准。

## 五、群众文化(艺术)社团组织的活动

### (一)日常进行的团队活动

日常进行的群众文化团队活动包括娱乐、排练、交流、创作、采风、培训、笔会等,以自娱、学习、提高为活动目的。日常进行的团队活动,可根据团队的艺术门类和性质,采用较为规律的活动周期,一般可按每日活动1次、每周活动1次、隔周活动1次、每月活动1次(也可为N次)等方式来设计。以娱乐、训练或排练为主的团队活动,主要依托群体活动来完成,活动周期相隔时间较短。以创作、研究为主的团队活动,很多创作、研究成果都是由个人单独完成的,一起活动只是相互切磋、激励和研讨,活动周期间隔时间会较长。如遇演出、比赛等情况,则可根据实际情况适当增加活动次数。

### (二)参加地域和所属机构开展的演出展示活动

即根据团队性质开展的音乐、舞蹈、戏剧、戏曲、曲艺、书法、美术、摄影、文学、民间艺术、民俗等群众文化艺术演出、比赛、展示等,为所属地域和机构服务。相对来说,这类活动所占的比例较大,这既是地域和所属机构扶持群众文化(艺术)社团的重要原因,也是群众文化(艺术)社团社会价值的重要体现。

### (三)参加跨区域的国内外文化交流活动

主要包括参加跨区域的国内外文化艺术演出、比赛、演示、研讨活动等,为地域、机构和本团队赢得荣誉。这类活动对群众文化(艺术)社团的艺术表演水平要求较高,同一门类的社团往往需要经过层层选拔或比赛,最终确定的优胜者方能获得参加跨区域国内外文化交流活动的机会。比较活跃的群众文化(艺术)社团,也有机会参加跨区域的国内外文化交流活动。

以下为北京大红门服装城管乐团赴瑞士参加国际音乐节的案例:

北京大红门服装城管乐团始建于2003年3月,是北京市丰台区南苑乡果园村村办企业的

一支群众文艺团队。现有成员50多名，均由在服装城就业的果园村村民组成。擅长演奏节奏明快、铿锵有力的乐曲，主要承担服装城的重要仪仗任务和各种演出。该乐团制定有完善的管理制度、训练计划，拥有完善的训练场、乐器房，乐器配置齐全。2006年被评为北京市“十佳”优秀群众文艺团队之一。曾先后参加过北京市2006年“走进新农村”文艺汇演、第五届全国“四进社区”文艺汇演等大型活动以及2007年、2008年、2009年三届“北京国际管乐节”。2010年7月，赴瑞士因特拉肯市参加“2010第八届瑞士少女峰国际音乐节”获铜牌，为亚洲乐队参赛队的最好成绩。

## 六、群众文化(艺术)社团组织的管理目标

对群众文化(艺术)社团的管理，首先，应强调自治管理，即努力完善各项管理制度和规范，不断在社团演出(展示)、场地、经费等方面拓宽渠道，促进自身的健康发展。其次，各级政府文化部门应发挥管理职能，探索群众文化(艺术)社团发展的长效机制，通过例会、研讨、表彰等手段，激励团队的建设与发展。最后，群众文化事业单位应加强对群众文化(艺术)社团的辅导与服务，从提高艺术水平和质量的角度抓好团队业务知识和技能的培训，搭建群众文化(艺术)社团展示和交流的平台，积极扶持并促进群众文化(艺术)社团的进步。

群众文化(艺术)社团的管理目标主要可设定为六个方面。

### (一)活动方向

要求活动内容和形式积极健康，符合社会主义先进文化和社会主义核心价值体系的要求。即坚持“文艺为人民服务、为社会主义服务”方向，“百花齐放、百家争鸣”方针，弘扬主旋律，提倡多样化，根据群众文化(艺术)社团的门类或内容，开展有益于人民群众身心健康和思想情操的活动，把握正确的群众文化活动方向。

### (二)日常活动

要求坚持日常活动，参加的成员达到一定的比例，活动有计划、有内容、有记录、有检查。团队每年要有年度工作计划和年度总结，有展示活动。日常活动是社团组织存在的重要基础，也是成员之间相互学习、提高和沟通信息的平台。日常活动一般应围绕文化艺术的创作、排练、培训和欣赏进行，并根据社团的不同门类的要求，安排符合艺术规律和特点的活动内容。如摄影门类社团的日常活动应以展示、评审会员的摄影作品为主；合唱队的日常活动应以发声练习和歌曲排练为主；舞蹈队的日常活动则应以基本功训练和舞蹈作品的排练为主。

### (三)服务群众

要求经常开展服务地区群众的公益性展示活动，在地域群众文化活动中有一定的受众面和影响力。即根据所属地域或机构的群众文化活动安排，面向社会、群众参加公益性的展示活动，有时也可根据活动需要自主举办公益性展示活动，借以丰富和活跃辖区群众的业余文化生活。

### (四)品牌特色

即要求具有一定的文化艺术特色，拥有一定的活动品牌。群众文化的活动品牌都是经过多年积累，并在内容和形式上不断创新而逐步形成的。品牌在一定意义上就是群众的口碑。群众文化(艺术)团队的品牌应根据团队的艺术门类，打造具有鲜明艺术特色和反映地域生活的原创作品或活动项目，并通过参加或举办的演出、比赛、展览等活动加以推广，根据群众的意见不断完善和提高，使之得到群众的喜爱，并产生较好的社会影响。

**（五）硬件条件**

即要求有较稳定的活动排练场地和辅助设备。群众文化（艺术）社团应当拥有较为稳定的活动排练场地，这是社团活动的基本条件之一。根据社团的活动特点和规律，动态类社团的活动既可安排在室内也可安排在室外场地进行，而静态类社团的活动则多安排在室内场地进行。公园、广场等公共区域是许多群众文化（艺术）社团经常利用的室外活动场地，但季节、气候的变化在一定程度上会影响到社团活动的正常进行。因此，各级群众文化机构或组织应为解决群众文化（艺术）社团活动场地的问题提供必要的帮助。此外，群众文化（艺术）社团还应配备一定的辅助设备，如必要的服装、道具、音响等。在这一方面，政府所设的群众艺术馆、文化馆（站）应把为群众文化（艺术）社团提供活动场地和设备作为免费开放的内容之一。

**（六）创编能力**

即要求具备一定的创编能力。创编能力反映了对较高水平群众文化（艺术）社团的要求，是一种创造性的群众文化活动。创编群众文化作品应与社会形势和工作重心、与当地群众的生活实际紧密结合，采用群众喜闻乐见的、反映地域文化特色、与社团艺术门类相适应的形式，突出作品的原创性和生活化，为地域的建设和生活服务。群众文化（艺术）社团应吸纳具有创编能力的群众参加，根据社团的能力和条件创编一定数量的群众文艺作品，并投入排练和演出。

## 第四节　群众文化骨干队伍的管理

### 一、群众文化骨干的特征

群众文化骨干是群众文化活动的基本力量，在群众文化活动中发挥着中坚和带头的作用。群众文化骨干具有三个方面的特征。

**（一）热爱群众文化，以满腔热情投入群众文化工作**

热爱群众文化是群众文化骨干最根本的动力来源，并能够在群众文化活动激发和展示自己的全部能量。

**（二）具有一项或多项文化艺术专业技能，愿意以己之专长帮助他人**

群众文化骨干一般具有较高的专业文化艺术水平，在群众中享有很高的威信和影响力，具有表演示范能力和辅导指导能力。

**（三）具有较强的组织能力，能够鼓动和引导他人参加群众文化活动**

群众文化骨干在群众文化活动中大多集组织者、辅导者和管理者于一身，有较强的组织协调能力。群众文化骨干作用的发挥，一定程度上制约着群众文化活动的兴衰。

### 二、群众文化骨干队伍的培植

群众文化骨干队伍需要进行有目的、有计划地培植。培植群众文化骨干队伍主要包括以下几个方面的内容。

### (一)提高群众文化骨干的业务水平,给他们提供参加各种培训、交流、表演和深造的机会

群众文化骨干虽然热爱群众文化艺术,具有一定的群众文化艺术特长,但很多人没有系统地学习过文化艺术专业知识和技能,需要不断地充实知识和提高水平,往往对参加培训、交流、表演、深造的要求十分强烈。因此各级群众文化事业机构应定期地对他们进行培训,为他们创造更多的实践和深造的机会。

### (二)对群众文化骨干组建的或在其中发挥重要作用的群众文化(艺术)社团,在场地、师资、设备等方面给予积极的扶植和帮助

群众文化骨干和他们所组建的群众文化(艺术)社团在群众文化活动中发挥着十分重要的作用,因此各级政府文化部门和各级群众文化事业机构应根据群众文化骨干和他们所在的群众文化(艺术)社团的水平、层级、活跃程度、贡献等因素,在活动场地、师资、设备等方面给予不同程度的扶植和帮助,并提供必要的辅导和服务。

### (三)采用表彰、命名和奖励等手段,调动群众文化骨干的积极性

表彰、命名、奖励等手段对群众文化骨干有着重要的激励作用,也是对其进行管理的有效手段。各级政府文化部门和各级群众文化事业机构应分别从组织管理和业务管理的角度,采用多种方式进行表彰、命名和奖励。

## 三、群众文化骨干队伍的考核

### (一)考核时间

对群众文化骨干队伍应定期进行考核。考核周期以一个年度考核一次为宜。根据一般的工作常规,可选在自然年度结束后的时间段进行。

### (二)考核内容

对群众文化骨干的考核主要可安排三项内容:

#### 1.个人群众文化专业知识和技能的考核

主要考核个人专业特长方面的知识和技能,如舞蹈、音乐、戏剧、理论、组织等方面的内容。

#### 2.个人参加群众文化活动业绩的考核

主要考核个人年度内取得的成绩,如参加相关群众文化活动所获得的奖项、表彰,发表(出版)个人作品(专著)等内容。

#### 3.个人参加群众文化培训学习情况的考核

主要考核个人各类参加辅导、培训的情况,包括所学的知识、学习体会以及考勤情况等。

考核应以群众文化专业水平和能力为重点,目的在于准确掌握群众文化骨干的专业水平,及时获得群众文化骨干的需求信息,以调动群众文化骨干的积极性,更好地为其提供帮助。

### (三)考核方式

群众文化骨干队伍的考核可采用总结、考试、问卷、评比、测评等多种方法。考核结果应与表彰奖励结合。考核方式应采取灵活、多样的形式,可根据不同类别、不同艺术专长的群众文化骨干采取不同的方法。如针对群众文化(艺术)社团的负责人,可采用总结、交流的方法;一般骨干成员,可采用考试、问卷的方法;相同艺术门类的骨干,可采用比赛、评比的方法。对于考核中的优秀者,应当在进行精神奖励的同时,给予一定标准的物质奖励。

# 第五节 群众文化志愿者队伍的管理

志愿者,也称义工,是自愿参加相关团体组织,在自身条件许可的情况下,在不谋求任何物质、金钱及相关利益回报的前提下,合理运用社会现有资源,志愿奉献个人可以奉献的东西,为帮助有一定需要的人士,开展力所能及的、切合实际的、具有一定专业性、技能性、长期性服务活动的人。志愿者以提供志愿服务的方式,给人们以实在的帮助和心灵的温暖,给社会以爱的力量和向上的希望。文化志愿者是志愿者队伍的重要组成部分,包括图书馆、博物馆、美术馆、文化馆、音乐厅、影剧院等各种公共文化服务机构的志愿服务内容在内。群众文化志愿者专指利用自己的时间、财力和文艺技能,自愿为社会和他人提供公益性文化艺术服务和帮助的志愿服务人员。

## 一、群众文化志愿者队伍的社会功能

群众文化志愿者是以向社会和群众提供文化艺术服务和帮助为主要内容的志愿服务人员。群众文化志愿者队伍是群众文化事业的有生力量。在群众文化事业机构服务能力不能完全满足群众文化服务需求的背景下,群众文化志愿服务的机制有效地调动了地域社会文化资源,是对群众文化专业队伍的有益补充。群众文化志愿者队伍不仅拓展了群众文化服务的覆盖面,也使群众文化服务更加深化。

### (一)群众文化志愿者的分类

群众文化志愿者主要有两种分类方法:一是从参与群体的属性上划分:可分为个人型和团体型。即群众文化志愿者可以是个人,也可以是团体。二是从专业技能和人员结构上划分:可分为专家型、专业型、特长型和支持型四种类型。

专家型志愿者:指文化艺术界的名人、学者等,主要为群众文化提供高档次的指导;

专业型志愿者:指专业艺术院团的文艺工作者、群众文化机构的社会文化指导员等,主要指导和参与各类群众文化活动;

特长型志愿者:指拥有一定文化艺术专长或技能的群众文艺团队骨干等,是群众文化活动的重要力量;

支持型志愿者:指热爱文化艺术,愿意为文化艺术事业奉献智力、财力和精力的人士,主要为群众文化事业提供力所能及的支持和帮助。

### (二)群众文化志愿者队伍的社会功能

志愿服务是文明社会的基本构成和重要内容,倡导的是“奉献、友爱、互助、进步”的精神,体现的是“帮助他人、完善自己、服务社会、传播文明”的传统美德。群众文化志愿者之所以肯于自我奉献,热心于公益文化服务,其最大的动力来源于他们对社会、对他人、对所从事的文化艺术发自内心的爱。

群众文化志愿者队伍的社会功能主要体现在以下几个方面。

1.价值回归功能

即以无偿和奉献的精神为社会提供公益性的文化服务。群众文化志愿者与其他志愿者一样，都是以自愿贡献个人的时间和精力，以无偿的方式为社会提供群众文化服务。无偿、奉献是群众文化志愿服务的本质特征。群众文化志愿者付出自己的时间、精力、知识、技能、资源和爱心来回馈社会，是对社会的一种奉献。

2.艺术普及功能

即以自己的专业特长为群众传播文化艺术知识和技能。群众文化志愿者涵盖了音乐、舞蹈、戏剧、曲艺、美术、书法、摄影以及民间文艺等各种艺术类别，他们以自己的艺术特长和专业技能为群众提供艺术指导和辅导等服务，帮助群众提高专业艺术素养和能力，在满足群众多样化文化需求的同时，也使自己获得精神和心灵的满足。

3.社会净化功能

即以友爱互助的行动传播新型的人际关系和社会文明。群众文化志愿者在志愿服务中，除了传授文化艺术知识和技能以外，还承担着传播新型的人际关系和社会文明的责任。他们秉承高度的社会责任感，用爱心去感染他人，用生命去影响生命，用自己从事志愿服务的实际行动，传递出助人为乐的高尚品质和情操，传播新型的人际关系，倡导互助友爱的社会文明。

## 二、群众文化志愿者队伍的组织

### （一）招募群众文化志愿者一般采用的程序

1.确定志愿服务项目

群众文化事业机构应根据群众文化工作计划的内容，提出群众文化活动志愿服务项目，并按照实际需求提出招募计划。志愿服务项目可以设置为单项，也可以设置为多项。确定志愿服务项目应注重公益性和可行性，符合覆盖面广、受众面宽、影响广泛、效益良好的标准，并应通过相关专家进行的评审论证。

2.明确服务方式和要求

对所选定的志愿服务项目，可根据招募计划明确该项目的志愿服务方式和相关要求。

3.明确招募对象条件

包括拟招募的志愿者的年龄层次、学历要求、健康状况、知识技能等方面的条件，有些项目还应当明确告知在志愿服务过程中可能出现的风险。

4.明确报名方式

确定采用何种报名方式，包括现场报名、电话报名、网络报名、网点报名等。同时应确定联系人及联系电话。

5.发布志愿者招募书

在确定以上内容的基础上，拟定《志愿者招募书》，并通过报刊、网络等媒介予以发布。发布范围可面向全社会，也可定向面对与项目相关的志愿服务机构。《志愿者招募书》应载明与志愿服务项目有关的信息，包括项目背景、项目内容、服务方式、项目要求、招募对象条件、报名方式、联系人等。

### （二）制定群众文化志愿者指南和相关的管理制度

招募单位应根据群众文化志愿服务的相关内容，为志愿者编制服务指南或服务手册。服务指南的内容可包括：志愿者服务理念、誓词、基本条件、权利与义务、招募办法及流程、志愿者培训、志愿服务知识、基本要求、注意事项、日程安排、保障与表彰等。

同时为了规范志愿服务人员的管理，保障群众文化志愿者的权益，提高群众文化志愿服务的质量，招募单位还应制定志愿者管理的各项规章制度。志愿者管理的规章制度可包括：志愿者注册登记制度、志愿服务工作守则、志愿者招募制度、志愿者培训制度、志愿者管理办法、志愿者保障和奖励制度等。同时还应探索创新志愿服务的机制和方式，建立统一的志愿服务项目发布平台，提高志愿服务项目与公众需求、公众参与的对接效率，最大限度地发挥志愿服务的效益。

### (三)群众文化志愿者的组织方法

群众文化志愿者队伍的组织方法大体分为以下几种。

1.由相关的群众文化事业机构进行管理

即由群众艺术馆、文化馆、文化站等群众文化事业单位根据使用志愿者的需要，直接进行群众文化志愿者的招募、培训、使用和管理。

2.由各省市文化厅(局)组建的文化志愿者服务中心进行管理

即由政府文化部门设立文化志愿者服务中心，承担群众文化服务范围内的文化志愿者的招募、培训、使用和管理。

3.由志愿者服务机构进行管理

即由群众文化事业机构以外的第三方志愿者服务机构负责群众文化志愿者的招募、培训和管理。志愿者使用单位可根据群众文化活动项目的需求，委托志愿者服务机构代为招募群众文化志愿者。

组建群众文化志愿者队伍，是群众文化管理的一个新课题。建立完善的、符合群众文化需求的志愿者管理机制，需要进行新的研究和探索。

以下为北京文化艺术活动中心建立文化志愿者服务机构的案例：

北京文化艺术活动中心(北京群众艺术馆)2008 年 11 月设立“文化志愿者部”，开始进行全市文化志愿者队伍的建设。2009 年经北京市机构编制委员会办公室批准，成立“北京市文化志愿者服务中心”，承担全市文化志愿者服务和管理的相关工作。全市共创建 16 个区(县)的 19 文化志愿者服务分中心，并设立乡镇级文化志愿者服务站，共招募文化志愿者 2.2 万名。2011 年组织开展文化志愿者“送福到家”“文化志愿者边疆行大舞(展)台”等活动；组织文化志愿者培训、讲座，培训人员近 5 000 名；建立文化志愿者信息服务平台，文化志愿者信息数据库和网站已经建成并投入使用。全年共完成志愿服务时间 120 万小时。

## 三、群众文化志愿者队伍的培训

培训是群众文化志愿者组织管理的一项主要工作。抓好志愿者的培训是强化群众文化志愿者队伍素质的关键，而强化素质则是群众文化志愿者队伍生存发展的必要条件。加强群众文化志愿者队伍的培训，可以有效地提高群众文化志愿者的政治素质、文化素质和专业素质，不断提高志愿服务的质量和水平。

建立志愿者培训制度，可以不断提高群众文化志愿者的服务能力，更好地完成义务服务的任务。从一定意义上说，志愿服务的过程是自我教育、自我开发、自我提高的过程，针对志愿者的不同水平、专业和服务项目进行有针对性的培训，是做好志愿服务的重要保障。

志愿者培训包括新志愿者培训、专业培训、全员培训等形式。

### (一)新志愿者培训

原则上讲,新志愿者在完成登记后,都应当经过最基础的培训。新志愿者虽然都对自己所从事的专业有较高的造诣,但对志愿者和志愿服务的相关知识则未必有更多的了解。因此,开展新志愿者的培训是投入志愿服务前的一项基础性工作。

新志愿者培训的内容可包括:群众文化志愿者组织的性质、任务和组织架构的介绍;志愿服务有关规章制度、纪律等方面的教育;志愿者服务指南的讲解,拟定开展的志愿服务项目介绍;优秀志愿者先进事迹的介绍和交流等。

### (二)项目专业培训

志愿服务往往依托具体的志愿服务项目来进行,每个志愿服务项目都有各自的具体要求,对志愿者的要求也有个性化的区别。根据不同项目的具体情况和个性化特点进行专业培训,是顺利完成志愿服务项目的前提。因此,在开展专项志愿服务活动前,要经过必要的专业培训,明确项目的意义、活动内容、时间、地点、相关要求、注意事项等,使参加该项服务的志愿者充分了解和掌握与专项服务相关的知识。对专业性较强的志愿服务项目,可聘请有关方面的专业人员或有培训资格的志愿者培训师进行培训。如北京市文化志愿者服务中心 2010 年参加文化部组织的“春雨工程——全国文化志愿者边疆行”活动前,邀请了专家对参加该项活动的文化志愿者进行了民族文化、安全等方面的培训。

### (三)志愿者全员培训

全员培训是志愿者培训的一项基础性工作,是提高志愿者基本素质、保证志愿服务质量的重要措施。培训内容可选择志愿服务的基本理念、志愿服务的通用技能和规范等。通常情况下,全体志愿者每年都应参加一次全员培训,并在相关志愿者服务手册或相关档案予以记载。

## 四、群众文化志愿者队伍的考核与宣传

### (一)群众文化志愿者队伍的考核

群众文化志愿者的考核可采取多种方式进行,包括进行群众文化志愿者年度服务考评,进行群众文化志愿者志愿服务绩效评估,建立常态文化志愿者星级评审体系,对优秀文化志愿者进行表彰和奖励等内容。可参照共青团系统评定“星级志愿者”的方法,在志愿者组织内部建立以服务时间和服务质量为衡量标准的星级认证制度,定期表彰“星级志愿者”。

### (二)群众文化志愿者队伍的宣传

对群众文化志愿者队伍的宣传,主要可通过对群众文化志愿者活动重点项目、重大活动或典型人物的宣传报道,逐步扩大群众文化志愿者队伍的社会影响力。在宣传途径上,可利用广播、电视、报刊、网站等媒介进行宣传,可在志愿服务活动过程中借助其他大型文化活动进行宣传,也可利用各级群众文化事业机构的常态化宣传阵地进行宣传。在宣传方式上,可通过组织媒体专访、制作宣传片、举办展览等方式,吸引社会各界的关注,不断吸收更多的文化艺术人才投身于群众文化志愿服务工作。

# 第四章　群众文化活动

群众文化活动，是指人们在职业外为满足自身精神文化生活需要而采取的文化行为。从群众文化发展的历史角度来看，在地球上出现人类时，群众文化活动便随之出现了，而群众文化事业、群众文化工作、群众文化理论等群众文化体系中的构成要素，则是群众文化活动发展到一定历史阶段才出现的；从群众文化构成因素之间的关系来看，群众文化的机构、工作、理论等，都是服务于群众文化活动的，它们的价值体现于群众文化活动之中；从群众文化内部结构的依赖关系来看，因为有了各种群众的文化活动，才形成了不同形态的群众文化。

## 第一节　群众文化活动的动力机制

在远古时代，群众文化并不是作为一种独立的文化形态出现的，它的产生紧密地同物质生产活动交织在一起。人类物质生活的逐渐丰富，人们的精神需求逐渐提高，才促成群众文化的形式与内容逐渐具有相对的独立性。随着社会的不断发展，群众文化活动又逐渐地成了人们不可缺少的精神生活内容。在这种历史过程中，作为群众文化活动主体的人的精神需要，是群众文化活动发生并构成其历史发展的原动力。原动力的种种差异性，也就是群众文化之所以千姿百态的根本原因。

### 一、群众文化活动的形成原理

人类社会的群众文化活动作为一种复杂的社会现象，不是孤立和偶然的，而是有着普遍的社会联系。它既是社会大系统的有机构成部分，同时又作为一个相对独立的有自身动力机制的系统而存在。群众文化活动，是主体以自身精神需要为原动力，在动机指使下所进行的文化行为的总和，从这种意义上说，群众文化活动就是主体现实的社会行为。于是，从静态考察有群众文化活动系统的结构，从动态考察有群众文化活动主体心理行为的动力系统的结构，它们分别成为群众文化活动动力机制内容的不同表达方式。

群众文化活动系统由四个相互关联、相互作用的子系统构成，如图 4-1 所示。

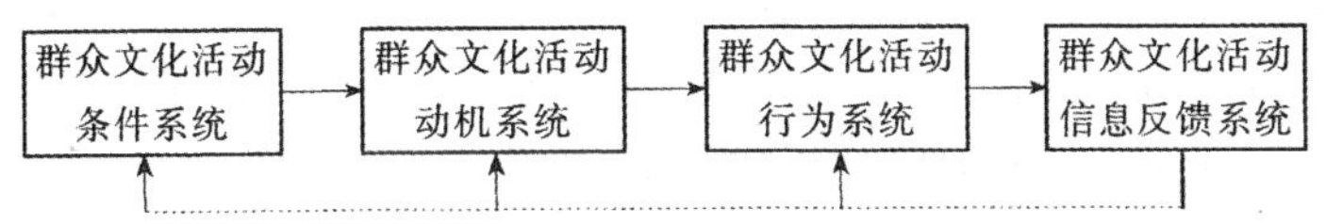


**图 4-1　群众文化活动系统结构关系图**

活动系统的各子系统，反映着群众文化活动的社会普遍联系性。活动条件系统包括主体的生理素质、活动的客体因素、时空情况和社会环境等，它们是形成主体精神需要、活动动机和行为的必要条件因素。活动动机系统包括受社会和主体的调控力量作用所形成的群众文化需要、活动动机、活动兴趣等，是指向一定性质的活动目标而始发行动的关键环节。文化行为系统包括文化活动的进行以及方式、技巧、经验的选用等，是主体精神需求的实现和决定其满足程度的终端。信息反馈系统，是将活动结果情况反映给前面各系统的效应反馈环节，它影响着其他系统的调整性变化。

这一活动系统的内部关系，可以用社会心理学家勒温(K.lewin)提出的一个著名的人类行为公式来概括：

$B=f\ (P \cdot E)$，其中 $B$ 代表行为，$f$ 代表函数，$P$ 代表人，$E$ 代表环境。即人类行为是人及其所处的环境的函数。这就说明，群众文化的行为是个体与环境交互作用的结果；人的文化心理和行为，决定于内在需要和周围环境的互相作用。

按照上述对群众文化活动系统结构的静态分析，可以将群众文化活动的主体心理行为动力系统，用模式图 4-2 表示。

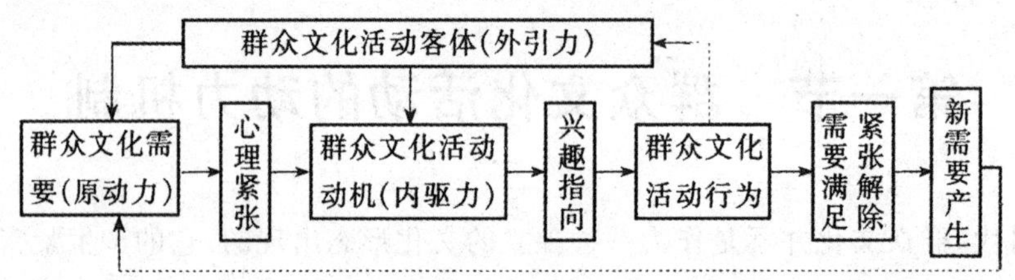


图 4-2 群众文化活动主体心理行为模式图

这一模式图说明，群众文化活动的形成，是主体心理行为的一种变化过程，也是主体与客体密切联系着的一个循环过程。

## 二、群众文化需要的特点和心理紧张的产生

群众文化活动的动力机制，是以主体的群众文化需要为出发点的。需要，是生理的和社会的要求在人脑中的反映；群众文化需要是指人对精神文化的一种欲求。任何真正意义上的合乎参与者意愿的群众文化活动，都是活动主体在本身一定的精神文化需要驱使下，对于某种精神表达方式和享受方式的选择。所以，群众文化需要是群众文化活动的主体心理行为过程中的首要环节。

这种群众文化需要是人们在一定的社会历史条件下的社会生活中产生的。群众文化需要的特点：一是随着主体的社会化的逐步完成，理想、信念和世界观的逐步确立，群众文化需要在总方向上会逐步得到相对的稳定，不易受外界的影响而变化其需要的实质。二是群众文化需要具有无限性。正如心理学家马斯洛所说，人“几乎很少达到完全满足的状态，一个欲望得到了满足之后，另一个欲望就立刻产生了。”群众文化以它特殊的功能所产生的魅力，成为人们永不满足的需要，伴随着生命的全部历程。三是群众文化需要具有多层次性。我们从时间的横断面看，人们都处在不尽相同的社会环境中生活，物质的条件、文化艺术的素养、社会化程度等个体差异性，都必然地作用于人们的群众文化需要，形成以群众文化活动的质与量为区别的高低不同层次。群众文化需要的总方向的相对稳定性、无限性和多层次性都表明，它无论在何时何地和对于何人，都是群众文化活动的原动力。

作为主体对文化生活的欲求状态的群众文化需要，是由于主体在精神和体力的疲劳、持续的单调生活或其他文化需求的上升性量变等情况下，所产生的心理学意义上的心理紧张。群

众文化需要愈多愈迫切，紧张度就愈高。主体心理的紧张构成一种内驱力，并在一定条件下转化为主体的群众文化心理动机，进入活动动机的环节。

## 三、动机的形成条件、特点和兴趣的中介作用

群众文化需要，未必都能成为群众文化活动的动机及推动主体去进行群众文化活动。变需要为动机须有一定的条件。首先，作为内在条件的主体心理需要，必须得达到一定的内驱力强度。其次，主体要有与其需要相适应的群众文化活动能力。能力是多方面心理特征的综合，任何群众文化活动，都以主体具有一定的能力为条件。群众文化活动能力的有无和差异，必然会在动机中表现出来，一定的群众文化需要总是向着其能力的范围形成动机。最后，作为外在条件，要有与主体群众文化需要和能力相适应的文化活动对象及环境。文化活动对象即由一定的形式和内容有机构成的群众文化活动客体。任何群众文化活动都是对象性活动，必须指向一定的客体，通过与客体的结合达到主体的需求目的。显然，没有活动对象就不可能有对象性的活动，自然也就无所谓活动的动机。同时，这种群众文化活动的客体对象物，是主体产生活动动机的刺激物、诱引物，它以外引力的作用与心理动机的内动力相融合，才使动机进入活动的环节。可见，这种具有广泛性、永恒性和个体选择性的群众文化活动客体的吸引力，是唤起主体的文化需要和产生活动动机的必要的外部动因。有活动对象物还须具备一定的时空环境，各种群众文化活动总是在相宜的环境中进行的。尽管动机对环境的适应性比较宽泛，但没有一种特定的适宜的环境，群众文化活动动机的产生也就缺少必要的条件。

在一定条件下由需要而转化的群众文化活动动机，一是具有动力性，群众文化活动动机不仅能引发文化活动，而且能提供使其活动的进行直至完成所需要的动力，即既有始发动力，又有继发动力，作为有效能量的动力强度差异，直接影响群众文化活动的质与量；二是具有调节性，群众文化活动是一种情感形态的活动，容易受到来自外部和主体内部的各种影响，群众文化活动的动机在其中起到抵制其他活动动机和暂时排除其他干扰的作用，从而维持文化活动的进行；三是具有指向性，群众文化的需求还只是表明缺少什么的静态存在，而转化为动机后，即指向于群众文化活动的具体方向和一定的形式与内容。

然而，从动机环节进入具体群众文化行为的环节的指向，还要以主体的兴趣为中介。群众文化兴趣是指个体对群众文化带有情绪色彩的倾向性。由它指向于不同样式的群众文化活动，由它决定什么样的群众文化活动客体对主体具有吸引力。

人们的群众文化兴趣是在一定的社会历史条件下，在群众文化活动实践过程中产生和发展起来的。它是一种复杂多样的心理现象，在性质上有积极与消极之分、在方式上有欣赏和参与之分、在持续时间上有长期与短期之分、在目的上有直接与间接之分、在范围上有广阔与狭窄之分、在价值评价上有主要与次要之分等。这种种群众文化兴趣，在动机与行为之间起着纽带作用，把主体出于求知、审美、竞技、消遣、健身、社交、情感等的群众文化活动动机梳理并指向于不同方向、目标、形式与内容的群众文化活动客体，形成文化活动行为。

## 四、文化活动行为的多种效应和心理行为过程的复杂性

当一定强度的动机顺着兴趣的指向完成了群众文化活动，主体的群众文化的精神需要便得到一定的满足，由群众文化欲求造成的心理紧张也便得以缓解或解除。这样，主体以自我调节的方式通过群众文化的途径，在一定程度上表现了潜力，满足了或求知、或求乐、或求健康、

或求美、或求自我实现的精神需要。

从主体的精神文化需要到这种需要满足的群众文化活动过程，就这样形成了。而按照人们的群众文化需求和社会的群众文化发展的历程，前列主体心理行为模式图还告诉我们，主体群众文化行为的实现还产生以下两个方面的变化。第一，由于群众文化需要的无限性，主体在通过文化活动满足需要之后，接着就会产生新的需要。这种群众文化需要，又再度作用于群众文化活动动机。第二，群众文化活动的客体都是在人们的群众文化实践中形成的，主体的一次次文化活动的实现，也是一次次创造客体的过程。客体的不断变化、增殖又对主体的活动动机产生新的外引力。就这样，群众文化活动得以循环往复，不断推向新的高度；群众文化的发展，也因需要与满足这对矛盾的无止境运动而不断进入新阶段。

尚须指明的是，上述一个单独、完整的群众文化活动的主体心理行为过程，是一种理论上的抽象。实际上，这种主体心理行为过程并非都是一个接一个地完满地进行和实现的。一方面，群众文化活动的主体心理行为过程的规模和时空跨度有大有小，大过程中可有许多小过程。另一方面，愿望性动机与行为结果之间，受着许多来自主体或客体方面的条件限制，因而会使一些活动主体的心理行为过程不完整或者是行为结果达不到期望值。所以说，具体分析各种活动主体的心理行为过程时，要充分了解它的复杂性。

## 第二节　群众文化活动的构成

在上一节我们可以看出，群众文化活动的动力机制，实质上是一个“需要—活动—新需要—新活动”的动态系统，是一个循环无穷并呈螺旋式上升的历程。现在，我们再把论域摆在群众文化活动行为这一环节上，对其本体构成及其规律进行剖析。

### 一、群众文化活动的内容与形式

无论自然界还是人类社会中的一切事物，都有它的内容与形式，都是内容与形式的辩证统一体。群众文化活动这一人类社会精神领域的客观事物，当然也不例外。所谓群众文化活动的内容，是指群众文化活动形式所表现的实质和意义，是群众文化活动主体因素和客体因素的统一体。

群众文化活动是以文学艺术为主要形式的，文学艺术作品通过艺术形象所反映的客观现实生活，也就是群众文化活动内容的主要组成部分。除此之外，还包含作用于人的智力、审美、健身等各种群众文化活动所包含的现实意义。就群众文化活动内容的主体部分而言，它既有反映社会生活的客观性，又有渗透着活动者思想情趣和审美评价的主观性，是客观与主观的统一。同时，它具有意识形态性，即群众文化活动的文学艺术部分的内容，一般都渗透着一定的世界观、人生观、价值观、伦理观等。这种一般的抽象的思想内容，都是通过群众文化活动的形象化形式来表现的。群众文化活动还包含一些不具有一定的明确的思想意义的活动项目，比如游艺活动、群众业余体育活动、交谊舞活动等纯娱乐、健身、消遣的活动项目，其本身内容就不一定具有意识形态性，至于依附于这些活动上的其他思想内容，则另当别论。

群众文化活动的形式，是指群众文化活动内容得以表现的形态。群众文化活动形式从层次上划分，有外在形式和内在形式。群众文化活动外在形式是物质性的，是活动内容得以传达的物质手段和组织形态，群众文化活动形式所采用的物质手段的发展，带动着群众文化活动形式的发展。群众文化活动的内在形式是活动内容直接相依赖的形式，即活动内容的组织结构方式，也是活动内容的各种因素或各部分之间的内部联系和组织方式，群众文化活动的形式是在长期的群众文化实践中不断丰富和发展起来的，它本身没有阶级性。

群众文化活动的内容与形式的关系是辩证统一的关系。形式依靠内容而存在，内容依靠形式去表现，两者相互依赖、相互制约，都以对方的存在为条件。在地位上，群众文化活动的内容起着主导的和决定的作用，形式由内容决定并为内容服务。刘勰说："夫情动而言形，理发而文见，盖沿隐以至显，因内而符外者也。"这就是说，一定的形式总是根据内容的需要而产生并为一定的内容服务的。群众文化活动的内容从它的精神调剂、宣传教化、普及知识、团结凝聚等功能来看，包含德育、智育、美育、体育等所涉及的各个方面，内容是异常丰富的，而丰富的内容都有相适应的形式。

群众文化活动的形式虽然由内容所决定，但它又能给内容以积极的影响。相适应的完美的形式能使内容得以充分表达，从而达到较好的活动效果。反之，则会妨碍内容的表达而减弱活动的效果。群众文化活动的形式是人类各民族在长期的群众文化实践中形成和不断更新的；活动形式的创新又促使活动内容更为丰富和新颖。群众文化活动的形式也有相对的独立性，不同的形式可表达相同或相似的内容，相同的形式也可表达相同或不同的内容。此外，它还有着特殊的内在规律性和形式美的法则。比如中国农民画，在创作活动中逐步形成了鲜明稳定的表现形式和浓厚强烈的艺术风格，在造型、构图，色彩配置和笔法、材料工具的运用等方面，均具有独特之处，其绘制活动具有不同于其他绘画活动的个性规律。

总之，群众文化活动的内容与形式是辩证统一的；人们所作的努力，也就在于对一定的社会内容同尽可能完美的形式相统一的追求。

## 二、群众文化活动的类别

群众文化活动内容丰富而形式繁多，但并不是杂乱无章的存在物，它具有多层次的组合结构。按照事物分类的"划分标准统一"原则和从小到大的顺序，群众文化活动从外在形式上可分为这样四个层次：活动样式、活动类型、活动总类和活动总体。这些不同的活动层次，形成了群众文化活动存在的不同形态。

### (一)群众文化活动样式

群众文化活动样式，是按不同文化艺术门类区分的基本的活动组成的活动种类。之所以能区分为不同的种类，是因为它们在形式上有不同的内部组织结构和外部表现形态。具体样式有以下几种：

群众文学活动：主要指小说、诗歌、散文、报告文学等文学作品的创作，以及围绕创作所开展的各种辅导、加工交流等有关活动。在群众文化的基础部分中的民间文学创作、传播活动，还包含民间歌谣、民间长诗、民间谜语、民间谚语等民间诗歌的活动，包含神话、传说、寓言、笑话、童话、生活故事等民间故事形式的活动等。这一活动样式的共同特点是以语言为工具，是语言的艺术。

群众戏剧活动：这一样式的活动，既包括群众性戏剧演出的活动，也包括对专业性戏剧演出的欣赏。戏剧是融诗歌、音乐、舞蹈、曲艺、美术、杂技、武术以及表演等多种艺技于一体的综合性的活动样式,它也包括民间小戏、木偶戏、皮影戏等。戏剧活动是古老的艺术,早在2000多年前亚里斯多德就曾给它下过定义,它以自己的综合性和现场表演等直观的内外部特点区别于其他样式的群众文化活动。

群众曲艺活动:群众曲艺活动包括快板、快书、弹词、渔鼓道情、大鼓、琴书、牌子曲、时调小曲、评书、相声等不同形态的、种类数以百计的说唱活动。它以带有表演动作的说唱来叙述故事、塑造人物、表达思想感情,有着浓厚的地方性特色。它以叙事为主、代言为辅、"一人多角"等特点而成为带有显著民间色彩的群众文化活动样式。

群众音乐活动:分为用人声演唱的声乐和用乐器演奏的器乐两大类的群众音乐活动,是一种用声音塑造情感形象的听觉艺术活动,是历史悠久且种类繁多的活动形式。就中国来说,远在周朝时期,见诸文字记载的乐器便已有80多种。不仅每个民族都有独具风格的群众音乐活动,而且这种音乐具有不经翻译即可为不同国家、不同民族的群众所欣赏的普遍可传达性。

群众舞蹈活动:这是历史久远、形式种类繁多的群众文化活动,包括社交舞蹈、风俗舞蹈、健身舞蹈、礼仪舞蹈等。它在形式上明显地表现着人民群众的生产与生活方式、风俗习惯、宗教信仰、道德观念和审美情趣,在外部表现形态上有着鲜明的动作性、造型性、节奏性和直观抒情性的特点。

群众美术活动:通称为造型艺术、空间艺术、视觉艺术和静态艺术的美术门类的群众文化活动,包括绘画、雕塑、工艺美术、书法、摄影、篆刻等方面的活动。泥塑或陶制各种玩具、剪纸、制作风筝、集邮等也都是群众美术活动。尽管这一样式的活动的外部表现形态各异,却一般都有以美术为基础以一定的物质材料在一定的空间创造静态视觉形象的特点。

群众游艺活动:指包含游戏、杂技在内的一种智力性、康乐性活动。它包括棋类、牌类、儿童游戏等,具体活动种类难以计数和尽说。它大体可划分为智力性与娱乐性两大类。科技的进步已使现代化的电、光、声和机械等进行控制的游艺活动进入群众文化生活领域,群众游艺活动的形式也更为多样而新颖。

群众体育活动:这是指乡村、厂矿、企业、机关等基层群众所开展的业余性质的体育活动。民族民间体育活动有武术、荡秋千、赛龙舟、跳皮筋、踢毽子等;新兴的群众体育活动的项目同国家专业体育的项目差不多,能进入国家或国际性比赛的项目,大都可在业余进行。群众体育活动区别于专业性体育活动的特点是以自我娱乐、健身为主要目的。群众文化活动的样式同群众游艺活动一样,本身一般不具有意识形态性。

上述每种群众文化活动样式都具有相对的独立性,以其相对稳定的活动形式而存在着。它们都以独特的形式和方式来表现群众文化活动的内容,同时也都以不同的形式和方式成为客体而作用于群众文化活动的主体。从文化艺术门类层次上划分的群众文化活动样式,指的是一个种类的群众文化活动的形式,既包括这个种类的群众文化活动的过程,也包括与这个种类的活动成果有关的其他活动;既包括群众满足自身文化需要而创造这个种类成果的表现性活动,也包括同样目的而对他人的这个种类成果的欣赏性活动。

### (二)群众文化活动类型

群众文化活动类型是指以共同的活动形态特征所形成的群众文化活动的类别,从包含文化艺术门类的意义上讲，它是比活动样式更高层次的群众文化活动形态。按照通常的分类方法，可以划分出下列主要的群众文化活动类型：

创作活动：群众文艺创作活动，是从满足自身精神需要出发而进行的群众文化行为，是自我实现性的活动。从创作的文艺门类上讲，专业性文艺家所从事的文学、音乐、美术、舞蹈、戏剧、曲艺等门类，全部是群众文艺创作的门类范围。不仅如此，专业性文艺家一般不会或不可能创作的大量的民间文艺门类，是群众文艺创作的独有天地。此外，群众文艺创作也包括口头性的民间文学创作。

表演活动：群众表演活动是一种自娱性与自我表现性相融合的活动类型，是对戏曲、曲艺、音乐、舞蹈等动态性文艺作品的创造性表达，是一种在公众场合进行的娱乐活动。表演者既可表演自创作品，也可表演他创作品。表演者与观赏者往往有着某些密切的社会联系，在表演活动中表演与观赏的角色还往往出现互换或同时兼有。

展览活动：群众展览活动是一种展示自己创造才能的活动类型，是置绘画、摄影、书法、雕塑等静态的文艺作品于观赏者中间的立体性表现。作为群众文化活动的另外一类展览活动，是通过文学、美术等艺术手段而进行图体、实物等形式的专题性陈列，是一种社会宣传教育性活动。若群众未直接参与这种展览物的制作，这种展览对于群众来说就只能归属观赏性活动。

观赏活动：在观赏性活动中，作为活动主体的人都是在欣赏他人所展示的文化艺术活动或作品，也是一种对他人提供的群众文化产品的消费活动。这种类型的活动种类如观看电影、电视、录像、幻灯、展览和文艺演出等。文艺演出、展览有直接的现场观赏和间接的影视观赏等多种途径。影视类观赏具有对文艺门类的最大包容性。

阅读活动：它同观赏活动的相同之处，是活动主体对他人文艺产品的一种接受，所不同的是阅读的客体对象是图书、报刊以及橱窗、画廊、板报等载体所提供的阅览物。这种类型的活动客体物除了文就是图。活动方式可以个体在各种时空进行，也可以集体性地在一定时空进行。

培训活动：指群众为提高自身思想文化素质和业务技能而自愿参加社会上举办的各类讲座、培训、补习等形式的活动。其中也包括文化艺术各门类的培训学习活动。这一类型的活动都是集体性的。

健身活动：群众文化范畴的健身活动包括群众业余体育、游艺等以益智壮体为主要目的的文化活动。这一类型的活动大都具有在智力上、技艺上的竞赛性，活动本身一般不具有思想意义。

对群众文化活动作如上类型的划分，是从其活动外部形态的共性上区别的一种分类方法。从其所包含的活动量来说，有大的类型和小的类型，但无论大小都是同类特征的活动组成的一个集合体。各种类型之间存在着相互作用、相互联结、相互依赖的内部联系；有的活动同时具有多种类型的特点。

**（三）群众文化活动总类**

比活动类型更高的层次，是群众文化活动总类。它是按活动主体在活动中的角色地位的不同来区分的，大体上划为接受性群众文化活动和表现性群众文化活动两大总类。对群众文化活动样式不能区别出接受性和表现性，活动总类是对活动类型的归并。阅览活动、观赏活动、培训活动等归属于主体接受性活动;创作活动、表演活动、展览活动、健身活动等归属于主体表现性活动。

接受性群众文化活动是主体的输入性活动,活动目的旨在从活动客体上求取愉悦、知识和审美享受等。它是通过活动客体去认识客观世界的一种意识性活动。而表现性群众文化活动主要是主体的输出性活动,活动目的旨在通过创作文艺作品、塑造艺术形象、展示文化艺术成果来表现自己的思想情感、智慧和价值。健身活动大都具有竞比性质,也显示出表现自己的思想意识、文化修养、道德情感和艺术创造力。诚然,接受性和表现性两大类群众文化活动是紧密地联系在一起的。接受中可提高表现能力,表现中可获得新的接受。有些活动中主体的接受角色和表现角色可能反复变换;有些活动把接受和表现紧紧交织起来;有的活动同时具有接受和表现两种性质。

群众文化活动总类之上的层次,自然是群众文化总体了。这一活动总体是由活动样式、活动类型和活动总类若干内部层次组成的统一体,是一个有机的系统。我们对博大庞杂、浩如烟海的群众文化活动进行系统的分析,其目的就在于明确各种活动特点,认识其内部规律和相互联系的特性,并准确地把握它们的演变趋向。总之,是为了提高人在群众文化活动中的自觉性和主动性。

## 三、群众文化活动的基本特点

如同对群众文化总体特征的探求一样,对群众文化活动特点的研究,也是为了从事物的性质上去认识研究对象。从前面进行的对群众文化活动的活力机制、内容与形式以及分类的论述中,可知群众文化活动是一个庞大的系统。既然如此,群众文化本体与它的外部联系所表现出来的特点也必然是多方面的。所谓特点,就是事物的独特之处。群众文化活动这一事物总体所共有的独特之处主要有空间的广泛性和时间的闲暇性,目的的功利性和效应的双向性,内容的丰富性和形式的多样性。

### (一)空间的广泛性和时间的闲暇性

群众文化活动在空间上的广泛性,是指群众文化活动这一事物在存在形式上的广度特征。这种广度从人类历史发展的纵向看,人类产生,人们的文化活动也就相随出现了;在无限的未来,群众文化活动永远是并且更将是人们不可缺少的一种精神生活内容。广度的范围,从人类世界的横向看,每个国家、民族的人民群众都有一定的文化活动。尽管人们的文化生活的质与量千差万别,但这种群众文化活动凡人类分布之处无所不在。群众文化活动的广泛性不仅在于它所存在的范围大,还在于它所涉及的方面广。作为人类社会的活动,有经济活动、政治活动、教育活动、宗教活动、军事活动、科学研究活动和人们的情感活动等,这包罗万象的种种社会活动,几乎无不与群众文化活动有关联。或者说,群众文化活动所包含的内容涉及社会活动各个方面。群众文化活动的这种广泛性,决定着它的内容与形式的丰富多样性,也决定着它的运行方式的社会化。

群众文化活动在时间上的闲暇性,表明它在发生时间上的特点。闲暇时间即除劳动生产活动以外的自由支配的时间。“闲暇时间是不被生产劳动吸收而用于娱乐和休息,从而为劳动者自由活动和发展开辟广阔天地的余暇时间。”这种“用于娱乐和休息的”余暇时间,使群众文化活动的进行成为可能和必然,从而也使群众文化活动具有文化行为时间上的闲暇性。

闲暇是人们正常生活的重要组成部分，闲暇活动的自由支配是人格和谐、平衡发展所必需的；而闲暇文化娱乐活动是人格多样性发展和创造潜力充分发掘的重要途径。闲暇时间的文化活动以此得到迅速发展。特别是在工业化和城市化发展程度较高的社会中，它更为人们所注重。群众文化活动的闲暇性，又决定了闲暇文化活动十分突出的随意性。在完全属于自我的消遣性享受的群众文化活动中，主体可以比较任意地选择活动的内容，所以也有消极的一方面。如一些西方国家方式多样的闲暇文化活动，呈自由化动向、发展型、消遣型和堕落型并行。社会的发展将使人们的闲暇时间越来越多，群众文化活动的闲暇性也将越来越突出，其闲暇性文化生活的调控与引导也因此而显得越来越重要。

群众文化活动的闲暇性，是指群众文化活动在劳动生产之余的空闲时间进行的特点。然而，在劳动生产之中也存在一些文化活动。比如茶农采茶时唱的山歌，驾驶员行车时听音乐等。这种劳动生产过程中的文化生活现象，是否也具有闲暇性？这类文化活动处于从属的地位，其内容和形式直接受劳动生产方式的制约。它是消除疲劳和鼓舞精神的"辅助剂"，是不但不妨碍劳动生产而且直接服务于劳动生产的文化活动。从这种意义上，相对其劳动生产而言，它也具有闲暇性。

**(二)目的的功利性和效应的双向性**

群众文化活动目的上的功利性有两种含义，即群众文化活动的功利目的和功利标准。所谓功利，是指功效和利益。群众文化活动目的的功利性，就是指主体期望通过文化活动获取有一定功效和利益的结果。纵观群众文化活动的发展史，所有群众文化活动无不与该民族、该地区的历史发展和现实生活密切相关，无不与一定范围内的政治、哲学、宗教、法律、道德等社会意识相关，因而无一例外地带有一种极为明确的功利性观念。早在中国舜的时代，群众文化活动的功利性就已被人们发现。据《竹书纪年》载：舜"元年己未即帝位，作《九韶》之乐。"并指出："诗言志，歌永言，声依永，律和声，八音克谐，毋相夺伦，神人以和。"可见，舜已认识到文化艺术的效用不仅可以娱悦神灵和歌功颂德，并且可用以教化百姓。随着对群众文化活动功利性认识的加深，历代统治阶级都把群众文化艺术作为维护统治的一种途径。对于人民群众来说，进行文化活动，也都自觉地带着娱乐审美、提高文化素养、消遣休息、美化生活、增智利寿等目的。群众文化活动的这种功利目的具有普遍的意义，任何人都是从精神需要出发而顺一定的动机目的去展开群众文化行为的。

既然如此，人们也就自然地把一定的功利标准作为检查群众文化活动效应的基本原则。伦理范畴的功利主义传统认为，一种行为如果有助于增进幸福，则为正确的；如果导致产生同幸福相反的东西则为错误的；人的行动应当争取产生最好的结果。人们的群众文化活动的唯一目的也就是求得幸福；这种幸福除了活动主体自身，还应涉及受其活动影响的他人。同时，这种幸福的获取还应当以不危害他人和社会为前提。以个人与社会的需要相结合的实际功效或利益作为群众文化活动的行为准则，就是群众文化活动的一个显著的功利性特点。

功利愿望与活动结果的不一致性以及活动目的多样性，就带来了群众文化活动效应上的双向性，即具有性质相反的正作用与负作用两种效应的可能性。一般地说，凡属内容健康的群众文化活动，其所产生的是正作用即正效应；反之，内容不健康的群众文化活动所产生的是负作用，即负效应。然而，一些群众文化活动的内容并不能简单地从性质上分为两类，是具有互相矛盾的两种属性，即一种活动客体中同时具有两种互相对立的性质。从这种意义上说，这些群众文化活动客体具有二重性。活动主体与其有益的一面或有害的一面相联系，将分别产生截然不同的作用；主体素质与动机在这时起了决定性的作用。此外，一定性质的群众文化活动产生一定性质的效应，都是就适当的程度而言的。量变会导致质变。超过一定限度的群众文化活动，其效应的性质也将发生变化。总之，群众文化活动效应是活动主体与客体因素相结合的产物；一项活动产生什么性质的效应，与活动客体有关，但决定因素是活动主体。

由于群众文化活动效应的双向性，活动主体功利目的的实现，除了从内容上选择活动对象以外，还必须在活动中掌握一定的“度”。作为社会的调控机制，不仅需要直接限制群众文化活动负效应的产生，还必须致力于人民群众思想文化素质的提高，培养健康的生活情趣和审美意识，使群众文化的功能得以更好地发挥。

**(三)内容的丰富性与形式的多样性**

群众文化活动内容的丰富性，是指群众文化的功能作用包含的实质和意义所涉及的方面广、种类多，是群众文化活动内容的量的特点。

作为群众文化核心要素的群众文化生活，其绝大部分是文学艺术性的文化生活。其中，民间的群众性文艺活动无疑是人们的文化生活内容；专业性质的文学家、艺术家们生产文艺产品，也都是以进入尽可能广阔的人民群众的文化生活为追求目的的，都毫无疑问地会通过各种途径和方式进入一定范围和层次的人民群众的文化生活之中。而这所有的文学艺术所能反映的客观现实生活，就构成了群众文化的基本内容。这种由客观的社会生活与文艺作品生产者主观情感相统一的文学艺术的内容，又无不内含一定的思想意义和表达一定的倾向。由此，不难理解群众文化的内容有着怎样的丰富性。

群众文化活动内容丰富性的成因，可以从两方面去探讨。一方面是人们的群众文化需求的多样性。从社会学的意义上说，人是自然属性和社会属性统一的实体。社会性的获得不是生来，就有，而需要一个社会化的过程。一个人从一无所知的生物个体成为一个社会成员，必须学习和掌握一定的生活技能、必要的社会规范、社会角色要求和生活目标。——这些，都可表现为群众文化的需求。从心理学的意义上说，在生理方面有劳动需要、健康需要、安全需要、繁衍需要等由物质生活需要同物质结合在一起的精神生活的需要，以及它们派生出来的其他具体需要；在心理方面有审美需要、学习需要、娱乐需要、交往需要、创造和自我表现需要等由社会性需要与个性心理结合在一起的精神生活的需要。——这些，也都可表现为群众文化的需求。这种生理的、心理的群众文化需求的多样性是显而易见的；而要满足其多样性的群众文化需求，群众文化活动内容就必须是丰富多样的。

另一方面，群众文化具有满足人们各种文化需求的效能。综合性的群众文化在其内容上几乎涉及人类文化需求的所有方面，各种形态的社会客观现实生活，都可以直接或间接地在群众文化中得以表现。人们通过各种内容的群众文化活动，其文化需求可以直接或间接地获得一定程度的满足。从人的社会化的角度来看，群众文化的教化作用不仅渗透在家庭和社会两种途径的社会化中，也渗透在学校的社会化中。内容广泛的群众文化的这种几乎无所不及的覆盖面，可以使生活在各种社会环境中的最广大的人民群众的文化需求获得一定的满足。人的生理性和心理性文化需求的差异性是很大的，有着不同的年龄、职业、文化艺术修养、思想素质等的人们，各有不同的群众文化需求。而内容丰富并具有娱乐性、普及性特点的群众文化，可使他们各取其需，各行所适。可见，群众文化能够在一定程度上满足人们的各种文化需求；正因为如此，群众文化必然地被人们赋予十分丰富的内容。

上述论证表明，实质上是群众文化的全民性与群众文化的多功能性的有机统一，决定了群众文化活动内容的丰富性。

群众文化活动形式的多样性，指群众文化内容表现形态的样式繁多的特点。它不仅包含群众文化活动的类型和文化艺术的种类，也包含群众文化产品的内容组织结构和外部表现形态。

群众文化活动的形式之所以具有多样性，是由它自身的本质和发展规律所决定的。第一，群众文化活动的内容对形式具有决定作用。群众文化活动所涉及的广阔范围和众多方面的内容，都有它相适应的存在方式和表现形态，从而形成其繁多的样式。第二，群众文化活动的形式具有相对稳定性。群众文化活动形式的形成并相互区别地存在，是因为它们各有其特殊规律和形式美的法则，具有其相对独立性。所以，在群众文化的发展过程中，新内容产生而形式并不一定随之产生，旧的形式也并不一定立即消失。往往是“旧瓶装新酒”，以老形式去为新内容服务。适应新内容的新形式的形成，比内容的变化要缓慢得多。但是，新形式的产生也不是以旧形式的消失为替换条件的，往往新旧并存。这样，群众文化活动的形式便在其承传中不断得以积累、增多而丰富多样。第三，社会因素的催发。一切群众文化活动形式都是一定的历史条件和现实条件的产物。具体地说，每一群众文化活动形式的形成，都与一定的政治、经济、地域、民族、风俗、信仰等构成的生态环境有着直接或间接的联系。相关因素多，并且它们都在发展变化之中，共同催发着群众文化活动形式的革新和演变。在现代社会，科学技术的不断进步，对群众文化活动的变换、创新更具有显著的促进作用。且不说群众体育活动从古时的投掷、射箭发展到今天数以百计的项目，群众文艺欣赏从古时的角抵百戏发展到了今天收音、录像、电视，高科技的电子、电脑也进入了群众文化生活领域，群众文化活动形式也由此而迅速增多。第四，主体因素的催发。从群众文化活动主体的横向看，人们的年龄、职业、文化素养、经济条件、风俗习惯等方面的差异，客观地要求群众文化以多样的形式去适应。而纵向观之，主体素质的进化则是群众文化活动形式多样化的根本因素。随着社会物质与精神文明程度的提高，人们的文化修养、志趣爱好、审美能力和思想感情等，都在朝着文明的方向不断进化。由此而带来的群众文化需求和群众文化活动内容的千变万化，也相应地决定着有千姿百态的群众文化活动形式。

上述是群众文化活动的存在方式和动机行为实质等方面的基本特点。群众文化活动还有其他许多特点，比如从活动效益方面表现出来的知识性、信息性，从主体需要上看的自我表现性，从客体对象上看的综合性、普及性，由群众文化活动本质和活动时间所决定的非职业性、业余性等。它们有的并非是群众文化活动的共同特点，有的从属于上述基本特点，或者是从局部或一般意义上说的特点，这里不再展述。

## 四、群众文化活动的基本规律

人类社会群众文化活动熙熙而来，攘攘而往，形式繁多，新潮迭出，看似变幻无常，其实有其自身的规律。规律是不以人的意志为转移的客观过程的反映，是事物本质的内外联系。群众文化活动作为一个极其复杂的社会生活现象，与社会各个领域和方面有着多层次的联系，而基本规律所要探寻的是其内在的必然的本质联系。群众文化活动普遍的基本规律，一是作为内部规律的群众文化需要同群众文化活动相互制约的规律；二是作为外部规律的群众文化活动社会客观条件相互制约的规律。它们都是在群众文化活动这一社会现象中辩证统一的客观存在。

**（一）群众文化活动的内部联系**

群众文化需要与群众文化活动相互制约的规律，表现在两个方面。

第一，群众文化需要对群众文化活动具有决定作用。群众文化需要即人对精神文化生活的一种欲望和要求。群众文化活动的主体心理行为机制告诉我们，一切真正意义上客观存在的群众文化活动行为，都源自活动主体的精神需要，即决定于活动主体的以群众文化为内容的精神需要。这一群众文化活动的形成原理，又决定了需要与活动之间的一些规律性现象。一是"需求量与活动量不成正比，活动量低于需求量"。一般说来，人们的群众文化需求量总是先于群众文化活动的进行而递增，具有无限性，不能达到完全满足欲求的状态，因此其所进行的群众文化活动的量是低于需求的量。二是"需要的质与活动的质相一致"。人们的群众文化需要具有多层次的不同质的内容。按照马斯洛的需要层次说，依次分为生理、安全、归属和爱、尊重、自我实现五个级次。这种种需要，均可不同程度地直接或间接地从群众文化活动中获得一定的满足。一个正常的社会个体有何种层次的需要，就选择何种内容的群众文化活动；一定时空条件下有何种性质的需要，就有何种相适应的群众文化活动。三是"需要差异与活动差异相一致"。活动主体由于所处自然环境、社会文化环境的不同和社会化程度的不同，存在着个体差异性，表现在群众文化需要上就会出现它的群众文化需要的类别、强度等方面的差异。这种需要的差异导致群众文化活动的动机、兴趣的差异，并由此决定了其所进行的群众文化活动也具有一致的差异性。——群众文化活动的内容与形式的丰富多样性、活动与主体意愿的一致性，就是这些内部规律的表现。

第二，活动对需要的反作用。群众文化需要对群众文化活动具有决定作用，反过来，活动的开展又会作用于主体的群众文化需要。首先，如本章第一节的群众文化活动主体心理行为模式图所示，主体在需要和动机作用下产生群众文化活动，而需要随其活动的实现获得一定期望程度的满足之后，接着又会产生新的群众文化需要。新的群众文化需要不仅是表现为量的再次需求，而且是质的欲求的提高。从宏观上说，群众文化活动的发展是社会物质文明和精神文明的结果；而从微观上说，在群众文化活动中不断激发出来的新需要，是推动群众文化活动不断发展的直接动力。其次，群众文化活动的一次次进行，可以使主体不断提高群众文化活动的能力，形成良性循环。一定的群众文化活动能力，是主体的群众文化需要成为行为的必要条件；而这种能力的绝大部分往往只能在群众文化的实践中获得提高，提高了的活动能力又会作用于主体的群众文化需要以及动机、兴趣，刺激着主体的群众文化活动水平的上升。

可见，群众文化需要和群众文化活动的存在和变化，都是以对方的存在和变化为条件的。它们相互作用、相互制约，是辩证的统一。

**（二）群众文化活动的外部联系**

群众文化活动和社会客观条件相互制约的规律，是具有相对性的外部规律。作为展开群众文化活动所必备的社会客观条件,从广义上讲是指社会物质文明与精神文明的总和所形成的群众文化活动的社会环境与物质载体,从狭义上讲单指社会的物质条件。这里仅就后者加以论述。群众文化活动和社会客观条件的相互制约表现在两个方面,一方面是社会物质生产为群众文化活动的开展提供条件。从总体上看,人们从事的文化活动是在物质生产的基础上进行的,若无一定的物质载体条件的保障,文化活动的开展简直无从谈起,这是显而易见的事。群众文化活动越发展,对物质条件的要求越高。群众文化活动发展主要表现为活动形式的创新和活动的普及化,而新活动形式的诞生和活动的普及都离不开新的科技开发和物质性生产。如果说古代群众文化活动的展开主要是主体的审美意识活动,那么,现代和未来的群众文化活动则更多地依赖于科学技术的突破和物质条件的保障。社会物质生产对于群众文化活动的作用,还表现在由它转化而提供的活动必需的时间条件上。当人们必须以全副精力投入物质生产劳动时是无法进行文化活动的,只有在生存必要的物质生产之外有较多的余暇时,才有文化活动展开的自由。社会的物质生活水平越高,用于生存所必需的物质生产时间就越少,而可用于群众文化活动的时间就越多。所以说,社会的物质生产为群众文化活动提供了时间条件。此外,社会的物质生活状况也制约着群众文化活动的水平。一般地说,群众文化活动的水平,即群众文化活动的质与量,总是与社会物质生活水平成正比发展的,贫困、温饱、小康等不同的物质生活水平,决定着群众享有不同等次的文化生活。

然而,社会物质生产对群众文化活动的制约并不是绝对的,群众文化活动还有自己的相对独立性。其原因,一是群众文化活动有极强的适应性和历史的承传性;二是群众文化活动与道德、宗教信仰、风俗习惯等其他意识形态相关联,它们以不同方式对群众文化活动的发展起着作用。世界舞蹈史家克尔特·萨哈斯在《世界舞蹈史》中说:“令人十分不解的一件事实就是,作为一种高级艺术的舞蹈,在史前期就已经发展起来了。在那个时期,人们普遍过着野蛮的群居生活,……然而却创造出了使所有人类学家都感到吃惊的、难度较大而又很美的舞蹈。”这个不解之谜的谜底,正是艺术生产与物质生产发展的不平衡关系的具体体现。

另外,群众文化活动也反作用于社会物质生产。第三章的论证告诉我们,群众文化活动具有调剂精神、强身健体、宣传教化、普及文化科学知识和团结凝聚等功能作用。不难理解,这种从群众文化活动的进行过程中释放出来的功能,归根结底都作用于活动主体,即作用于全体人民群众自己。作用的结果是使人们的思想文化素质不断得以提高,然后又作用于社会的物质生产。

综上所述,群众文化活动的构成方式说明,它无不是主体与客体的和谐统一;无不是形式与内容的和谐统一。所构成的群众文化活动总体是一个由活动总类、活动类型和活动样式等不同层次所组合的结构体系,是一个有机联系的系统。从群众文化活动的总体上看,它具有空间上的广泛性、时间上的闲暇性、目的上的功利性和效应上的双向性等存在方式和动机行为实质方面的特点。而之所以有这些活动构成的形式与内容和主体与客体的统一性、总体系统以及特点,是由于群众文化活动的发展规律所使然。

## 第三节　群众文化活动在群众文化体系中的核心地位

通过对群众文化活动从个体角度上的形成机制和总体角度上的构成体系两方面的探究，已经明确，所谓群众文化活动就是人们职业外为达到满足自身精神需要之目的而采取的文化行为。那么，它在群众文化结构体系中的地位如何？它与群众文化的其他构成要素之间的关系如何？

群众文化是一种复杂的社会现象，它由群众文化活动、群众文化事业、群众文化工作、群众文化群体、群众文化理论等要素构成一个完整的体系。在群众文化这一客观事物的历史过程中，群众文化活动是核心要素，即主要矛盾。群众文化活动的存在和发展，决定着其他处于次要和服从地位的要素的存在和发展。群众文化的本质，就是由取得支配地位的群众活动的内容这一主要矛盾中的主要方面所规定的。

纵观人类社会群众文化的发展史，群众文化体系的发育、成熟的过程，就是以群众文化活动的发展为孕育和催长的内在动因的。据考古发现，从猿进化为人之后，文化艺术活动就出现了。早在距今数万年之前的旧石器时代中晚期的母系氏族公社，人类就开启了艺术活动的先河。在地中海整个沿岸和欧亚大陆上发现有此期间的小型雕刻品和大型壁画、雕刻及浮雕，东欧和西班牙、法国部分地区保存有大量的这类古代艺术品。原始艺术活动的样式上可说与文明时代约略相等；各原始民族的艺术活动种类和特色也有大端上的一致性。尽管原始艺术活动带有明显的实用性功利目的，但审美意识、动机在原始艺术活动中的渗透是客观存在的。人类的不断进化，社会的不断演变，群众文化活动也随之逐步得以发展。在原始社会向奴隶社会过渡时，歌舞、美术等种类的群众文化活动已比较普遍，为群众文化群体的产生奠定了基础。比如在中国秦代民间出现了角抵，发展到东汉，出现了百戏，包括角抵、杂技、武术、幻术、滑稽表演、音乐演奏、演唱、舞蹈等项目。在这种日益兴盛的群众文化活动中，孕育、诞生了群众文化的群体，百戏中以文艺活动团体雏形的面目出现的群众文化群体，完全是群众文化活动发展到一定阶段的产物。

群众文化活动的发展继之也滋生了群众文化工作和群众文化事业。在原始社会的蒙昧状态下，群众文化活动主要是人们对社会生活的简单模仿和再现，不可能形成一种作为分工的工作和事业。在奴隶社会，奴隶主和封建地主役用大批乐舞奴隶、工艺奴隶从事专业性文艺活动；民间与祭祀乐舞并行的庶民自娱歌舞和卖艺娱人歌舞也不断发展。进入封建社会以后，以阶级为分野的统治阶级和被统治阶级的文化艺术活动都进一步发展。——群众文化的工作和事业，也就在这样的群众文化活动的历史阶段上得以萌芽与成长。统治阶层的“宫廷文化艺术”，即使不把它列入群众文化的范畴，它与民间文化艺术也是不能分隔的。如中国西汉以后封建王朝设置“乐府”官署，做采集民歌、整理歌词、编配乐曲和演奏等工作，这种文化工作客观上起到了记录、保存民歌的作用。从某种意义上讲，这些文化工作也都是群众文化活动发展的产物。进入现代社会以来，国家政府根据群众文化活动发展的要求，促使现在理解意义上的群众文化工作和群众文化事业逐步形成了群众文化体系的构成部分。在社会主义制度国家，群众文化的事业和工作已发展成为社会福利事业的一部分。

各个社会历史阶段的自身不断发展中的群众文化活动，在孕育、促生群众文化的群体、工作和事业的同时，也在孕育着它的科学理论。在漫长的群众文化发展史中，人们对群众文化的理性认识越来越丰富和深刻，为科学体系的诞生作了长期的准备。至 20 世纪末，作为人类社会群众文化活动发展到一定历史阶段之产物的群众文化学，终于在中国应运而生，并开始跻身于社会科学之林。

上述对群众文化体系生成的粗略勾勒，说明了群众文化活动对于群众文化的群体、工作、事业、理论的作用，同时群众文化活动又是作为它们的服务对象而存在的。详见图 4-3。

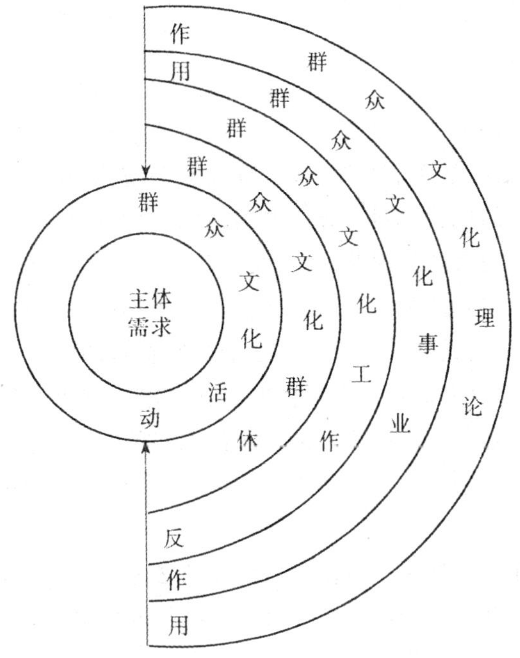


**图 4-3 群众文化内部要素关系示意图**

图 4-3 表明，当群众文化的群体、工作、事业和理论一旦成为现实事物之后，都是为服务于、服从于群众文化活动而存在的。它们所能产生的一切效能都以有益于群众文化活动为检验标准，它们的存在和发展的全部意义就在于是否有益于群众文化活动的存在和发展；舍此，它们是没有存在的价值的。另一方面，群众文化活动不仅孕育了群众文化的群体、工作、事业和理论，而且在它们都作为群众文化体系的一部分而成为客观存在之后，仍然永远地决定着它们的存在、发展和变化。

# 第四节　群众文化产品

## 一、群众文化产品的含义

人类所有劳动成果，不外乎物质性的物质产品和观念性的精神产品两类。进入群众文化生活领域的全部文化产品都是精神产品，即都是满足人们的文化生活需要的精神食粮。从生产者的角度，对进入群众文化生活的全部文化产品又可以划分为两类，一类是由专业人员创造的提供给人民群众消费的专业文化艺术产品；另一类是由人民群众在文化活动中创造并消费的群众文化产品。

专业文化艺术产品，是以满足他人精神需要而进行的文化艺术创造的成果。群众文化产品，则指人们职业外以满足自身精神需要而进行的文化创造活动的成果。之所以划分为如此两大类，是由于它们既有共同点又有不同点。

主要的共同点：

第一，都具有意识形态的属性。文化产品，虽然离不开物质形式的创造，但主要是一种意识的情感的产物，文化产品中往往渗透着生产者的思想感情和思想倾向。由于生产者的思想总是同其所处的时代社会治乱盛衰状况、统治阶级思想、意识形态、价值观念、伦理道德等相关联，他们所生产的文化产品也就必然充分反映出他们时代的社会现实生活。人的意识是社会的产物，是社会存在的能动反映。因此，所有文化产品又都有社会性。

第二，都具有外在的物质性和内在精神性相互渗透和统一的构成方式。每一件文化产品都是由一定的物质材料所造成的一个直接诉之于人们感官的对象，它不是抽象的观念中的存在，而是可供认识、欣赏和再创造的感性物质的存在。以语言为物质材料的口头文学，看起来是观念性的文化产品，但它是可以通过思维去直接感知的对象。每一件文化产品既是由一定物质材料所造成的可感性对象，同时它又体现出某种思想、感情、愿望、理想等精神性的东西。这是文化产品的共同特点。

第三，都具有消费弹性。物质产品作为人生存的必需品，需求的伸缩性比较小，而文化产品对消费对象来说，都具有较大的伸缩性。人们的物质生活水平、文化产品的价格和质量等因素的变化，均可使他们对各种文化产品的需求产生变化。

第四，都具有创造性的特性。文化产品的生产是一种新特质的创造，而不是复制已有的产品。工厂印制书籍是一种物质性生产，其书籍内容的创作才是文化产品的创造性生产。由于文化产品生产的创造性，使任何文化产品的生产都有别于一般的物质生产，文化产品生产者也都有别于一般的物质生产者。此外，都具有自由性的特点。文化产品的生产，都是一种脑力上与精神上的劳动，是一种意识活动的过程和产物。物质产品可用机械生产，文化产品的生产必须是人脑的劳动。文化生活虽受一定社会经济基础的制约，但它并不直接由经济基础所决定，而是受一定经济基础上所形成的社会关系、社会环境所决定。因此，各种文化产品生产作为一种精神活动，都有较强的独立性；它不像物质生产那样直接依靠一定的社会物质条件，而是一定社会形态下的自由的精神生产。

然而，专业文化艺术产品同群众文化产品既然作为两个不同的概念，就必定有其不同点。其根本的区别，是文化产品生产者的生产直接目的和服务对象的不同。

作为一种社会职业的专业文化艺术生产，是人类社会分工发展的产物。社会分工一方面使文学、艺术等文化的独立成为现实，同时也产生了专门从事这类文化产品生产的人。其生产以履行职业责任或达到经营目标为目的，服务对象是社会一定范围人民群众（当然包括他自身），价值取向是满足他人的群众文化需要。尽管这一类文化艺术产品的生产者在生产过程中也有一种精神需求，产品进入群众消费也会使自己的精神需要得到相应的满足，但这种需要和满足并不属于群众文化范畴的心理现象。

群众文化产品则恰恰相反。其生产者的生产是以满足自身精神需要中的群众文化需要为目的的，服务对象主要是自己。它对于他人的服务作用是建立在服务自己基础上的，是一种在自我满足的过程中起到的满足他人的作用。从这一点上说，群众文化产品也有一部分以商品的形式进入流通，通过交换给予消费者，因而似乎在商品属性上混同于专业文化艺术产品。区别之处在于，群众文化产品成为商品，并不是其生产者的根本目的，而只是他的自我实现需要的一种满足途径，是满足群众文化需要的一个辅助性的组成部分。如果以成为商品作为生产目的，那么已从性质上转变为并非群众文化范畴的文化产品了。

由于群众文化产品的生产目的是群众自我满足精神需要，而产品的产生过程也就是群众文化活动的过程，其活动的特点就决定着它的产品的特点：活动空间的广泛性规定了产品生产的普遍性，活动时间的闲暇性规定了产品生产的非职业性，活动效应的双向性规定了产品性质的两重性，活动目的的功利性规定了产品价值的实用性。在相当多的活动中，群众是没有产品生产的意识的，其产品在一种无意识的不自觉的状态下产生。而职业性的专业文化艺术产品，毫无疑问都是自觉的有意识的创造活动的劳动成果。之所以把除专业文化艺术产品以外的文化产品称之为群众文化产品，原因也就在于此。

文化产品的生产直接目的和服务对象的不同，在专业文化产品和群众文化产品之间划出了一条分界线。本节的主要任务就在于讨论后者；它作为一种具有普遍联系性的客观事物的性质和特征，不仅是由其生产直接目的和服务对象所决定，也是同专业文化艺术产品相比较而显现的。因此，下面将要展述的群众文化产品的特征，其实全属于它与专业文化艺术产品相比较而言的不同点。

## 二、群众文化产品的特征

物质性产品都是可观的具象性物品，而作为精神因素和物质因素相结合的群众文化产品，其表现形态的基本类型除了具象性的实物形态之外，还有抽象性的行为形态。我们把它们称为实物性产品和行为性产品。实物性产品是离开生产者的生产行为而独立存在的，是显形的静态的产品。比如以文字为基本物质材料的各种艺术作品。行为性产品是指由生产者的生产行为组成的动态性产品。生产者运用一定的文化产品进行传递性或再创造性的生产活动，生产的结果不是有形的实物性物品，而是以生产的行为作为文化产品，现场性地供给文化产品的消费者。所以，这类产品是依附于生产者的，不能离开生产者而存在，生产的同时就在被消费。因此，实物性文化产品可以有两种表现方式，即它还可以转为行为形态。比如用书本上的诗歌上台对观众朗诵。当然，后一形态是一种经过再加工的产品。总之，群众文化产品是具有特殊表现方式的精神产品。较之于专业文化艺术产品,这两种形态的群众文化产品在内容、形式、生产、消费等方面,有其显著的特征。

### (一)生产者的集体性

群众文化产品的生产主要是一种民间性的文化产品生产,就其大部分来说,是集体共同劳动的成果。从原始社会中的彩陶、石雕、壁画到民歌、传说故事,从各种民间的舞蹈、音乐到戏曲、曲艺等,多为群众集体智慧的结晶。有的产品在其生产时(如对歌)就是你一句我一句地合成的;有的产品开始是一人所制作,但在流传中被无数人自觉或不自觉地注入了再加工、再创作的创造性劳动,使其文化产品日臻完美;而有的民间艺人、歌手、故事家等则在众人创制的基础上加工,从而生产出更好的产品来。群众文化产品生产者的集体性,决定了其在内容上最直接而鲜明地表现人民群众的共同生活和代表人民群众的共同利益,在形式上最能表现人民群众的共同情趣和审美观念。

也正因为群众文化产品是集体性的共同生产,使许多产品达到思想性与艺术性的高度统一而成为传世佳品。如希腊史诗《伊里昂记》(即《伊利亚特》)和阿拉伯故事集《一千零一夜》等群众文化产品,成了世界群众文化宝库中耀眼的明珠。高尔基说:“只有集体的绝大力量才能使神话和史诗具有至今仍不可超越的、思想与形式完全调和的美。而这种调和也是因集体思维的完整性而产生的。……这些广阔的概括和天才的象征,譬如:普罗米修斯、撒旦、赫剌克勒斯、斯瓦托戈尔、伊利亚、米库拉以及数百个这类的概括人民生活经验的名字,只有在全体人民的全面思维条件下才能创造出来。数十世纪以来,个人的创作就没有产生过足以与《伊利亚特》或《卡列瓦拉》媲美的史诗,个人的天才就没有提供过一种不是早已生根在民间创作里概括,或者一个不是早已见于民间故事和传说中的世界性的典型——这点极其鲜明地证实了集体创作的力量。”高尔基这段精彩的论述,是对群众文化产品的生产者的集体性及其意义的深刻揭示。

群众文化产品的生产者的集体性,还派生出若干不同方面的其他特点。一是产品生产者的无名性。由于是集体的创造,并且是在漫长年代的流传中和跨地区、民族的流传中的集体创造,大多群众文化产品是不知生产者的无名氏产品,也是难以署名的产品。特别是民间文学类产品,是口头生产、口头流传的“口承文艺”(日本名称),往往不知生产者是谁。二是产品的变异性。由于生产者的集体性和产品的流传性,使得群众文化产品的内容和形式不断发生变异。这种变异的过程,主要是对其产品不断完善以适应不同时代不同消费者的改变过程。这种变异不仅表现在一个地域、民族内的纵向,也出现于国度之间。例如源于印度的故事《乌龟和猴子》,传入中国后在漫长年代的流传中,在吉林、山东、山西、陕西、上海、福建等省(直辖市)的汉族和蒙古族、藏族、朝鲜族中变成了一系列异文;它还传入日本、马来西亚,也在内容和形式上发生了变化。由于这种变异性原因,不同地方会存在类同的群众文化产品。三是广泛扩散性和久远延续性。相当部分群众文化产品,是人们在跨时代跨地域的无限时空中的集体性创造,因此,不少精华产品具有极广的扩散范围和极长的延传时间。如探戈(Tango)舞曲,最初是19世纪中叶阿根廷一个名叫博卡的贫民区的船员、码头工人在业余文化活动中产生的,成熟起来后不断扩散和延续,20世纪初传到了北美、欧洲,继之传到更广的范围。

### (二)消费对象的大众性

群众文化产品是一种在满足自身精神需要的活动中产生的成果,具有“自产自用”的性质,所以,活动产品的直接生产者同时又是消费者。但是,消费者并不一定是直接生产者。直接生产者是指直接进行其产品的创制、加工的人,消费者多于生产者。群众文化产品的消费对象主要是广大的普通民众,这就决定了它必须是大众性的产品。所谓群众文化产品消费对象的大众性,就是指其产品在内容和形式等方面适合广大劳动群众需要的特征。这种需要表现在产品的内容上,就是要求它最直接地反映人民大众的生活和斗争,表现劳动群众自己的思想感情和审美观念。在阶级社会中,具有意识形态性的群众文化产品,大都立场鲜明地代表人民大众的根本利益。而在实际上,这类文化产品的确最能敏锐、迅速地反映现实的生活和表现人民大众对现实社会的态度。正因为如此,历代许多帝王要组织民间采风即搜集群众文化产品,以作为“观民风、知厚薄”的执政决策依据。对产品的需要表现在形式上,就是要求它最能符合人民大众的审美兴趣、生活方式和风俗习惯等,能让人们通过对其产品的消费而尽可能达到精神需要的满足。由于这种内在要求,群众文化产品的形式,无不是人民大众的接受能力、消费水平和习俗的反映。

就全部文化产品而言,也唯有大众性的,才拥有最广大的接受者。中国古代文学理论家刘勰,在理论巨著《文心雕龙》中感叹文艺作品有“深废浅售”现象,其实,这就是文化产品消费的特定现象。任何时候,一个社会的成员的文化修养和他们对文化艺术产品的鉴赏水平、接受能力,都会有层次性和差异性,中下层次的总是占绝大部分,所谓大众化就是适合了这绝大部分人的需要。群众文化产品的消费者的大众性特点,也正说明了它拥有最广泛的接受者。

群众文化产品在消费者方面的大众性,还派生出其产品价值取向的实用性和产品特色的通俗性等特点。

1.群众文化产品的实用性

从相关目的看群众文化产品的实用性,我们可以看到,人们生活中的许多礼仪、社交、民俗、宗教等方面的活动,都离不开群众文化活动及其产品。仪式歌、喜词、咒语与神话、舞蹈、戏曲、音乐、歌谣等,都是节日庆典、婚丧嫁娶等活动的重要组成部分;年节贴窗花、剪纸、春联、年画和唱歌、跳舞、演戏等,都被赋予祈福禳灾的功用。工艺美术方面的群众文化产品的实用性,则更明显地表现在社会生活的各个方面。

群众文化产品的实用性,有其悠久的历史根源。远古时代,群众文化活动就是与生产劳动紧密地结为一体的,文化产品具有更显著的实用性。喊劳动号子、对歌是古人统一劳动节奏、提高劳动效率的重要方法;民歌、笑话被用以帮助解除疲劳,以利焕发精神。文化活动的进行和活动产品的流传,是古时传授和普及劳动知识、技能等百科知识和实践经验的重要途径。维护本阶级利益的斗争,也常常以群众文化活动的方式和利用其产品的作用来进行等,都表现出群众文化活动与其产品的实用性。

2.群众文化产品的通俗性

大众性的,也一定是通俗性的。群众文化产品之所以适合最广大的人民大众的消费需要,即最适合他们的群众文化需要和审美观念,重要因由之一就是它的通俗性。一般说来,构成其产品的语言比较浅显朴素、生动晓畅;思想内容比较深入浅出、主题鲜明;结构比较灵活单纯、完整精练;风格上比较明朗清新、富有民族和地域特色并相对稳定。这也表明,我们所说的通俗性,并不含有浅薄、低层次的意思,形式上的通俗与内容上的深刻和艺术上的精美是不矛盾的。深入浅出,正是许多第一流的伟大的文化产品的共同特点,也是不少作者所追求的文化产品极致之一。

总括地说,可以作为事物征象的群众文化产品的特征,从生产者的角度看,有集体性以及由之派生的无名性、变异性、广泛扩散性和久远延续性;从消费者的角度看,有大众性和它所决定的实用性与通俗性。群众文化产品是区别于专业文化艺术产品的品种极其丰富多样的精神产品,它的生产、加工过程和表现形态、存在方式是复杂的。所以,这种种特点也都是相对的,是就总体而言的。一方面,并非每一件群众文化产品都必定显著地呈现出上述各种特点;另一方面,专业文化艺术产品也并非都与这些特点绝缘,而是程度不同地在某些方面具备相同或相似于群众文化产品的特点。何况,两类文化产品之间也不存在绝对隔离的鸿沟,而是相互影响和紧密联接的。这是下面要说到的内容。

## 三、群众文化产品与群众文化活动的关系

群众文化产品,是活动主体在自我满足精神需要的文化活动过程中产生的作为精神食粮的创造物,分为实物性和行为性两类表现形态,是一种群众"自产自用、边产边用"的特殊产品。从这种意义上说,活动和产品似乎混同一体,难以分清。特别是行为性产品,活动与产品确实是无法分离的。

然而,活动与产品毕竟是不同含义的两种事物。我们说,实物性产品的生产是主体有意识的创造,其产品是离主体而存在的具象物体。它既是主体自我满足精神需求的产物,又可流传到社会上成为他人开展群众文化活动的客体对象物。而行为性产品是一种抽象产品,是活动主体为满足自己精神需要而直接或间接地当众展开的演示性文化活动,是一种主体意识的产品生产。说它是产品,是指其活动作为一份精神食粮提供给欣赏者这一客观效果而言。可见,行为性产品只对于一定的接受欣赏者来说才是一种产品。这样,我们就把活动与产品区分开来了。

同时,我们也已把所有群众文化活动切分成了两块,即创造性活动和欣赏性活动。前者是从主体活动到文化产品,后者则是从文化产品到主体活动,它们形成相统一的不同阶段和双向的过程。活动产生产品是十分明确的,但产品对于活动还有作用方式问题。前面我们已列图阐述了群众文化活动的活动系统和动力机制产品在这其中都是作为活动客体对象物作用于主体需要、动机和兴趣,并成为活动展开的条件和环境。可见,群众文化产品在群众文化活动的形成中具有十分重要的作用。

我们知道,进入群众文化生活领域的是全部文化产品。这样,群众文化产品对于群众文化活动的作用,除了上述这一直接的途径,还有间接的途径。群众文化活动产品作用于专业性的文化艺术产品生产,然后,其产品又返回到群众文化活动中来,对群众文化活动的开展产生重要作用。

以民间文学艺术为核心的群众文化,早在专业作家、艺术家出现的千百万年之前就产生了。社会发展带来的社会分工,才在群众文化中渐渐分离出了"专业文化",即职业性从事文化艺术活动的人以及他们的活动和产品。在漫长的人类文化发展史中,两种类型的文化在相互

影响中都获得了不断发展、提高，并随着社会的演变而一同进入一个个历史新阶段。文艺史上的“雅俗结合律”，指的就是这两种文化艺术的结合是产生伟大作品的重要条件乃至必要条件之一。这是文化产品提高质量所必须遵循的内在规律，合则两美，离则两伤。人类史上最著名的优秀的文化产品创造者，都是受过群众文化活动产品的哺育的，甚至可以说，未受过群众文化产品影响的创造文化产品的大家是没有的。像创作中国古典小说《红楼梦》的曹雪芹，就在此书中融入了许多群众文化产品的精华；巴尔扎克的结构宏伟的《人间喜剧》就是借鉴了《一千零一夜》，作者自称是“西方的《一千零一夜》”。对于这种必要的结合，世界上不少著名的文化产品大师，从群众文化产品在思想、题材、形式、风格等方面对专业文化艺术产品生产等方面的影响，作了充分肯定。高尔基在研究了古今世界文学之后得出这样的结论：“不懂得民间文艺的作家是不好的作家，无穷无尽的财富隐藏在民间文艺里。有良心的作家必须掌握它。”德国伟大诗人歌德对英国苏格兰大诗人彭斯与民歌的关系作了深刻的揭示：“倘若不是前辈的全部诗歌都还在人民口头上活着，在他的摇篮旁唱着，他在儿童时代就在这些诗歌的陶冶下成长起来，作为他继续前进的有生命力的基础，彭斯怎么能成为伟大诗人呢？”可见，群众文化的确是“专业文化艺术产品”萌芽与成长的肥沃土壤，群众文化产品的确是职业性文化艺术产品生产者所不可缺少的“原材料”和基础。

这种影响是生态性的循环关系。群众文化产品在作用于专业文化艺术产品之后，又得到良好的“回报”。一是其文化产品直接进入群众文化生活；二是以其指导作用提高群众文化活动及其产品的水平。

当然，在肯定群众文化产品在群众文化活动中的重要作用和它的社会意义时，也要看到它可能有糟粕的一面。作为活动主体的人都是一定时代和一定社会环境中生活的人，历史和阶级的局限性必然地会在一定程度上转化为活动主体的局限性，必然会自觉不自觉地体现到他们所创造的具有意识形态性的文化产品之中。这样，就可能会有一些从思想到艺术都显得粗劣的，或者精华与糟粕杂揉的、不健康的、庸俗的乃至错误、反动性质的文化产品。当然，这只是支流，优秀与健康的作品历来是并将永远是群众文化活动和群众文化产品的本质和主流。

# 第五章 群众文化与文化消费

人们对群众文化的需要实质上更多的是对文化消费的需要。任何时代的群众文化的发展,事实上都与物质资料生产的发展一样,属于一定的社会发展范畴中的生产与消费的系统,属于旨在满足人们的文化生活需要的社会性生产的系统。由此得出,当群众文化中一些要素作为一种产品的形式进入流通领域时,其与物质产品在流通领域中的活动一样,植根于整个社会经济生活中;它在人们所有的生活方式中活动,成为构成这种生产方式的文化消费部分,即群众文化的再生产与人们的文化消费方式是相辅相成的。

## 第一节 文化消费的特性以及必要的途径

### 一、文化消费的形成

消费,是人们消耗物质资料和精神资料以满足生活需要的过程。文化消费则指人们根据自己的主观意愿,选择文化产品和服务来满足自身生活需要的过程,是文化社会性生产的主要环节。文化消费是人民群众享受、发展需要的重要内容,是他们学习、休息、娱乐以使体力、精力更加充沛,从而更好地投入生产的重要方式。在文化消费中,必然涉及文化产品的形式和内容。所谓文化产品,是指人们为享受、发展的需要,通过脑力、体力、精神、物质的双重输出,使文化由精神、意识形态物化为物质形态,成为精神意识的载体从而构成文化产品。

文化消费随着人类的文化创造和对文化产品的享用,可以追溯到人类社会的最初时代。那时,社会没有分工,人类的第一件工具和第一件艺术品有着同一性,它是人类一切物质创造活动和精神创造活动的结晶,交织着早期人类在享用这些粗糙产品的时候,既有满足实际功利需要的意义,又有满足朦胧的美感的意义。所以,处于萌芽状态的人类物质消费活动是和最早的文化产品的消费活动共同发生的。

在法国拉塞尔出土的“持角杯的少女”的人体石雕,属第一繁荣期,距今 3 万余年,是迄今为止发现最早的人体浮雕,被称为“拉塞尔的维纳斯”,后来在奥地利摩拉维亚的威林多夫洞中出土的“威林多夫女神像”,稍晚于前者。其共同特点是:乳房膨胀,臀部肥大,面孔却十分模糊,因而被人认为兼有女性崇拜和生殖崇拜的功利意味。但是比较两者已经可以观察到:后者比之前者,在头部、胸部、骨盆、大腿的上下比例上,在双乳、双腿的匀称性上已经大大加强了。其外形既不同于无机界的几何形,也不同于低等生物的简单非几何形,而是一种富于随机变化和微妙起伏的有序性构造。这标志着人体美的重要因素,向以情感和形式美为主的艺术品方向迈出了一大步。它虽然还具有生殖崇拜的功利意义,却逐渐同生活实用品有了区别,逐渐发展为专供人们体会自身形态美的萌芽状态的文化消费品。

由于人类社会的发展和人类的创造、积累的增加,人的审美要求和其他精神需求逐渐从物质需求中分离出来。在社会必要劳动时间逐渐缩短、社会财富不断增加、人的主体意识不断增强的基础上，文化艺术生产作为一种专门创造精神价值的人类活动从物质生产中分离了出来。古希腊时代的诗歌、雕刻和戏剧，古印度和中国春秋时代的舞蹈和乐曲，作为一种文化产品都已达到了很高的水平。享用这种产品的文化消费也从物质消费生活中分离出来，它扩大了消费者的外部生活经验和内部生活经验，丰富了他们的感情，增强了他们对于形式的美感，成为人的身心发育和社会进步的重要条件。遗憾的是，由于早期社会生产力的低下、社会分工的局限和人与人之间的不平等性，在西方工业革命以前很长的一段时间里，文化消费基本上是少数人的专利，大多数人缺乏这种文化滋养而大大影响了身心的均衡发展。正因为如此，早期的空想社会主义者摩尔、欧文、圣西门、傅立叶，在抨击当时社会的反人道性质时，不约而同地控诉了这种文化消费的不平等，而在他们热切憧憬的理想社会中，文化产品的数量将成百倍地增长，过去少数人独享的艺术欣赏将变成大多数居民都能分享的一种社会性的文化消费活动。

而真正引起人类的文化消费行为、文化消费结构、文化消费趋势、文化消费尺度发生变革的动力，是科学技术和现代工业革命相结合分娩出来的文化生产力的解放。印刷术、商业性出版社、运输业和商业发行网，首先改善了文化产品的传播状况，把写在羊皮纸上少量流传的小说和诗歌变成了遍及社会的成千上万个印刷品。稍后一些，彩色印刷、唱片录制、无线电传播等技术的发明，把更为复杂的视觉艺术、听觉艺术产品成百倍地复制出来，这不仅大大降低了文化产品的价格，而且使得文化生产部门在一开始就考虑到市场，考虑到它的消费群体，而生产出一种群众性的通俗化的文化消费品。

当现代的科学和工业技术直接介入了文化生产领域，便使得文化生产的社会化进程进一步加快。例如20世纪50年代兴起的电子音乐制作，就是以电子技术获得各种音源，用正弦波造成所谓无泛音的纯音；或用打击乐器、嘈音乐器发出的杂音，通过声音滤波器和反响设备，使之变形、变质、变量，再经过其他电子仪器和录音技术加以剪接处理，使之再生、复合，组成作品。制作者运用这些电子技术，可以任意地复制作品，就和数控机床无限制地生产零件一样。又如舞蹈创作中的“人”——电脑编码连接系统，台专用电脑把原先的舞蹈动作资料编成程序储存起来，舞蹈家要创作新节目时，只要把大体构想编成程序输入，电脑就会自动挑选出合适的动作，按照指定的节奏，在屏幕上用人形显示出来，还可以随时修改。这样制作出来的节目不仅可供演员作为范本，而且配上音乐，经过处理，可直接制成录像带在电视中播放。至于现代电影洗印技术、磁带复录技术、计算机复制图画技术等就更为常见了。其结果是把文艺创作变成了直接服务于群众的文化产品，而群众则可以用低廉的价格，甚至免费从商店、书店、电影院、图书馆以及家庭中的电视机、收录机、录像机中享受其丰富的文化产品，这实际上已经把过去少数人独占的精神享受变成了极为普遍的社会性的文化消费，变成了人们日常生活中不可缺少的一部分，变成了每个人身心发育过程中必然接受的一种精神养料。

所以，需要决定生产，生产为消费服务；消费的发展又反过来决定着消费者的消费对象、消费方式、消费意向，并诱发出新的消费需要。这样，消费又对文化生产产生影响和促进，从这个意义上讲，人民群众的消费活动决定着文化生产，决定着文化市场的沉浮。随着社会的现代化进程，人民群众的物质生活水平和文化水平不断提高，群众的承受能力、支付能力不断加强，人们的文化消费的欲望也越来越强烈，并对文化生产不断提出新的要求，因而文化消费的总趋向是运动的、不断发展变化的。人民群众的文化消费总是同物质消费联系在一起，每一个物质财富飞速增长的时期都必然带来巨大的文化消费需要,促使文化产品通过市场获得迅速发展。

## 二、群众文化消费的特性

群众文化是人类社会中一种自娱性最强且社会性活动范围最广的文化类型。群众文化也是群众性文化艺术的生产和群众性文化艺术的消费两者的统一。而文化消费既是群众文化活动能力的一种外显,又是群众文化的价值效应的一种特殊转换。它像一个活性的化学元素,常常与群众文化的再生产紧密相连。一方面是专门创造人类群体发展所必需的精神财富的群众文化部门和它们的生产活动;另一方面是群众文化消费者对这些有形或无形的文化产品和服务的消费活动。群众文化的生产为文化消费提供了对象和手段,而文化消费是群众文化生产的目的和补充。两者的协调发展,促进了人类社会精神财富的再创造和高积累。因此,群众文化消费与广义的文化消费相比较,有其自身的特性。

第一,参与性。群众文化消费的参与性是指人们有目的地自觉地参与文化消费的活动。人类为了生命的延续,必须要消费有关物质生活资料;除了物质生活资料的消费外,人们还要有精神生活资料的消费活动如唱歌、跳舞、绘画、摄影、阅读等。人在全部生活活动中,除了用来进行生产劳动、职业活动和必要的生理活动(如睡眠等)外,其余时间的主要活动内容是用来进行群众文化的消费活动。所以,群众文化消费的参与性始终存在于人类的文化消费活动之中。

第二,自主性。群众文化消费的自主性是指人们在业余的由个人自由支配时间内所进行的文化消费活动。在人们生活中出现生产劳动与维持生命活动的生活必要时间(如饮食、睡眠等所需时间)以外的由个人自由支配的闲暇时间,是社会发展的结果。随着新的科学技术革命和社会的进步,人们生产劳动时间会日益缩短,工作之余由个人支配的自由时间也将愈来愈增多。因而,人们会充分利用自由时间依照自我个性的发展选择必要的群众文化消费,以恢复体力,维护健康,并进行学习和社会政治活动,以使个性得到全面发展。

第三,多样性。群众文化消费的多样性是指作为社会性的文化消费根据人们的不同需要,在实现过程中既有同一性又有差异性。群众文化消费过程实际上是精神和意识的活动过程,在具体实现中因人而异。一方面,作为消费基础的文化欣赏能力是人类在长期的实践中积累起来的,是一种十分广阔的社会倾向,凡接触同类文化产品的人们在审美趣味上往往有相对的同一性。另一方面,由于每个人的经历、体验和个性的差异,他们的文化欣赏能力又有绝对的差异性,它不仅以个人经验为后援,而且要调动个人的深度心理体验,其构成方式和功能深度不仅因人而异,而且是因时因地而异。

第四,灵活性。群众文化消费的灵活性是指个人与群体在文化消费中呈现出不同的感应能力,因而消费方式也是别具一格的。实际上,群众文化的消费过程是人或群体的感应能力的锻炼过程。由于人的社会经历、个性的不同,对消费功能的感应程度也就不同。所以,这种感应能力的锻炼和所采取的消费方式,具有随意、灵活的特点。

第五,时代性。群众文化消费的时代性是指不同的时代具有不同的消费方式,各种消费的发展也存在着一个此盛彼衰的矛盾关系,又有一个互相渗透、互相补偿的内在联系。据中国总工会、中国社会科学院青少年研究所等单位对上海、天津、武汉、兰州、广州、深圳、北京等地 11 863 名青年职工的调查表明,20 世纪 80 年代以来,随着物质生活水平的提高和群众文化生活的丰富，青年工人的业余兴趣已经从70年代的集中于文学消费向多样化的群众文化消费发展，像过去那种持续数年、波及全盘的“文学热”已不复存在，代之而起的是“足球热”“健身热”“旅游热”“摄影热”“服饰热”等此起彼伏，各有千秋。现在青年工人最喜欢的群众文化消费集中在五个方面：一是文艺晚会及游艺活动，7 466人，占62.93%；二是春游和旅行，7 036人，占59.31%；三是体育活动，4 989人，占42.05%；四是举办音乐会、舞会，4 822人，占40.64%；五是举办技术讲座，2 682人，占22.15%。可见，人们的群众文化消费活动是随着时代的发展而变化的。

第六，地域性。群众文化消费的地域性是指自然地域环境中人们生活的地理位置、海拔高度、土地数量、地质地貌、矿藏、河流、海域、地下水、气象、气温等对人们的文化消费的影响。例如，中国西北的窑洞、江南的竹屋，都是在一定地域条件下的产物。而在斯里兰卡人们与成队的大象跳舞和游行，成为人们的一项重要文化娱乐活动，也只有在东南亚这样的大象生长地区才会出现。

第七，效应的持久性。群众文化消费效应的持久性是指这种消费具有满足人们多种身心需要的扩散效应，因而是持久的。其主要表现：其一，证同效应，是指消费者的人生经验在文化产品中得到证同，从而感到先获我心，有一种自我认同的心理快感。其二，启迪效应，是指消费者清晰地看到了文化产品所表现的生活内在意义，产生突然的领悟，受到智的启发。其三，象征效应，是指消费者把文化产品中的形式（意境）作为自己生活和心灵的象征图像，而展开切身经验的回忆、反省和联想等一系列象征表现的精神活动，一种类似于宗教活动中的心理满足。其四，净化效应，是指消费者受到文化产品的刺激而激荡起炽热的情感，引起消费者原始情欲的升华和功利观念的中止。其五，震惊效应，是指消费者在文化产品的情境中获得出乎意料的惊服，即在表面上不近情理而心理感受上却甚为神似的情境中获得震撼和叹服。

群众文化消费的特性还决定了群众文化具有自身的消费水平，它包括个别消费者或个别家庭的消费水平以及社会消费水平。群众文化的消费水平受一定社会的政治、经济、文化等客观条件的制约。

原始社会由于生产力低下，没有可能出现专业分工的文化产品的生产者。除了作为一种群体意识的传达者的指挥、设计和创作的巫师，几乎所有部族的成员都可能是某种艺术活动的参加者和创造者——如绘画、舞蹈、装饰、建筑、雕刻等，这些所有的文化创造活动如同他们所进行的狩猎、种植、采集一样，是一项极为认真的与物质生产活动密切相关的实践活动。由于社会的发展，这些实践活动随着人们的政治关系、经济关系、文化关系的转移而演变；又由于人们的生活需要决定了生产的过程和生产方式的发展过程中不可能中断，因而，各历史时期的群众文化消费过程也不可能中断，于是形成了群众文化消费的延续和继承，构成了其与社会发展相适应又相对独立的群众文化消费的历史过程。

在中国，从殷商时期至先秦，人们的文化消费仅作为一种宗教、政治意识的衍生物存在于各自的社会形态中。它总是以奴隶主阶级和封建统治阶级的宗法观念和神权的代言人的角色，渗透到群众文化形态的本身，以此强化人们的文化需要意识，同时又强迫人们别无选择地顺应这种文化消费活动。这时，人们的文化消费确实存在，但实质上是对一个阶级集团的极端政治意识的被迫接受或被迫奴化。

唐朝的强盛所带来的社会经济的繁荣，使群众文化消费就像在夹缝里找到一条生路那样，倔强地表现在娱乐和生活消费中的功利作用。对于百姓来说，相对稳定的政治、经济局面和相对富裕的物质生活环境，使其对文化娱乐的需要也就成了可能。再加上朝中设乐部，梨园子弟的浮沉也给当时的文化消费带来了很大程度上的发展和提高，并普及到不同的阶层和更广泛的范围。宋以来，随着手工业作坊和商贾的兴旺，使商品经济的萌芽崭露头角，城镇随之增多，城镇人口也日趋密集。再则，通商口岸的发达使新的社会阶层——市民阶层逐渐壮大。他们按各自的政治地位、经济地位和文化教养，划定了从属自己的不同的文化娱乐消费圈，同时也成了这一时期特定对象的群众文化消费者。其时的勾栏瓦舍、歌舞杂耍、杂剧戏弄、伎乐书会遍及商埠通衢、都市城镇。这是群众文化中的一部分文化艺术产品商品化的重大转折，也是文化消费开始得到社会普遍承认的一个显著标志。特别是市民阶层对群众文化的消费兴趣的提高，对文化娱乐的雅俗共赏起到了较好的协调作用。

元明清以来，群众文化消费更为发展，其与群众文化产品的紧密联系更加显著。从形式和内容上看，元代的杂剧散曲成为全社会的普遍爱好，勾栏瓦肆遍及城乡；明清两代杂剧、传奇、小说、歌舞、技艺、绘画以及各种各类民族民间传统的文化娱乐活动，各地方戏曲、演唱的勃兴繁盛，使文化消费在社会广泛流行，几乎遍及人们生活的方方面面。以上简述表明，特定的时代决定了特定社会的政治、经济和群众文化产品的产出数量及质量，而特定社会的政治、经济和群众文化产品的产出数量及质量又决定着群众不同的文化消费选择、文化消费程度和文化消费能力。这些选择、程度和能力又决定着群众的消费参与方式及其在这些参与方式中形成的人与人之间的政治、经济、文化等诸方面的关系。因此，自产生阶级剥削以来直至社会主义制度的建立彻底摧毁这些剥削制度的漫长岁月中，群众文化消费在形成和发展过程中也经历了曲折的历程。

进入 20 世纪 80 年代以来，人们的群众文化消费观念及其方式才发生了质的变革。首先，大力发展市场经济的社会背景，增加了人们对群众文化消费的认识、理解和投入。群众文化消费作为现实社会生活方式的客观存在，无论是文化的物质资料的直接消费还是间接消费，都成了群众文化生活资料的消耗总和。恰恰只有经济发展，人们的衣、食、住、行等生活资料有了保障，人们的文化消费才能得到较大的满足，文化消费才会踊跃地进入千家万户，成为全体社会成员共同追求的一种文明的生活方式。其次，改革开放以后的群众文化环境，大大增进了文化生产和文化消费之间的协调发展。中国社会的改革开放为群众文化的再生产创造了空前活跃的大气候，千姿百态的群众文化产品又时刻改变着人们的文化消费观念，形成了一个全新的文化消费氛围，从而促进了人们的文化消费水平的提高。

### 三、文化消费的必要途径——文化市场

以国家和社会办文化、文化产品的生产与消费直接结合起来为主要标志的文化市场，于 80 年代初期在中国广泛兴起。随着改革开放的深入和社会主义市场经济的发展，城乡人民的物质生活大大改善，人们的精神状态、生活方式、消费观念产生了从未有过的飞跃。思文思乐，求知求美，更多的人似乎表现出对文化消费的形式和内容更加挑剔。这样，与群众文化活动密切相关的文化消费活动，转眼间变得异常活跃。于是，文化消费的扩张开辟了有利于群众文化活动机制良性循环的主渠道——文化市场的迅速发展。中国的文化市场区别于其他国家、其

他社会制度下的文化市场模式,它的含义指的是在社会主义市场经济规律指导下的文化商品交换场所及其文化商品交换关系的总和,是群众文化生产与消费之间流通的主渠道。

中国的文化市场由小到大,由少到多,由简单到复杂,基本形成了以大中城市为中心,向集镇和乡镇辐射的格局。它的结构要素主要由六个部分组成:其一,文化演出市场,指专供文化艺术专业或业余表演团体演出的各类场所,如剧院、剧场;其二,文化娱乐市场,指以自娱自乐为主的群众文化消费场所,如舞厅、卡拉OK厅、音乐茶座;其三,电影录像放映市场,指供合法发行的电影、录像制品放映的各级场所,如电影院、录像放映室;其四,书报、画刊市场,指供发行和出售或可租赁合法出版的书报、画刊印刷品用的场所,如书报、画刊出版社,各类专业书店,售报亭,书报、画刊租赁点;其五,音像制品市场,指供出版、发行和可租赁合法录音录像制品的场所,如音像出版社、音像发行站、音像销售门市部和租赁点;其六,美术书画市场,指供专业或业余的美术、书法作者出售或由他人代售字画和工艺美术品的市场。

文化市场在国家文化建设和社会发展的大格局中已经占据了十分重要的地位。它丰富和活跃了人民群众不同层次的文化需要,调动了全社会办文化的积极性,补充了国家文化建设资金的不足,推进了文化体制改革,解放了文化生产力。同时,从社会发展来看,文化市场形成和发展的意义已经远远超出了文化的领域,它在创造中国人民新的健康文明的生活方式、促进商品经济的发展等方面都发挥着显著的作用。所以,文化市场作为群众文化消费的必要途径,有其深刻的涵义。

第一,它是文化消费向群众文化再生产规模化发展的产物,具有方向性。它有力地刺激着群众文化生产力的发展和国家、集体、个人对群众文化基础设施建设的投入,并以自给自足的自然经济所没有的速度,大踏步地把群众文化生产力迅速提高,同时也给社会成员提供了相当数量的就业机会和机遇,是实现物质文明和精神文明同步发展的物质条件,是人民群众文化生活方式中不可缺少的重要环节。

第二,它是实现文化消费资料价值效应的合理化概括,具有适应性。文化消费资料总是有与其自身相适应的价值体系,并通过一定的交换条件产生效应。文化消费资料的价值效应是双因素的,包括社会效应与经济效应。在文化消费资料价值效应的双因素中,它的价值虽然反映出商品的社会属性,但已经不再是群众文化艺术产品生产者追求的唯一目标,它的使用价值一方面仍然是价值的物质承担者,但同时又成为实现群众文化艺术产品生产目的的物质载体,因此决定了文化消费资料的价值效应的经济属性,既不是简单地以满足全社会及其成员日益增长的文化娱乐需要为直接目的,又不是单纯地追求价值或收入,而是服务于实现群众文化艺术产品再生产的前提下,取得尽可能多的价值或收入,并在消费方式上受先进的上层建筑意识形态领域的宏观控制。

第三,它是群众文化的物质载体层次化的再现,具有复合性。首先,群众文化艺术产品是脑力劳动的凝聚物,它是寄托在一定物质形态上的思想、观念、形态,它借以表现的形式是语言、文字、图像、符号以及某类视频技术、音响技术等。因此,在群众文化艺术产品中物化的劳动仅占较小的比重,其价值绝大部分由活劳动力提供,即智力劳动所创造的价值多,生产资料转移的价值少。这对同等价值的物质产品和精神产品而论,群众文化艺术产品生产者理应获得高于物质产品生产者的报酬。其次,群众文化艺术产品具有特殊效益,诸如图书报刊、电影、录音、录像出版物、表演艺术、流散文物、文化旅游、工艺美术、群众消遣性文化娱乐等与群众文化产品有关的形式，按文化的内容划分，有创新型和重复型的。创新型的产品，例如图书报刊、电影电视片、工艺美术作品等，因其不可重复的生产性、扩散性、共享性，其作为精神生产部分的社会必要劳动时间难以精确计算，一般只能以其物质载体为依据，使其产品的交换价值与价值常常不一致。重复型产品，如完成创作过程后的录音、录像的复录带之类，其价值由生产它的社会必要劳动时间所决定。再次，物质产品随着技术市场和劳动生产率的提高，其价格反而不断降低，而群众文化艺术产品的价格不都服从这个规律。因为群众文化艺术产品的生产主要依靠智慧本身的发挥。它同物质产品的生产相比较有三个区别：一是群众文化艺术产品是观念形态的东西，具有一定思想内容的文化消费目的，虽然采取物化形式（如书籍、文字），但其实质内容的构成要素是非实体的精神活动，而物质产品却是实体形态的存在物。二是群众文化艺术产品具有个性风格，产品最初生产的主体通常是以个人或某个地域、某个民族聚落区的少数群体为主，因此，产品必定带有鲜明的民族民间文化的个性特征，而绝大部分的物质产品则显得异常抽象的格式化。三是群众文化艺术产品具有世代相传的永久性和为全人类所共同享受的通用性，而物质产品则不都具备这一特点。

总之，文化消费力图兑现群众文化活动的本质属性，往往把文化市场当作媒体，采取必要的文化商品流通、文化技术转让、文化劳务输出、文化投资环境改善等行之有效的运行机制，同时凭借国家的现行经济政策，诸如价格、税收、信贷、利率、汇率、工资等，对社会成员的现实文化消费实行有计划的调控，一方面从主观上尽量抑制群众中可能出现的超需要消费倾向，使文化产品的产出与消费接近平衡；另一方面则从客观上继续发展文化市场，为建设科学合理的群众文化消费结构提供确凿的市场信息和消费参数。

## 第二节　群众文化在文化消费中的支配地位

### 一、中国国办群众文化产业与文化消费的关系

所谓国办群众文化产业，是指全民性质的从事群众文化商品生产、流通或服务等群众文化经济活动的独立核算的创利型的基本文化经济单位。它的活动领域是文化市场，活动方式是通过文化市场把精神产品送到消费者手中，活动目的是通过商品交换来满足市场上的文化消费需要，以获得尽可能多的利润。群众文化产业是市场经济发展的产物。作为群众文化商品生产、流通的基本单位，群众文化产业既是精神生产、流通部门，又是物质生产、流通部门，有着双重的社会历史责任和双重的结构素质。这种产业特性决定它的生产经营的目的是为了满足人民群众的消费需要和获取相应的经济利益。并且，经济利益的获取与人民群众消费需要的满足成正比。根据上述前提，国办群众文化产业与文化消费的关系有以下三个方面的内容：

第一，国办群众文化产业与文化消费资料的关系是直接的，它根据国家现行经济政策，对文化消费资料采取有计划的宏观调控和市场经济的微观搞活相结合的方针。国办群众文化产业参与文化市场的竞争，根据市场需要管理和生产文化消费资料，从宏观上调控文化消费，使群众文化艺术产品的生产和人们的文化消费保持相应的稳定和均衡。它的具体做法：制订、施

行、管理有关文化消费资料的规则,落实国家的有关政策,指导文化消费资料实施这些规则和政策;制定文化消费资料的发展规划和群众文化艺术产品的指令性生产计划,其中包含必要的指标和方案;为文化艺术产品的生产者、流通者、消费者提供各种市场信息服务,开展交流、理论研讨、活动示范等。

第二,国办群众文化产业对文化消费资料的经营活动同样实行宏观计划性调控,其相互的关系是间接的。这种间接关系表现在:国办群众文化产业与文化消费资料的经营活动者都以法律、方针、政策为规范;群众文化艺术产品进入流通领域后的决策权、经营权、人事权、财务权全部交给文化消费资料的经营活动者;涉及文化消费资料的经营活动的盈亏由其自身的竞争机制来决定,国办群众文化产业不承担其经济责任。总之,间接关系的益处是让文化消费资料的经营活动与市场经济发展尽可能地协调。

第三,国办群众文化产业与文化消费活动的关系是微观、直接的关系。国办群众文化产业从市场活动获取消费信息,自行组织和调整群众文化艺术产品的生产结构;文化消费活动直接容纳国办群众文化产业生产的文化产品投入消费流通领域,实行不同文化商品的不同的价值交换。群众文化产业和文化消费活动都要通过文化市场向消费者介绍群众文化商品的精神价值、文化价值、经济价值以及日常生活中的实用价值,同时向生产经营者提供消费信息反馈。国办群众文化产业为文化消费活动和消费者承担产品质量保证,并维护消费者的合法权益。这样,国办群众文化产业实际上与文化消费活动形成互相依靠、共同面向消费者的关系。

从上述三个关系中看到,中国国办群众文化产业体现了文化产品生产和经营中的社会主义性质,体现了它对文化艺术生活资料消费的制约。只有这样,才能确保文化消费产生较强的社会效应,有利于文化消费的市场经济的开拓,使之成为人们社会生活总消费的有机组成部分。

## 二、群众文化对文化消费效益观的指导

群众文化在社会生活中的存在是历史形成的,它的任何形式或内容的转换必然带有经历史积淀后的社会关系的痕迹,这与人们对生活中的所有物质需要一样,同时存在人们所有的生活内容之中,成为构成这种生活内容的精神消费部分。每一时代的群众文化形态都自发地经历着从前代的继承到现时代的改造和发展的过程,从而形成不同时代的不同群众文化形态。毫无疑问,决定这些形态的时代特征的重要标记是时代的政治和经济,以及由政治和经济决定着人们对文化消费的选择和消费能力的体现,同时又决定着人们对文化消费活动的非职业性的自我参与方式和在不同程度的参与中形成的人与人之间的社会联系。而且,人们也往往根据自身的社会地位和经济能力的许可范围,决定自己所喜爱和能够享受的文化消费的档次、规模、程度等。因此,文化消费必然直接或间接地与群众文化的群体性发生密切联系,并且作用于极为广泛的人民群众,着力渲染他们的生活需要、审美观念和文化意识,想方设法地与广大群众的政治地位、经济能力和文化素质相适应。

既然文化消费受一定的社会形态的政治、经济、文化等诸种因素的左右,那么就中国现实文化消费而论,较多的形式和内容势必体现出有中国特色的群众文化的整体效益,它要在群众文化的活动中充分汲取能够适应于自己生长的养分,同时又要突出表现自身对社会主义市场经济发展和文化发展所产生的积极作用。这样,以群众文化作为植根土壤的文化消费,就离不

开群众文化的社会效益与经济效益相统一的共性原则，以此显示其存在于群众文化的集合体中。而对于群众文化活动来说，一方面它要求文化消费在活动过程中体现出健康、有益的倾向，并且必须通过这些健康有益的形式和内容，将群众文化活动中饱含的进步的社会意识输送给广大人民群众，使之受到启发、教育、鼓舞、提高，并且自觉地将这些进步的意识转化为对社会发展的积极促进和对美好生活的进取，以致形成文化消费效益与群众文化整体效益相一致的归属过程。另一方面，群众文化活动要求文化消费在处理消费者和消费资料的矛盾时，体现出社会效益和一定的经济效益不相悖的原则。

所以，文化消费的效益观既是一种表现为特定的社会意识形态之中的群众文化的物质补充，又是一种表现为人们生活方式构成中的文化艺术消费活动的内容，那就不可避免地在某种程度上暴露出内在活动受外界条件反射影响的双重性。它既要把满足消费者的需要作为活动的目的，并与人们的经济能力产生密切的联系；又要严格地遵循群众文化效益观的总体原则，不能毫无节制、无条件地强化文化消费活动中的商品属性。不过，这种矛盾在中国现实文化消费中是呈非对抗性的。假如把这种双重性置于群众文化整体发展的过程中进行观察，会发现它们所依附的社会形态的所有原则都是由一定的社会性质所决定的，它们所依循的运行机制是在一个国家的国民经济发展的指导下实施的，因此，文化消费是市场经济结构中的一个要素。任何文化产品的生产、流通、交换、消费都不能不受价值规律的制约。转化为商品的群众文化产品，也不能不讲成本，不讲利润，不讲再生产能力，不讲劳动成果的分配。这样，经济效应如同其他物质商品的生产一样，制约着文化产品的生产、交换、流通和消费，成为现实文化消费市场正常运转的基础。人们既然承认文化消费的存在价值，那么就应当理直气壮地承认文化艺术产品生产经营与其他物质产品生产经营在相同的社会经济的轴心上旋转的非差异性，它包括文化消费活动的心态和行为在经济目标上不存质的区别。所以，人们所认为的文化消费的经济效应自然指它的消费过程的构成基础。

但是，文化消费不能受群众文化本质特征的规范。这个问题应从两个方面进行认识：一方面，文化艺术产品必须具有健康的本质特征，必须与先进的上层建筑意识形态的要求相适应；另一方面，致力于为经济建设和社会生产力发展服务，是群众文化在社会功能中的主要表现，而发展社会经济和社会生产力当然包括发展文化经济和文化艺术生产在内，所以，群众文化对文化消费的规范，是积极的规范，是在适度范围内的规范。这种规范体现了文化消费中经济效应与社会效应的一致性，所谓社会效应就是给予群众的文化消费心理以正确的导向作用，进而达到积极优化人们文化生态环境的目的。

至此，可作如下小结：其一，活动是群众文化保持活力的存在形式，而文化消费过程恰恰是人们从事社会性文化活动的过程，在实质上文化消费不能脱离群众文化活动而单独存在；其二，群众文化消费的社会效益和经济效益对立统一的效益观，是现实群众文化活动的指导思想，而使人们很容易产生直接社会效益的文化消费行为更不能背离这个观念而处于失控的无政府状态；其三，自我参与和自娱自乐是群众文化的本质特征之一，而文化消费的目的正是为了再度调动群众的自我参与意识和自娱自乐意识，以保证文化消费的普及性，并促使文化市场的正常运转。所以，文化消费的大部分活动过程，实际上依附在现实群众文化的普及与提高中，依附在现实群众文化的社会效益和经济效益的并举之中。

## 三、适用于文化消费的群众文化经济观念

为了进一步确立群众文化对文化消费的指导作用，更好地提示文化消费在具体的实践中努力达到社会效益和经济效益相统一，更好地引导社会成员的文化消费行为，使他们的文化消费方式日趋科学、文化消费结构日趋完善，有必要将群众文化中有关的经济观念，传递给文化消费对象和文化消费者。

第一，交换价值观念。即群众文化产品的经营者要正确把握文化产品进入流通领域后的运行趋向，从以货币的形式进行交换时所获得的价值量出发，确定群众文化产品是否继续生产或生产多少。

第二，市场观念。群众文化产品的经营者要熟练运用市场经济的杠杆，时刻保持为满足文化市场的需要生产、经营的意识。在文化市场的设置上，既要充分考虑市场所在地域的人口密度、劳动力经济收入情况、自然地理环境等条件因素，又要考虑到文化市场行情的变化与消费者需要量的增减、波动等时空因素。在群众文化产品的设计、成型、销售中，要客观地预测文化市场在群众文化产品交易中的情况、信息和浮沉动向，从而培养对价格概念的敏感性，便于在生产经营中当机立断，获得超前性的决策依据。

第三，利润观念。即群众文化产品的生产经营者在从事生产经营活动的全过程中，在把社会效益作为群众文化产品经营准则的前提下，应该具有强烈的经济效益观念。它有利于改善群众文化产品的生产场所，改进群众文化产品的生产工艺，便于扩大生产规模，提高再生产能力，同时也给文化市场的宏观管理提供必要的经费来源。

第四，等价观念。群众文化产品在市场上作为商品形式进行交换时，凝聚着社会必要劳动时间的概念。群众文化产品的生产经营者在进行交换活动时，要把保证质量、公平交易、互助互利、提供最佳服务作为经营准则。

第五，竞争观念。群众文化产品的生产经营者要把质量竞争、价值竞争、夺取经济优势、占领市场阵地作为群众文化企业的生存之道。通过必要的竞争活动调动人们的生产积极性和发挥创造才能，有利于群众文化企业积极向上、勇于开拓的氛围的形成，有利于劳动生产率的提高。

第六，节约观念。针对不平衡的生产力状况和社会经济状况，群众文化产品的经营者在把握群众文化企业的整体效益时，应当发扬自力更生、艰苦创业、勤俭办事的精神，在生产和经营活动中尽量做到精打细算、节省开支、节约时间，增加资金和文化消费资料的积累。

第七，经济信息观念。指的是收集、形成经济决策信息到输出经济导向信息的观念和由收集、归纳文化消费信息进入信息市场的内容。经济信息观念有两个功能：一是形成决策信息和市场信息，国家和群众文化企业从文化消费流通领域的微观活动中接收、提取、加工、储存宏观调控所需要的决策信息和群众文化产品交换场所需要的市场经济信息；二是形成群众文化经济信息导向和群众文化信息市场，国家和群众文化企业将各种经营决策信息输向文化消费领域进行宏观调控，并将文化市场的经济信息通过咨询服务和传播媒介递送给文化消费领域从事信息服务。

第八，其他诸如经营风险观念、效率观念等有关群众文化经济活动的观念。

总之,群众文化经济观念是市场经济规律在群众文化经济活动和文化消费中的反映。它的实践意义,在于促使人们进一步搞活群众文化领域内开辟的文化消费等一系列文化经济活动。

## 第三节 群众文化消费的引导

### 一、群众文化对文化消费秩序的规范

群众文化的消费价值,在于更好地为发展社会生产力服务,及时反映市场经济规律在结构形态上的科学性和合理性,因而是充满活力的新生事物。这种文化消费活动,总是以极大的热情为人民群众服务,为进一步促进文化生产力发展服务,为提高社会成员的文化修养、知识修养、道德修养、情操修养服务,其出发点和归宿是为了建设一个高度文明的现代化国家。所以,应当依据群众文化的发展规律,对现实文化消费的秩序作出明确的、必要的规范。

第一,它是以人民群众的文化需要为第一性的文化消费秩序。

首先,一定社会的上层建筑和经济基础决定了文化消费秩序的活动性;其次,对于以提供无偿服务为主的群众文化项目,不能接受市场机制的调节作用;再次,市场调节的作用范围是扩展性的社会经济活动,国家运用一定的经济手段,法律手段和必要的行政干预手段,调节文化消费秩序的供求关系,创造适宜的有助于文化商品经济发展的群众文化环境,以社会效益为最高准则,以此引导群众文化产业正确地进行文化经营决策。

第二,它是独立自主、对外开放,增进世界各国人民之间的文化往来和友谊的文化消费秩序。

在中国,对于这个问题的认识有如下三个方面:一是文化消费区域广阔,容量恢宏,内容丰富,城市、集镇、农村的文化消费实力非常雄厚,进一步开发的前景大,而已经凸现的或潜在的强大辐射作用,较明显地牵动了集镇、农村和民族地域文化消费的日趋活跃和兴旺,这给群众文化产品为占中国四分之三的农民群众服务开辟了新的道路;二是通常认为的文化消费领域的开放、搞活,其实是指吸取外国先进的科学技术和属于人类文明的优秀文化产品,而对于宣传不健康的思想意识形态和腐朽的生活方式的东西,坚决采取排斥、批判的原则,并尽可能地在萌芽状态就给予扼制;三是随着中国对外交流的日益增进和旅游事业的日益繁荣,派出国外的艺术表演团体商业性演出的逐年增多,以及中国的工艺美术产品、中国画和书法等文化产品逐渐进入国外文化消费领域的各个层面,必定证明文化消费在中外文化交流中所具有的纽带和桥梁作用,同时也给中国文化消费领域的对外开放和吸引外资创造更有利的条件,为中国的群众文化产品参与国际文化消费领域的竞争创造更有利的机遇。

第三,它是充满个性的现代中国群众文化的消费秩序。

文化消费的骤然发展,显然是改革、开放、搞活的结果,它为深化群众文化体制改革和建设有中国特色的社会主义群众文化体系提供了新的经验。它的生机和活力表现在:一是国家、集体、个人以及社会各部门关心、扶持、兴办群众文化事业,形成了全社会办群众文化的新格局;二是群众文化事业机构的职能和作用的扩展,引导着文化消费秩序由单一文化产品的传播向

集宣传、科学普及、教育、文娱活动于一体转变，成为人民群众日常生活中不可缺少的一部分；三是文化消费秩序的内在机制的调节作用促进了群众文化事业和国办的专业艺术演出团体的体制改革，推动了文化艺术生产力向深度和广度发展；四是中国现实的文化消费结构为群众文化管理的系统工程建设提供了材料和理论依据；五是对于人民群众更新文化观念，积极参与文化建设，建立新的文化经济体系和科学健康文明的生活方式，创造了良好的文化生态环境。

总之，文化消费秩序的形成是人们在主观意识指导下的有目的的社会活动。它的形式和内容是丰富多彩的现实社会生活客观存在的映现，既具有共性中的个性意义，又具有一般事物在社会生活中的复杂性，因而文化消费秩序所产生的影响往往是群体性的、社会性的，甚至它的精神作用有时是潜伏的乃至缓释的。所以，群众文化就要有目的地介入其中，在质和量上予以把关，予以因势利导。

## 二、群众文化对文化消费状况的引导

20 世纪 90 年代以来，中国国民经济努力克服市场疲软，积极开拓国内外市场经济，总体经济朝着稳步、协调、持续的方向发展，人民群众的物质生活水平也从“温饱型”向“小康型”过渡，并成为不容置疑的事实。中国经济建设呈现出的蓬勃生机，极大改善了人民群众的文化消费水平，使文化消费结构日益合理化。文化消费作为一种智力投资，逐渐受到人们的重视。所以，应当准确地把握人民群众的整体文化消费现状并加以正确的引导。

第一，整体文化消费由低级转向高级发展。

首先，文化消费意识普遍提高。市场经济的发展唤醒了群众的文化消费意识。这就是说，随着生产力的发展和社会的进步，人们的温饱问题普遍得到解决之后，人们不再满足于生存资料的最基本需要，而是普遍地追求享受资料、发展资料的需要，尤其追求精神文化生活的多方面需要，以实现文化消费的物质价值和个性发展价值的目标期待。消费意识增强，又推动了文化消费观念的更新。广大群众进一步摆脱人与自然、美与生活两极对立的精神束缚而形成了健康的并逐渐完善的文化消费观。在认识上，他们已把文化消费当成自我肯定和再次生产的动力，在行为上则是取向的多元性、爱好的趋时性、追求的知识性和娱乐的参与性。

再次，社会对文化消费的投入不断增多。文化消费投入包括物质资料的投入和时间的投入。进入 20 世纪 80 年代后，随着市场经济的发展和经济成分的多元并存，出现了一个国家、集体、个人一起上的多形式、多渠道的文化投资环境。其中集体和个体的投资总量大大超过了国家的投资。这样投资比重的出现，不仅缓解了当前多数的群众文化事业单位的设备设施不足与群众日益增长的文化需要之间的矛盾，而且促进了文化消费向深度和广度发展。在时间投入上，由于科学技术直接用于发展生产力，广大群众开始实现了由纯体力劳动型向半体力劳动型和半脑力劳动型的转化，从而为广大群众新的生活方式的形成和新的文化消费活动的建构提供了时空保证。充足的自由时间，使广大群众自然而然地产生发展出这样或那样的闲情逸致，群众心中的时间价值有了文化意蕴，广大群众越来越把更多的工余时间投入到求知、求乐、求美的文化消费中。

其次，文化消费质量逐渐提高。消费质量的提高是文化消费从低级向高级发展的根本标志。过去，中国的生产力落后，生活封闭，文化消费的方式贫乏而又单调。改革开放以后，群众文化拓展了审美领域，扩大了消费空间，不仅优秀的民族民间文化恢复了青春，大量的原生态的美学意蕴也得以萌动，就连城市文明和外来文明也在中国不同的地域、不同的民族中找到了各自的存在位置。这个多元的文化集合体开始展现出一个五光十色的缤纷世界。或者说，这是中国实行改革开放以后，打开了文化视野和在思想意识里注入了现代文明的广大群众对长期被压抑的知识性、娱乐性、趣味性需要的冲动与补偿，即群众文化消费中令人欣喜的高层次品味脱颖而出，广大群众不甘于文化娱乐的客体欣赏和被动接受，而自觉扮演起参与、体验和自我表现的消费主角，从而显示了现代人的主体性、创造性文化心理的增值。

第二，群体性文化消费重心发生转移。

现实的群体性文化消费结构分为集结性消费和家庭性消费两大块。基于社会经济结构和社会政治结构的重大变革，群众文化的消费结构也发生了相应的变革，即文化消费重心已由集结性消费向家庭性消费转移。其主要表现特征有三：一是政府和集体指令性、半指令性的文化活动开始弱化，个体或家庭的自发自愿的文化娱乐消费逐渐强化；二是由国家或集体兴办的城乡供给文化与个体或家庭兴办的自娱性文化活动在财力及其他条件的综合对比上发生转移；三是文化消费活动的时间、场所由过去的集中统一，变为分散和以家庭为主要尺度。

文化消费重心之所以发生转移，其原因有以下两方面：其一，社会政治经济的改革牵动了群众文化结构的调整。新中国成立以来，群众文化主要由自娱文化和供给文化构成。自娱文化是群众利用自己熟悉的文化活动方式开展自我服务的文化娱乐活动，它体现了群众的参与意识和广泛的群体性；供给文化则指国家或集体兴办的，以有偿或无偿方式向群众提供的精神产品和文化服务。供给文化以集结性消费为主要形态，具有社会性和福利性的特点。在中国，有很长一个时期内，这两种文化消费形式在群众文化生活中是互补共存的。而处于社会经济体制深化改革的现实中，供给文化与自娱文化相比较，暴露了越来越多的弱点，它的消费对象的集结性、时间的同一性、活动场所的定点性、活动内容的规定性等局限与个人的自由选择文化消费方式产生了较大的矛盾。而自娱文化则比较适应现代社会新的生产方式和现代人的个性以及现代家庭新的生活方式，表现出较多的优越性。另外，现阶段由国家提供的文化经费毕竟有限，而个体或家庭的文化消费水平则相对增加，这也不能不对集结性文化消费活动构成强大的冲击。其二，以新科技为领先一步的音像技术为主要的家庭群众文化活动导致了消费重心的转移。如果说，群众文化结构的自我调整，使供给文化和自娱文化的地位发生对换是文化消费重心转移的外因条件，那么随着劳动者独立地位的提高，个人重要性的加大，以及以高新音像设备为主要特征的家庭群众文化的兴起，则是消费重心转移的直接内因条件。音像技术是人类文化继语言、文字之后的第三物质载体。它在表现形式上的多样性和内容上的丰富性是任何文化消费活动所不可比拟的，其静态与动态、时间与空间、视觉与听觉的多元复合所产生的强大的、逼真的、诱人的而且令人目眩耳迷的效果，极大地适应和满足了广大群众的娱乐需要。所以，家庭作为社会个体性消费的主要标志和场所，它的涵盖面积和消费总量显然要大大超过一般文化消费场所的规模和能力。除音像技术所产生的效果外，广大群众随着物质生活水平的提高，自由时间的增多，特别是现代思维方式和新的人际观念的建立，已不再满足于单一、低层次和被动的文化消费，而越来越追求充满个性的文化消费，以及越来越追求人的自我发展、美的享受和知识的更新,鱼鸟花卉、琴棋书画及至金石篆刻都成了他们的业余爱好。

总之,群众文化消费是一个正在不断发育和有待完整的价值体系,未来的群众文化消费,从消费投入到消费质量,从消费结构到消费方式,必将随着人类社会的发展和群众物质生活水平的提高而不断提高和变化。科学地分析和准确地掌握群众的文化消费过程的来龙去脉,并以此作为基点,构筑群众文化消费的科学的运行机制、控制机制和导向机制,从而实现群众的未来文化消费的规范化指导,是群众文化义不容辞的职责。

# 第六章 群众文化组织与管理

## 第一节 群众文化组织与管理概述

### 一、群众文化组织与管理的含义和主要内容

#### (一)群众文化组织与管理的含义

群众文化组织与管理,是群众文化管理者为了使群众文化工作、群众文化活动以及与之相适应的制度、组织、机构、设施等各种要素能够合理、高效地运行,而进行管辖、控制、服务、协调的社会化行为。

这里需要着重说明"组织"的意义。"组织"包括两种含义:一种是名词概念,是指按照一定的宗旨和系统建立起来的集体,或在一定环境中为实现某种共同的目标,按照一定的结构形式、活动规律组合起来的具有特定功能的群体;另一种是动词概念,是指"安排分散的人或事物,使之具有一定的系统性和整体性"。在这里所说的群众文化组织与管理的"组织"是一个动词概念,是将群众文化所涉及的人或事物,采用一定的方式集合起来,加以协调或谋划,以实现群众文化特定目标的过程。从广义上理解,群众文化的"组织"可以涵盖在群众文化"管理"的范围之内,可视为管理的有机构成。但从严格意义上讲,"组织"与"管理"是实现群众文化目标的两个不同的过程。组织是为实施群众文化管理所做的前期准备,而管理则是为实现群众文化目标所进行的同步控制。之所以强调"组织",是因为组织是管理的基础,先有组织而后有管理,没有组织就无法实施有效的管理;也可以说,组织与管理是一个有机的整体,二者不可或缺,也不可偏废。

#### (二)群众文化组织与管理的主要内容

群众文化组织与管理主要包括四个方面的内容。

*1.群众文化活动的组织与管理*

群众文化活动的组织与管理是对各类群众文化活动所进行的以策划、组织、协调、资源整合为内容的管理。其内容主要包含四个要素:一是群众文化活动的策划。即通过对策划内容、策划人员、策划方案的管理,保证策划目标的实现。二是群众文化活动的组织。即对活动运转机制和运行程序进行梳理和整合,使之形成一个设置齐全、力量均衡、衔接紧密、规范明确的有机整体。三是群众文化活动的协调。即对活动实施过程所涉及的人、财、物进行调配和控制,做到分工明确、组织严密、保障健全、运转自如,保证活动过程井然有序、运行顺畅。四是群众文化活动的资源整合。即充分调动和争取一切可以利用的自有资源、社会资源(包括人、财、物、设施、设备、艺术等)为群众文化活动所用,以实现群众文化活动社会效益的最大化。

*2.群众文化队伍的组织与管理*

群众文化队伍的组织与管理是对各类群众文化队伍所进行的以组织、培训、展示、规范为

主要内容的管理。

其内容包含四个要素：一是群众文化队伍的组织。即按照群众文化组织体系的基本框架，将直接或间接从事群众文化工作的群体按照一定的规范或制度集合起来。二是群众文化队伍的培训。即采用授课、交流、研讨、考察等方式对群众文化队伍进行的以传递知识和技能为基本内容的行为。群众文化队伍的培训是促进群众文化知识更新、技能提高的重要手段，是提高群众文化队伍基本素质和能力的不可或缺的重要内容。三是群众文化队伍的展示。即由群众文化事业管理机构所组织、以群众文化社团为主体进行的以满足群众自我表现需求和观赏需求为目的的文艺表演、展览、演示等活动。群众文化社团是群众文化队伍的重要构成，展示是群众文化社团的基本功能，是群众文化社团生存的意义所在。四是群众文化队伍的规范。即按照群众文化队伍的建设目标，为实施对群众文化队伍的有效管理而建立的规章制度和行为标准。规范是对群众文化队伍进行管理的基本依据，也是群众文化队伍建设的根本保证。群众文化队伍的规范一般由承担管理职能的群众文化领导部门制定并颁布实施，群众文化机构或社团内部也可以自行制定规范并付诸实施，但不应与政府部门制定的规范内容相抵触。

3.群众文化事业的组织与管理

群众文化事业是当代社会文化的一种形态，是为开展群众文化工作，组织、辅导和研究群众文化活动而设置的组织机构和文化设施，是开展群众文化工作和群众文化活动的物质保证和组织保证。

群众文化事业组织与管理内容的主要构成：

一是群众文化发展规划的管理。群众文化发展规划是涉及群众文化事业较长远和全面发展的战略性规划，是对未来整体性、长期性、基本性问题的思考、考量和设计而形成的整套行动方案。制定群众文化发展规划是群众文化领导部门所承担的群众文化工作的内容之一，有助于明确群众文化事业发展的方向和目标，有助于克服群众文化管理的盲目性和随意性，也有助于提高群众文化管理的科学化、规范化水平。群众文化发展规划按内容可分为总体规划和专项规划。对群众文化发展规划的管理主要体现在组织制定群众文化发展规划、进行群众文化发展规划的论证、编制群众文化发展规划的实施计划和实施细则、有步骤分阶段地落实群众文化的发展规划等方面。

二是群众文化事业机构的组织与管理。群众文化事业机构是群众文化运行的重要载体，它是适应群众文化活动的需要而产生的，是群众文化管理发展到一定阶段的产物。随着公共文化服务体系的建立和事业单位改革的逐步推进，群众文化事业机构组织与管理的模式将发生根本性改变。群众文化事业机构的组织与管理需要理顺政府与事业单位的关系，进一步落实事业单位法人自主权，实行政事分开，行政主管部门要减少对事业单位的微观管理和直接管理，重点履行制定政策法规、行业规划、标准规范和监督指导等职责；探索管办分离的有效实现形式，逐步取消群众文化事业机构的行政级别；科学确定群众文化事业机构的编制标准，建立优化结构、动态调整的监督管理机制；建立、健全法人治理结构，探索建立理事会、董事会、管委会等多种形式的治理结构，健全决策、执行和监督机制等。此外，群众文化事业机构将改变“一个地区建一个文化馆”的组织格局，实行“按服务人口配置文化资源”的新机制；改变群众文化事业机构主要由政府设立的方式，鼓励社会力量依法进入公益文化事业领域。

三是群众文化事业机构内部的组织与管理。群众文化事业机构内部组织与管理的模式,将随着事业机构改革的逐步推进而发生变化。目前,群众文化事业单位组织与管理的主要内容是:实行人员聘用制和岗位管理制,建立权责清晰、分类科学、机制灵活、监管有力的事业单位人事管理制度;推进职称制度改革,依据编制管理办法分类设岗,实行公开招聘、竞聘上岗、按岗聘用、合同管理;健全符合群众文化事业单位特点、体现岗位绩效和分级分类管理要求的工作人员收入分配制度,实施绩效工资管理等。

群众文化事业是中国特色社会主义文化事业的重要组成部分,关系到人民群众基本文化权益能否得到保障,能否享受到最基本的公共文化服务。群众文化事业的组织与管理是群众文化组织与管理的主体部分。相比群众文化活动、群众文化队伍、群众文化服务的组织与管理,抓好群众文化事业的组织与管理,对促进群众文化整体水平的提高有着更重要的作用。

4.群众文化服务的组织与管理

群众文化服务的组织与管理主要包括对各类服务主体提供的群众文化服务的组织与管理以及重大群众文化建设项目的组织实施与管理等。

各类服务主体是指在群众文化服务网络中承担着群众文化产品与服务供给职能的各级政府。政府是群众文化的服务主体,这是由政府的公共事业服务职能所决定的。不同层级的政府,其主体地位也有不同。中央政府是宏观管理主体和战略决策主体;省(直辖市、自治区)级政府是地域宏观管理主体和执行决策主体;地市(州、盟)是统筹管理主体和建设主体;县级政府是基层管理主体和实施主体;乡镇(街道)级政府是具体实施主体;社区(村)基层组织是便民服务主体。六级主体各司其职,各自发挥作用,构成了群众文化服务的主体结构,共同承担起政府服务主体的责任。对各类服务主体所提供的群众文化服务进行组织与管理,有助于保证群众文化服务的质量和水平,有助于构建全覆盖的、全方位的群众文化服务网络。其基本要求是:发挥主导方向作用,把握群众文化服务的基本方向;发挥主力推进作用,发挥组织管理、资源整合、调控干预的职能;承担主要提供的责任,通过各种有效方式提供群众文化服务;承担主动建设的责任,改善群众文化服务的软硬件条件。

重大群众文化建设项目是指与群众文化事业发展和人民群众基本文化需求有关的、具有重要影响的公益性文化建设内容。重大群众文化建设项目组织与管理的基本要求是:以国家的各项法律、法规、政策和规范为依据;以群众文化需求为衡量标准;建立国家财政投入为主、社会力量和社会资本多元参与机制;建立听证制度,接受社会各方面的监督;抓好项目立项、论证、审批、实施、运行的全过程;进行项目实施后的绩效考评。

## 二、群众文化管理的主要职能与基本任务

### (一)群众文化管理的主要职能

1.群众文化管理的决策职能

群众文化管理的决策职能是指合理确定群众文化的工作目标,经过调查和可行性分析,科学地选择最佳方案并付诸实施。管理决策是群众文化管理的重要方式,设定任何群众文化的目标都需要经过科学的决策。

决策的意义。群众文化管理的科学决策对做好群众文化工作意义重大。在公共文化服务体系建设的大背景下,对群众文化目际的决策应当以保障人民群众的基本文化权益、满足人民

群众的基本文化需求作为出发点和落脚点，即把群众是否喜爱、受众面是否广泛、参与者是否从中得到文化享受作为衡量一个群众文化决策项目的主要判断标准。正确的决策可以取得预期的效果，得到群众的赞誉，并产生良好的社会效益；反之，不仅造成人力、资金的浪费，而且可能在社会上造成无法挽回的影响。特别是群众文化的社会化、数字网络技术的普及、各种特殊的传播方式，都会使一项错误决策造成的负面影响被无限度放大。

决策的方法。群众文化管理的科学决策应当是基于对条件的分析、价值的估量和风险的判断而做出的。条件的分析是将决策项目的背景、环境、资源等一系列因素加以分析，并在冷静分析的基础上理智地加以把握；价值的估量是将实现项目目标所能获得的社会效益、群众的受众程度以及引发的社会影响进行评估；风险的判断即将实施目标可能遇到的安全、技术、投入等风险因素进行潜在概率和预知后果的预判和排除。

决策的过程。群众文化管理的科学决策不是瞬间的思维过程，而是有其基本的程序和内在的规律。其基本规律：一是确定决策目标，即尽可能全面地掌握有关群众文化管理目标的资料，根据国家的法律法规和相关政策以及上级群众文化管理部门确定的目标，并根据本地区的客观需要和现实可能加以确定。二是提出决策方案，即按照群众的需求以及对相关条件、价值与风险的分析，拟订供讨论和论证的决策方案，尤其要仔细分析不利因素以及相关细节，并依据相关条件尽可能提出可供选择或调整的多种备选方案。三是优选决策方案，即根据设定的目标，并采用一定的决策方式，对多种备选方案进行比较和论证，必要时可对原方案进行补充修订或重新拟订，最终形成并确定最优方案。四是决策方案反馈，即在决策方案进入实施阶段后，仍要及时搜集和掌握来自群众以及执行者的意见反馈，对原决策方案不符合实际或存在严重问题和风险的，应及时调整甚至中止。

2.群众文化管理的计划职能

群众文化管理的计划职能是指为了完成群众文化决策项目而制订严密、切实可行的工作方案。群众文化管理计划按时间划分，一般可分为长期计划和短期计划。长期计划指三五年或者更长时间的计划。如群众文化的设施建设、设备更新、人才培养等方面，往往需要数年努力才能实现，因此适宜制订周期相对较长的计划。短期计划一般指年度、季度或月度的工作计划，或内容相对单一的计划。长期计划是短期计划的依据，短期计划则是对长期计划的分段落实。

群众文化管理的计划职能包括决策目标的分解、相关工作条件的预备、相关策略的设计等内容，以充分保证制订计划过程的科学性以及计划内容的科学性。

决策目标的分解。决策目标确定之后，可将决策目标分解成相对独立的分项目标，然后根据分项目标分别去制订相关计划。计划的制订一般都是按照“做什么、如何做、谁去做”这样的思路去设定，也就是将分项目标变成有助于实现目标的各类工作计划。制订工作计划要求设计严密、切实可行，切忌盲从空想、好大喜功。对任何群众文化项目实施管理，都需要在决策目标确定之后，将目标分解成各项与决策目标相一致的工作计划，然后按照计划的安排有条不紊地加以实施。

相关工作条件的准备。相关工作条件的准备包括许多内容：首先是人、财、物的准备，即根据计划设定的工作量，合理配置一定的人员，争取一定的资金，并配置相应的设备。其次是资料的准备，即通过一定的途径，获得必要的政策法规资料、任务背景资料、可供参阅的资料等；有些重要的第一手资料，还需要通过实地调查研究才能获得。最后是专家资源的准备，有些涉及不熟悉领域的工作，应当提前物色好可供咨询的相关领域的专家。

相关策略的设计。在分解目标、条件准备之后，还要仔细研究相关策略的设计。落实一项好的计划要想取得事半功倍的效果，必须重视对实施策略的设计和研究，即选择最适宜实施、可操作性强的措施、方法和技巧。一是处理好重点与非重点的关系。即在制订计划时，就应抓住关键点和着力点，准确把握实施项目的主次轻重，重点解决影响全局的问题。二是保持计划执行中的灵活性。根据计划设定的目标，研究实施过程中计划调整的预备方案，做到既不影响决策目标的实现，又要保证项目实施过程中的顺利以及社会效益的最大化。三是做好实施项目的各项应急。即充分考虑项目实施过程中可能出现的各种复杂局面，制订好相应的应急预案，并将责任落实到人。

3.群众文化管理的组织职能

群众文化管理的组织职能是指合理地调动社会各方面的力量和文化资源，来具体落实实施计划。这种组织职能是保证群众文化的决策顺利实现和计划有效执行的一种管理职能，其基本形式就是运用一定的方法和手段来实现群众文化的决策和计划目标。

完善组织规范和制度。要实现群众文化管理的组织职能，需要一整套的组织规范和制度，其基本内容包括：群众文化管理体制和运行机制的确立和改革、组织机构的设置和调整以及工作职责的划分；群众文化从业人员的选择、调配、培训、考核、奖惩；群众文化设施、设备、经费、物品的配置和使用；群众文化规章制度的建立、健全和实施；群众文化工作任务的安排以及完成过程的指导、监督、检查和绩效考评；群众文化事业机构与政府文化主管部门以及其他有关部门的沟通与协调；群众文化活动和群众文化群体的管理模式和方法等。建立和完善这些规范和制度，是实现群众文化管理组织职能的基础和条件。

调动各种力量和文化资源。群众文化管理的组织职能还要求善于调动各种力量和文化资源，这是实现决策和计划目标的重要保障。在公共文化服务体系建设的背景下，构建群众文化服务网络除了需要政府发挥主导作用、群众文化事业机构发挥骨干作用外，还需要鼓励和引导社会力量的广泛参与和积极支持。例如各类群众文化服务中介组织、社会力量兴办的群众文化机构、参与群众文化服务的文化经营企业以及热心于公益文化服务的各类群众文艺骨干等，都是群众文化服务不可忽视的重要力量。群众文化管理还需要调动和利用蕴藏在社会各个方面的文化资源，包括各种文化设施设备资源、书刊资料资源、数字网络信息资源以及专业艺术人才资源、文化志愿服务资源等。

培养公关交流能力。公关交流能力是群众文化管理组织职能的重要体现，是群众文化管理者应当具备的一种组织才能。群众文化是一项社会参与面极其广泛的文化生活形态，在群众文化社会化日益彰显的今天，实现群众文化的组织管理，不仅需要与许多相关的政府部门、社会管理机构进行沟通、寻求支持，还要与企事业单位、农村和社区机构及各种社会群体建立联系、提供服务。特别是信息化社会的快速发展，人们的沟通交流方式发生了显著变化，如外语会话、网上交流、无纸化传输以及博客、微博等，都已经成为人们相互交流沟通的重要手段。作为一个合格的群众文化管理者，掌握新的交际交流方式已经成为组织才能的一个重要方面。

4.群众文化管理的调控职能

群众文化管理的调控职能是指协调和整合群众文化的各种关系，并对群众文化的运行过程进行控制。群众文化的调控包含协调和控制两种意义：协调是要正确处理群众文化的各种关系，使之和谐一致、配合得当；控制则是对群众文化运行过程进行检查和调整，防止和纠正偏离预定目标的情况。

协调群众文化的各种关系。群众文化管理的协调主要是管理系统的内部协调和整合，包括群众文化不同管理层级之间的垂直协调以及各种职能部门之间的平行协调，主要有群众文化机构之间的关系、人员之间的关系、工作或活动之间的关系等。协调的目的是为了使各种关系和谐一致，建立一种相互配合、密切协作的工作机制。群众文化管理系统与外部环境之间的关系也是需要调整的方面，群众文化需要与经济、政治、社会、科学以及风俗、道德、宗教等外部环境相适应。

控制群众文化的运行过程。群众文化管理除了需要调整好系统内部的各种关系以及外部环境，还需要对群众文化的内容与形式、数量与质量等运行过程中的主要衡量指标进行有效的控制，其目的主要在于不断校正群众文化的服务方向，保证人民群众能够享受到充足的、有质量的群众文化产品和服务。群众文化管理的控制手段多种多样，包括由国家文化主管部门发布规定、办法或标准进行规范，对违反规范要求的行为进行限制或执行罚则；也包括采用推广优秀典型的方式进行正面引导。

群众文化管理的决策、计划、组织和调控四项职能是一个有机的整体，构成了群众文化管理的动态过程。四项职能各自具有相对的独立性，又与其他职能相互联系、相互影响。在实际运行过程中，四项职能往往相互交织在一起，彼此交叉、互相包含，构成了一个复杂的管理体系。

**(二)群众文化管理的基本任务**

1.贯彻落实关于公共文化服务体系建设和群众文化管理的政策规定，把握群众文化的宗旨和方向，制订不同发展阶段的目标与重大决策，保障群众文化事业的繁荣与发展

随着社会的发展和进步，文化越来越成为一个国家综合国力的重要标志，文化建设也越来越成为中国特色社会主义建设的主要任务。群众文化的发展必须符合国家文化建设的总体要求，必须坚持社会主义先进文化的前进方向。在当今形势下，群众文化应以文化大发展、大繁荣为契机，按照构建公共文化服务体系的要求和群众文化管理的规范，坚持“为人民服务、为社会主义服务”的方向，确立并根据群众文化不同发展阶段的目标，不断推进群众文化事业的进步。此项任务强调了对群众文化方向的管理。

2.根据社会经济发展和人民群众需要，运用管理手段调整群众文化的总需求和总供给，满足人民群众的基本文化需求和保障人民群众的基本文化权益

按照公共文化服务体系建设的要求，群众文化需要充分体现公共文化服务的公益性、基本性、均等性、便利性，着力解决人民群众最关心、最直接、最现实的基本文化权益问题，并应不断满足人民群众多方面、多层次、多样化的精神文化需求。要完成这一任务，关键在于要不断加强群众文艺作品的创作，生产出更多更好的群众文化产品，同时能够充分运用群众文化的管理手段，更新群众文化的管理方式，有效地调整群众文化的总需求和总供给，以实现公共文化服

务的目标。此项任务强调了对群众文化目标的管理。

3.健全群众文化服务组织体制和运行机制。加强对群众文化机构的指导、监督,并从资金、设施、场地、机构、人员等方面,保障群众文化设施的正常运转和功能的充分发挥

维护群众文化的正常运转需要健全的组织体制和运行机制。作为国家公共文化事业的组成部分,群众文化的组织体制是由政府文化部门实施对群众文化事业的领导,行使对群众文化机构的指导和监督职责;群众文化的运行机制是由政府在资金、设施、场地、机构和人员等运营条件方面提供保障条件,由群众文化机构依照文化建设的法律法规和群众文化的自身规律自主运营,并充分发挥其自身功能。健全的组织体制和运行机制,是群众文化正常运行的基本保障。此项任务强调了对群众文化保障条件的管理。

4.发挥指导、监督和调节、控制作用,对全社会的群众文化服务进行科学的组织管理

群众文化要成为国家文化建设的有生力量,必须注重发挥自身功能,成为人民群众日常文化生活中不可或缺的重要载体。这种功能的发挥,需要将全社会的群众文化资源与群众的文化需求有机地结合,形成一个覆盖全社会的群众文化服务网络,并通过科学的组织管理,通过指导、监督和调节、控制作用的发挥,使群众文化资源得到合理的配置,使群众能够获得所需的、公平的、充足的群众文化的产品和服务。此项任务强调了对群众文化组织方式的管理。

5.调动群众文化队伍的积极性,提高群众文化队伍的素质和创造力,调动全社会和广大群众参与群众文化服务的积极性,发挥人在群众文化事业发展中的作用

群众文化功能的发挥有赖于建设一支覆盖面广、业务能力强、服务质量好的群众文化队伍,这是群众文化事业进步和发展的重要基础。群众文化队伍来自于两个方面:一支是专职从事群众文化工作的干部队伍,对这支队伍要加强引导,鼓励和调动他们从事群众文化工作的积极性和创造性,不断提高他们的基本素质和工作水平;另一支是全社会和广大群众为主体的群众文化队伍,对这支队伍要真心爱护、用心保护、积极支持,鼓励他们热心参与公益文化事业的热情,充分发挥他们在群众文化生活中的作用。此项任务强调了对群众文化队伍的管理。

6.不断完善群众文化有关政策法规和基本理论

群众文化事业的建设和发展也需要政策法规体系和群众文化理论的支撑,这是群众文化事业持续发展的根基。应当承认,群众文化在建章立制和理论研究方面虽然取得了许多成果,但总体上还是处在一个较低的水平。因此,要使群众文化得到长足的发展,需要不断完善群众文化的政策法规体系,也需要建立起群众文化的学科体系,这是群众文化管理的一项长期的任务。此项任务强调了对群众文化基础建设的管理。

## 三、群众文化组织与管理的方法

### (一)行政管理的方式

行政管理的方式是各级政府文化部门运用行政手段,对政府文化部门兴办的群众文化事业机构所实施的管理。行政管理的方式是一种全国群众文化系统广泛应用的管理方式。采用这一方式的基本原因是:作为国家机器的行政管理体系,决定了事业机构隶属于政府文化部门管辖;群众文化作为政府举办的公益性文化事业,需要由政府部门来承担管理职责;行政管理方式有助于政令上通下达,易于解决一些复杂的争议问题。群众文化的行政管理方式要求被管理者要服从管理,下级必须服从上级,因此具有权威性、强制性和约束性。行政管理方式的

弊端是易于出现“人治管理”“外行管理”以及“政事不分”“管办不分”的问题，在一定程度上会影响群众文化管理的质量和效果。

根据《关于分类推进事业单位改革的指导意见》的精神，群众文化行政管理的方式需要进行改革。主要内容包括：实行政事分开，行政主管部门对群众文化事业单位主要强化政策法规、行业规划、标准规范和监督指导等管理职责，减少对事业单位的微观管理和直接管理；进一步落实群众文化事业单位法人自主权；对公益服务为主的群众文化事业单位，要逐步取消行政级别。

### （二）业务管理的方式

业务管理的方式是各级政府文化部门以及上一级群众文化事业机构，按照群众文化的特点和规律，通过业务指导、业务辅导、专业培训、工作考核和举办汇演、比赛活动等形式，从业务上对所辖或下级群众文化事业机构实施的管理。

业务管理的方式也是群众文化事业机构普遍采用的一种管理方式。群众文化事业机构属于以公益文化服务为主的业务型指导单位，其本身并不具有行政管理的职能。群众文化系统内上级事业机构与下级事业机构是业务指导关系，即上级群众文化事业机构对下级群众文化机构实施的管理是业务管理，而非行政管理。业务管理方式的优势在于：符合群众文化的活动规律，易于让被管理机构所接受；与群众文化的服务职能密切相关，便于在发挥职能的同时渗入管理；靠业务的实力和水平说话，有助于业务上的双向交流。

### （三）市场管理的方式

市场管理的方式是各级政府文化部门引进竞争机制，采取项目推介、项目招标、政府采购、委托管理等方式，运用经济手段，采取合同方式，对提供群众文化服务的单位实施的管理。

市场管理的方式也是政府引进市场竞争机制对群众文化服务供给单位实施的一种新的管理方式。长期以来，群众文化服务大多是由政府文化部门和群众文化事业单位以公益性供给的形式独家提供，公共文化服务的社会化改变了这一现状，使许多按照市场化方式运作的文化单位也有机会参与到群众文化服务中来。对于政府以项目推介、项目招标、政府采购、委托管理等市场方式引入的群众文化服务单位，应纳入到群众文化组织与管理的范围，但应当区别于行政管理、业务管理等方式。市场管理的方式在一定程度上打破了政府文化部门和群众文化事业单位对群众文化供给的独家垄断，有助于群众文化事业的繁荣和人民群众多样化文化需求的满足。

### （四）政策法规管理的方式

政策法规管理的方式是政府通过颁布政策、法规、规章等文化法律规范，为调整群众文化服务管理部门、群众文化服务单位、群众文化群体和群众文化服务对象之间的关系而依法进行的管理。

政策规范管理的方式也是群众文化管理的方式之一。采取颁布政策、法规、规章等文化规范的形式进行管理，体现了依法管理的原则，有利于发挥政策法规的规定性、约束性效力，有助于推进群众文化服务整体水平的提高。

### （五）自治管理的方式

自治管理是指由居委会或村委会等自治组织，对所在社区、村的群众文化服务机构和群众文化组织所实施的管理;也指群众业余文艺团队所实行的由群众自我进行的管理。

基层群众自治组织是国家民主政治制度的重要内容,赋予了基层群众自我教育、自我管理、自我服务的权利。这种权利不仅包括政治权利、管理权利,也包括文化权利。在社区、村的群众文化服务机构和群众文化组织,应当由所在地的居委会或村委会实行自主管理,即由群众自行决定自己的文化生活事项。由群众自行成立的群众业余文艺团队也应由群众进行自我管理。群众文化部门应当对基层的群众文化组织和群众业余文艺团队给予人、财、物方面的支持、帮助和业务上的指导、辅导。

**(六)精神管理的方式**

精神管理的方式是指通过思想政治工作以及表彰、命名、冠名等精神鼓励的方式实施管理,借以调动群众文化队伍和社会人士的积极性,如“群星奖”“群众文化之星”“中国民间艺术之乡”的命名、表彰。精神管理的方式对群众文化管理具有积极的影响,有助于提高群众文化管理的质量。

## 第二节　群众文化管理体制

### 一、群众文化管理体制的模式和创新

**(一)群众文化管理体制建设的总体要求**

*1.建立以政府为主导、以公益性群众文化事业单位为骨干、全社会积极参与的群众文化管理体制*

以政府为主导就是要发挥政府在群众文化服务中的主导作用,由政府承担设施、管理、政策、经费等方面的保障责任。以公益性群众文化事业单位为骨干就是要发挥群众文化事业单位在公共文化服务方面的主力军作用。鼓励全社会积极参与,就是要发挥社会力量参与公共文化事业建设的积极性。通过政府、群众文化事业单位和全社会的共同努力,构建覆盖全社会的、良性运转的群众文化管理体制。

*2.建立党委领导、政府管理、行业自律、群众文化事业单位依法运营的群众文化管理体制*

建立群众文化管理体制包括四个方面的内容:一是实行党委领导。强调整个群众文化事业要贯彻执行党的方针政策,服从党的领导;群众文化事业单位要严格执行《中国共产党章程》的规定,发挥党的基层组织的政治核心作用(一般由政府管辖的群众文化事业单位均实行行政首长负责制)。二是政府管理。群众文化事业属于政府文化建设的范畴,由政府文化部门承担对群众文化行业的管理职责。三是行业自律。群众文化行业实行自我约束机制,自我约束体现在严格遵守国家有关法律、法规和政策上,也体现在遵守群众文化行业制定的各种行为规范和准则上。四是群众文化事业单位依法运营。群众文化事业单位作为独立法人单位要落实法人自主权,按照群众文化的政策法规和行业规范实施管理推进工作。

**(二)群众文化事业单位层级设置和管理体制**

新中国成立以来,政府管辖的群众文化事业机构的层级设置和管理体制,一直沿用了按纵向行政序列,逐级设立群众艺术馆、文化馆和文化站的做法。即地(市)级以上各级设立群众艺

术馆，县一级设立文化馆，乡镇、街道一级设立文化站。各级群众文化事业机构由同级政府负责管理，上一级群众文化事业机构对下一级群众文化事业机构实行业务指导。

根据现有的群众文化管理制度和全国群众文化事业机构管理体系的整体情况，群众文化事业单位的层级设置和管理体制应符合四项要求：

——县和县以上政府，一级政府设置一个文化馆，并由该级政府实施管理。

——乡镇"街道"设置和管理综合文化站。

——各级文化馆（站）独立开展群众文化工作，对主管部门负责。

——上一级文化馆指导下一级文化馆（站）的业务工作。

群众文化事业管理所采用的这种管理体制既有它的优点，也有着明显的弊端。其优点：一是经过几十年来的构建和发展，群众文化的六级层级网络体系已经形成，并在群众文化服务中发挥着重要作用；二是各级政府的群众文化管理责任相对明确，与各级群众文化机构的隶属关系比较清晰；三是建立了群众文化事业机构体系的内部指导机制，上一级群众文化事业机构的指导责任比较明确。其弊端则在于：一是群众文化事业机构按照行政级别设置而不是按照服务对象的需求设置，而辖区人口数量和地域面积存在的差距，使群众文化资源不能按照需求进行合理配置，导致普遍均等的公共文化服务权益无法得到保障；二是辖区的隶属关系隔断了群众文化组织体系的内部联系，使各自的群众文化资源不能充分地发挥效益，在一定程度上造成了资源的闲置和浪费；三是由于群众文化事业机构的层级关系和地域壁垒，形成了群众文化事业机构的分级管理模式和各自为战的局面，使群众文化服务难以形成合力。因此，在公共文化服务的大背景下，群众文化现有的管理制度和管理体系，在一定程度上制约了群众文化事业的发展活力。

### （三）群众文化管理体制的创新

群众文化管理体制的创新是群众文化事业发展的客观需要，是实现"普遍均等"的公共文化服务的重要保障。群众文化管理体制创新的重点：一是调整群众文化资源的布局，逐步实现按照服务人口数量来配置群众文化服务资源的数量和规模；二是理顺关系，即做到群众文化管理部门、服务部门与社会文化服务单位各尽职守，形成合力；三是改善管理，即探索群众文化服务与管理的新的模式与方法，提高群众文化的服务能力和效率。随着公共文化服务体系建设的不断推进，对创新群众文化管理体制出现了许多新的认识、探索和尝试。

1.按照服务人口数量配置群众文化服务机构

在公共文化服务体系建设的背景下，以服务人口为标准配置基本文化资源已经得到广泛认同。2010 年由住房和城乡建设部、国家发展和改革委员会批准发布的《文化馆建设标准》打破了完全按照行政层级建设文化馆的惯例，明确提出以服务人口数量作为文化馆建设面积规模控制的基本依据，即根据其服务人口（相应服务范围内的常住人口）数量确定文化馆的建筑面积。按照这一标准，原有"一级政府设置一个文化馆"的局面将会逐渐改变。在现有文化馆设置中，一个行政区域拥有 2 个或 2 个以上文化馆的情况已经不是个例。例如上海市 17 个区（县）共拥有文化馆 28 个，其中徐汇区有 4 个、普陀区有 5 个，全市平均一个区（县）拥有文化馆1.65个。

2.实现文化馆的联合服务与资源共享

在实现文化馆联合服务和资源共享方面出现了一些创新服务形式的尝试。具体做法：

文化馆联合服务。文化馆联合服务是由2个或2个以上的文化馆将各自的群众文化资源进行整合,共同为群众提供服务的一种具有创新意义的群众文化服务模式。采用联合服务方式可以调动各自文化馆的不同优势,增强馆与馆之间的交流与交往,也有助于文化馆的资源整合和资源共享。此外,文化馆与不同系统群众文化事业机构的联合服务和资源共享也是拓展群众文化服务的有效方式,如文化馆与工人文化宫、青少年宫、妇女活动中心、老年活动中心等机构的联合服务,也是具有创新意义的群众文化服务模式。

总分馆管理体制。“总分馆制”率先出现在公共图书馆系统,并显示出在管理以及信息资源共享、服务共享、设施共享等多方面的优势。在区(县)文化馆和乡镇、街道文化站实行总分馆的管理体制,是群众文化管理体制的一种创新模式。这种模式的优势在于进一步扩展了文化馆的服务空间,有效地调动和盘活了文化馆的群众文化资源,使区域的设施、设备、艺术、人才等各种资源都得到了充分的利用。

## 二、各级政府群众文化管理职责的划分

### (一)县级政府是基层群众文化的管理主体和实施主体

在我国,县级政府是中央政府、省级政府、地市级政府与乡镇政府、行政村联系的中间环节,是整个国民经济和社会发展的基础行政区域。县级政府在我国行政体系中具有十分重要的地位,是国家法律、法规和政策的重要执行者。从群众文化工作的角度说,县级政府居于基层群众文化服务管理主体和实施主体的地位,许多群众文化服务的政策实施和落实都需要县级政府的努力才能实现。县级群众文化服务网络是国家群众文化服务网络的最基本的单元,县级政府的工作影响着构建群众文化服务网络的进程,很大程度上决定着群众文化服务的质量。县级政府的主要职责是:发挥政府对群众文化的管理职能,以乡镇(街道)为依托、以村(社区)为重点、以城乡人民群众为服务对象,建成符合当地实际、比较完整、覆盖城乡、可持续发展的辖区群众文化服务网络;发挥政府对群众文化的保障功能,抓好群众文化的政策规范、设施建设、宏观管理、经费保障等问题;落实政府对群众文化的监管责任,对群众文化工作进行考评、考核和奖惩。

### (二)地市级政府是群众文化的统筹管理主体和建设主体

地市级政府在我国行政体系中有着特殊的作用。以往地区级政府(称为公署)大多作为省级政府的派出机构,承担着对县级政权的行政监督责任。随着城市化进程的加快和“地区改市”的施行,地区级政府演变为“地市级政府”,使其具备了较强的统筹和协调能力。地市级政府的群众文化管理职责,主要从统筹和协调的职能延伸而来,是群众文化的统筹管理主体和建设主体,承担着群众文化服务的统筹管理和协调职能。地市级政府的主要职责是:统筹城乡的文化发展,保持城乡群众文化服务水平的总体协调;统筹群众文化服务网络的全局发展,着力解决群众文化基础建设的薄弱环节;为区域内农村基层群众文化服务给予有力的支持。

### (三)群众文化宏观管理主体和决策主体

1.国务院是群众文化宏观管理主体和战略决策主体

我国的最高权力机关是全国人民代表大会,国务院是最高国家权力机关的执行机关,也是最高政府机关。国务院根据国家宪法的规定,负有制定行政法规、编制和执行国民经济和社会发展计划、领导和管理文化工作等职责。从群众文化管理的角度说,国务院是群众文化宏观管

理的主体和战略决策主体。文化部作为国务院的组成部门，依据国务院的决策承担宏观管理的相关事务。

国务院对群众文化的管理职能主要体现为：确定群众文化发展战略和核心价值理念，提出群众文化的宗旨、原则、目标；制定全国群众文化事业的发展规划；制定全国性的群众文化服务政策、法规、标准；确定群众文化建设的重点项目并给予财力支持；维护文化安全等。

2.省级政府是群众文化宏观管理主体和执行决策主体

省（自治区、直辖市）级政府是地方最高行政机关，在和国家宪法、法律不相抵触的前提下，可以自行制定和颁布地方性法规并负责根据法律和国务院的法规落实行政措施，制定行政规章，同时承担执行国家决策和管理地方行政事务的职能。从群众文化管理的角度说，省级政府承担着地方群众文化管理和执行落实国家群众文化政策法规的职能，是群众文化宏观管理的主体和执行决策主体。

省级政府群众文化管理的主要职责体现为：制定本地区群众文化服务政策法规和相关实施标准；制定本省群众文化发展规划，促进本地区群众文化事业发展；搭建群众文化服务的制度平台；对欠发达地区群众文化事业给予财力支持；实施群众文化服务绩效的检测评价、监管考核等。

## 三、群众文化服务网络建设

### （一）群众文化服务网络建设的基本要求

群众文化服务网络建设的基本要求是从现阶段经济社会发展水平出发，以实现和保障公民基本文化权益、满足广大人民群众基本文化需求为目标，坚持公共文化服务普遍均等的原则，兼顾城乡之间、地区之间的协调发展，统筹规划，合理安排，形成实践、便捷、高效的群众文化服务网络。

### （二）建立、健全群众文化设施网络

群众文化设施网络建设是群众文化服务网络建设的基础。实施群众文化服务网络建设的目标，首先要构建起群众文化的设施联络。建立、健全群众文化设施网络需要从三个方面付诸实施：一是抓布局。即以大、中城市文化馆为骨干，以县、乡（镇）和社区基层群众文化设施为基础，进行统筹规划，使设施布局趋于合理。不仅要加强各级各类文化馆（站）的建设，更要重视社区（村）文化室等基础文化设施的建设。二是抓配置。即新建和改造群众文化设施，都应与各种群众文化资源的配置和提升同步考虑，尤其要注意优化社区和乡村群众文化设施的资源配置，使群众文化设施建得好、用得上。三是抓功效。即建立完善群众文化设施网络应当符合覆盖城乡、结构合理、功能健全、实用高效的要求。

### （三）群众文化服务网络的全覆盖

形成全覆盖的群众文化服务网络，在于将群众文化设施定点服务（也称阵地服务）、群众文化流动服务和群众文化的数字网络化服务有机结合。群众文化设施定点服务即利用群众文化的建筑设施为群众提供文艺、展览、讲座等群众文化服务；群众文化流动服务即延伸群众文化的服务半径，利用群众文化的资源和设备，到社区、农村、企业、校园等基层单位进行的群众文化服务；群众文化数字网络化服务即利用网络技术和群众文化数字信息资源，拓展群众文化服务的立体空间，为群众提供文化信息传输、存储和供给等远程服务。将定点服务、流动服务和

数字网络化服务三者的特定功能有机地结合起来，可以使群众文化的服务范围构成一个宽阔的立体空间，从而实现真正意义上的群众文化服务全覆盖。

## 第三节 群众文化的协调机制和群众文化服务机构的管理

### 一、群众文化协调机制

#### （一）群众文化协调机制的内涵

群众文化协调机制是由各级党委和政府统一领导，发展与改革、财政、文化、公安、交通等部门分工负责，工会、共青团、妇联、文联等人民团体积极参与，采用协调配合、共同议事、共同管理、参与决策的方式，专门协调群众文化相关事务的一种管理机制。其中以政府各部门组成的协调组织机构和某个区域内各相关社会单位组成的协调组织机构最为常见。

群众文化协调机构具有合作性、协商性、功用性等特点。合作性体现在该协调机构往往属于非行政机构，参与各方都是因所在部门所承担的公共责任而需要参加合作；协商性体现在协调机构虽由党委、政府牵头，但议事和决定事项多是以协商为主；功用性体现在协调机构可以有效地调动参与各方的力量，在提供群众文化服务方面形成合力。

群众文化协调机构一般专为推动群众文化某些专题项目建设或促进某区域内的综合性群众文化项目建设而成立。一般采用成立常设或非常设的群众文化协调机构的方式来实现，主要通过协调机构来研究落实群众文化工作、群众文化活动的组织保障、资源整合、资金统筹、责任分配等相关事务。例如非物质文化遗产保护工作联席会议、群众文化工作联席会议等。有的地方设立的群众文化工作委员会或社会文化工作委员会，大多属于非常设的群众文化协调机构。

还有专为某项大型群众文化活动而建立的临时协调机构，如××活动的组织委员会。其协调的事项多为一次性的，协调范围主要包括该项活动的组织机构、人员分工、方案落实、安全保卫、考评奖惩、监督检查等内容。

#### （二）建立群众文化协调机制的作用

群众文化协调机制的作用主要体现在群众文化工作和群众文化活动两个方面：

*1.群众文化工作协调机制的作用*

群众文化工作涉及各个方面，也涉及政府工作的各个部门，需要协调各部门的工作，以形成推动群众文化服务的合力。群众文化工作是一项常规性工作，完成一项群众文化工作，不仅需要赢得党委、政府的支持，需要争取财政、公安、宣传等部门的帮助，也需要调动和吸引各种文化资源。群众文化协调机制有助于促进合作、整合资源、形成合力，提高群众文化服务的质量。因此，做好群众文化工作需要建立一种长效稳定的协调机制，来保证有关各方各司其职、通力协作。

*2.群众文化活动协调机制的作用*

群众文化活动是群众文化工作的重心。特别是系列的、大型的群众文化活动，涉及地区广、时间长、参加人数多，更需要各部门的协调，以保障活动的安全、顺利进行。举办系列、大型的群众文化活动，往往不是仅凭某一部门某一单位独立完成的，必须依靠多个部门的通力合作才能完成。要发挥多个部门的联合力量，就需要建立一个协调机构进行组织落实，形成统一指挥。如果没有活动之前的协调工作，就很难保证活动的顺利进行，这说明建立群众文化协调机制的必要性。

### (三)群众文化协调机制的职能

1.统一规划、合理布局、整体协调群众文化事业的发展

群众文化协调机制首先应在本地区群众文化事业发展的规划、布局方面发挥协调作用，即从整体上把握群众文化的发展方向、发展目标和发展战略，促进群众文化事业的良性发展。所建立的群众文化协调机构应协调的内容包括：审议修订群众文化事业的发展规划和整体布局；审议群众文化事业的年度计划和报告；参与制定群众文化的有关政策规范；研究制定群众文化协调机构的责任分工制度、信息互通制度、监督检查制度等。

2.协调本地区重大的群众文化活动

重大群众文化活动是一个地区群众文化工作的重点，是在社会上能够产生重大影响的项目，也因此会受到领导的重视和百姓的关注。重大群众文化活动往往时间周期长、牵扯范围广、工作推度大，需要多个部门的参与配合才能完成，因此需要群众文化协调机构来协调解决相关问题。重大群众文化活动一般需要协调的主要内容：指挥系统各岗位人员的职责落实，各活动参与单位的资源供给，各类活动经费的调配和落实，参加活动观众的组织，各有关部门承担的安全、医疗以及突发情况的应急处理责任等。

3.协调解决群众文化工作中的重大问题

协调解决群众文化工作中的重大问题，也是群众文化协调机构的职能之一。在构建公共文化服务体系的背景下，应把群众文化活动场所的免费开放、以政府采购等方式向群众提供公共文化产品、鼓励社会力量参与群众文化服务、推进公共文化服务体系规范区建设、提高群众文化队伍的服务能力和服务水平、完善群众文化服务指标体系等涉及人民群众基本文化权益的问题纳入到群众文化协调机构的职责范围。

## 二、政府办群众文化事业机构的管理

对政府办群众文化事业机构的管理包括政府的宏观管理和群众文化事业机构的自我管理，目的是保障群众文化事业机构的规范有序运行。政府办群众文化事业机构管理的主要内容包括以下方面。

### (一)加强对群众文化事业机构的指导、监督，根据文化馆、综合文化站的特点，制定建设标准和服务标准，加强绩效评估

政府对所属群众文化事业机构的管理行使指导、监督的责任。这种指导、监督责任主要体现在政策、法规、制度、规范的制定、实施和检查落实等方面，即通过建立和完善各项管理制度，在群众文化事业机构建立起优化结构、动态调整的监督管理机制，包括单位设置、人员构成等方面的优化，管理方式、用人机制、收入分配等方面的动态调整。

### (二)从资金、设施、场地、机构、人员等方面，保障公共文化事业的正常运转和功能的充分发挥

政府对所属群众文化事业机构的管理需要发挥保障作用。即政府应当为群众文化事业机

构维护正常运转和发挥功能提供所需要的资金、设施、场地、机构、人员等保障条件，并通过建立群众文化投入的长效机制，不断提高和改善群众文化事业机构的投入标准和水平。同时应对各项保障条件等利用情况实施监督和检查，防止出现挪用、浪费和违规使用群众文化资金，挪用、挤占或变卖群众文化设施和场地以及各种不能正常履行群众文化事业机构职能的情况发生，并通过检查、考评、奖惩等手段推进群众文化事业机构效益水平的提高。

**(三)群众文化事业机构要完善功能定位，明确服务目标、任务和责任，建立考核、激励和约束机制，提高资源的使用效益**

群众文化事业机构自我管理是群众文化事业机构管理的内在动力和实现方式。政府办群众文化事业机构的自我管理应建立单位内部的考核、激励和约束制度，进一步调动工作人员的积极性和创造性，确保群众文化资源得到有效利用。

**(四)按照增加投入、转换机制、增强活力、改善服务的要求，深化群众文化事业单位的改革，努力提高群众文化服务的能力和水平**

以国家有关公益性事业单位改革的方针政策为指导，从群众文化事业单位的公益性性质和构建公共文化服务体系的基本职能出发，以完善机制、健全制度为目标，进一步转换用人机制和搞活用人制度，健全人员聘用制和岗位责任制。

## 三、社会办群众文化服务机构的管理

社会办群众文化服务机构指社会机构兴办的各种业余文化文艺社团、民办群众文化机构和组织，以及承担群众文化服务任务的文化企业等。社会办群众文化服务机构是群众文化服务力量的重要补充，对活跃群众业余文化生活、团结群众业余文艺骨干发挥着不可忽视的作用。对社会办群众文化服务机构的管理是群众文化管理的重要组成部分，有利于构建完善的群众文化服务网络。社会办群众文化服务机构管理的主要内容包括以下方面。

**(一)制定有关政策和法规，鼓励和引导社会资金兴办文化馆等群众文化设施，在用地、税收等方面给予政策优惠，通过民办公助等形式鼓励农民自办文化、支持农民群众自办业余剧团，支持进城务工人员自办艺术团体**

社会力量兴办群众文化事业体现了社会单位和个人积极参与公共文化建设的社会责任感，对实现公共文化服务的公益性、基本性、均等性、便利性有着十分重要的作用。应当鼓励和引导社会资金采用多种方式进行兴办群众文化事业的尝试，允许社会资金以独资、合资、参股、个体等形式投资兴建文化馆、文化站、文化室等各类群众文化设施；允许个人或多人联合成立群众文化机构或组织；允许社会资金以合资、合作等形式参与群众文化事业机构的运营。同时也应允许个人成立具有经营性质的群众文化艺术团体办理营业执照；对符合条件的民营群众文艺团体，应按规定发放营业性演出许可证。《国家“十二五”时期文化改革发展规划纲要》明确提出，要“进一步落实鼓励社会组织、机构和个人捐赠以及兴办公益性文化事业的税收优惠政策”，体现了国家对社会力量兴办群众文化事业的热情支持。

群众自办文化也是社会力量兴办群众文化事业的一种有效形式。应鼓励和支持农民自办文化、农民自办业余剧团、群众自办文艺团体的各种尝试，精心培育这些植根群众、服务群众的文化载体和文化样式。支持方式可采用自办公助、项目补贴、以奖代补等。对于个人自办的经营性的民营群众文化团体，也可通过政府购买群众文化服务的方式给予一定的支持，发挥他们在活跃群众文化生活方面的积极作用，以实现互利共赢。

**（二）鼓励机关、企业、学校的群众文化设施尽可能向社会开放，积极开展群众文化服务**

机关、企业、学校的群众文化设施是群众文化服务的重要资源，发挥这些内部设施的作用有利于社会文化资源的整合，有效地解决群众文化活动场地不足的问题。因此可以各种互助互惠的合作方式，积极促成这些设施面向社会开放，为群众参加文化活动争取所需的场地。可以采取的合作方式包括：建立群众文化艺术资源双向或多向的共享机制；提供或资助公益演出设备；扶植和辅导群众文艺团队；协助共建机关、企业、校园群众文化等。

**（三）依法管理民办群众文化机构和组织，依法管理民办群众文化机构的从业人员**

民办群众文化机构和组织是繁荣和活跃群众文化活动的一支重要力量。对民办群众文化机构和组织在积极支持的同时，还要依法进行管理。一是将民营群众文化机构和组织纳入到群众文化管理的责任范围，充分了解和掌握地域内民办机构和组织的基本状况，制定和完善各项管理规范；二是建立对民办群众文化机构和组织的约束机制，组织必要的法规培训和职业道德教育，避免低俗的和违反社会公德的作品流入社会；三是建立民办群众文化机构和组织的奖惩制度，给予必要的奖励或惩处，对于严重违纪的要予以停办整顿或取缔。

同时，也要依法加强对民办群众文化机构和组织的从业人员的管理。民办群众文化机构和组织的从业人员特别是其中的组织者，往往都是群众文艺的骨干和积极分子，对于这些人员应以引导和鼓励为主，可以通过选派、推荐、介绍等方式，组织从业人员进入有关艺术院校、高层次专家授课的培训班学习或听课，还可组织专业院团对从业人员进行一对一指导，提高他们的艺术素养、水平以及社会责任感。对于违反相关规定的行为，要进行劝导、批评和必要的处理。

**（四）建立民办群众文化机构和内部设施对社会开放，形成群众文化服务的援助机制，通过税费优惠、政府资助、表彰、奖励等进行扶持和鼓励**

群众文化服务的援助机制是要通过调动各种社会力量群策群力地支持群众文化服务，以形成对群众文化工作立体的、全方位的援助体系。这种援助机制，主要通过社会力量兴办群众文化设施、建立民办群众文化机构、鼓励内部设施向社会开放等方式来实现。例如《国家"十一五"时期文化发展规划纲要》提出的援助计划，就是通过东部地区对西部地区、城市对农村开展的援赠设备器材和文化产品、共享文化资源、业务合作、人员培训、工作指导等为内容的"一帮一"对口支援活动，帮助农村和西部地区解决文化产品和服务相对缺乏的问题；通过共青团、妇联、文联、作协等人民团体实施的"大学生志愿服务西部计划""高校毕业生到农村服务计划"等，动员离退休文艺工作者、艺术院校学生和其他热心公益事业的各界人士为社区提供志愿文化服务，支持西部地区和农村的文化建设。

政府的支持是形成群众文化服务援助机制的重要保障。这种支持主要表现在政府对社会力量参与群众文化服务所持有的支持与肯定的态度。具体说来，就是对各类参与群众文化建设和群众文化服务的文化企业和经营单位应给予一定程度的税费优惠；对各种民办的群众文化机构和组织应给予一定的资金扶持；对各种参与群众文化服务的单位和个人应给予必要的表彰和奖励。

# 第四节 群众文化需求与供给的管理

## 一、群众文化的需求与供给

### (一)群众文化需求与供给的基本概念

人们的群众文化需求是指人们对群众文化的欲望,并由这种欲望产生出的要求。在现阶段,人们的群众文化需求主要表现在艺术欣赏(如观看文艺演出等)、文化娱乐(如参加文娱活动、文艺竞赛等)、艺术培训(如音乐、舞蹈培训等)、网络数字服务(如上网、数字资源使用、远程艺术服务)等方面。

群众文化供给是需求者自身和社会旨在满足群众文化需求所进行的群众文化产品和服务的提供。群众文化供给包括群众文化产品与群众文化服务两部分内容:群众文化产品主要指政府以购买、补贴等出资方式,由群众文化事业机构或其他社会文化机构生产并免费提供给群众的文化艺术作品;群众文化服务主要是指由群众文化事业单位所提供的免费的非实物形式的文化艺术服务。群众文化供给的主体是各级政府和群众文化事业机构,社会文化机构、文化企业以及文化志愿机构也可参与群众文化供给。

群众文化需求包括基本文化需求和特殊文化需求两部分内容:基本文化需求主要由政府和群众文化事业机构以及各类社会机构以免费方式无偿提供;特殊文化需求则需要由群众文化事业机构以抵偿方式提供,或从市场供给中有偿获得。群众文化的任务就是满足广大人民群众的基本文化需求。因此,群众文化事业机构应当把满足群众基本文化需求作为群众文化供给的主要任务。

以下为北京市实施农村文艺"星火工程"演出的案例:

自 2006 年起,北京市文化局在全市农村地区开展"文艺演出星火工程"活动。此项工程旨在通过吸引、鼓励专业艺术院团以及民营职业艺术团体和农村文艺演出团队进村演出,以文化文艺的形式丰富农村文化生活,最终完成每个行政村每月能观看 1 场专业文艺演出、2 场业余文艺演出的目标。政府对参加演出的文艺团体给予一定标准的补贴。其中北京市属文艺表演团体,北京市属转企改制文艺表演团体,驻京中央、部队所属文艺表演团体等一类团体每场演出补贴人民币 6 000 元(在市政府确定的"边、少"地区及生态涵养区演出)或 5 500 元(在其他地区演出);二类团体在本区(县)演出每场补贴 2 500 元。此项补贴计划纳入北京市财政经费预算管理范围。

### (二)群众文化需求与供给的矛盾

随着社会的进步和生活方式的改变,群众的基本文化需求不断发展,并呈现多样化趋势。从公共文化服务的要求和群众文化工作的实际现状分析,群众文化需求的提高与群众文化供给的不足成为当前的主要矛盾。

这些矛盾主要表现在群众文化产品的新形式、新内容不多,服务设施、服务方式和服务手段陈旧单一,政府部门主观倾向严重,群众文化的产品供给脱离群众文化需求。产生这些问题的主要原因:一是受计划经济体制的影响,群众文化产品长期处于需求与供给脱节的状态,使得许多群众文化产品非群众所需；二是因群众文化机制的限制与传统方式的束缚，无法形成社会力量共同兴办群众文化的格局；三是因公共文化服务意识的缺失，使群众文化服务机构未能发挥服务主体的作用。

**（三）建立以群众文化需求为导向的群众文化服务供给模式**

群众文化供给的目标是以群众文化需求为导向，建立能够满足群众文化需求的群众文化服务信息平台和供给模式，实现供给项目多样化、供给对象普遍化、供给模式优质化。

群众文化信息平台是通过网络沟通交流信息的一种载体，它以在网站上发布、交流信息的方式使供需双方各自获取所需要的群众文化信息。建立群众文化服务信息平台是实现群众文化供给目标的基础。通过群众文化服务信息平台可以动态地了解和掌握群众的文化需求信息，更好地为群众提供与需求相符的群众文化产品和服务。

供给项目多样化是对群众文化供给内容丰富性的要求。由于人们的群众文化需求是多样的，因此群众文化的供给内容也应当是多样的。各种品种、样式的群众文化产品以及便捷、周到的群众文化服务，都是群众文化的供给内容。

供给对象普遍化是对群众文化供给范围覆盖面的要求。由于群众文化属于基本性、普惠性、均等性的文化服务，因此它的供给范围应当是全体人民。无论人的年龄、职业、身份、社会地位差异多大，都是群众文化的供给对象。

供给模式优质化是对群众文化供给方式质量性的要求。即要求群众文化产品和服务的供给方式要符合一定的质量标准，易于被百姓认可和接纳，面对不同的供给对象应采用不同的供给模式，从而真正保证群众文化供给的质量和效果。

有些地方进行的群众文化产品“超市式”和“菜单式”供给等模式的探索，由群众按照需求进行选择，是群众文化供给的创新模式。“超市式”供给模式是模拟“超市”销售的原理，利用网络信息平台，将拟提供的群众文化产品进行公示并收集反馈意见，取群众需求意见集中的内容作为供给项目。“菜单式”供给模式则是将拟提供的群众文化产品制成清单在网络等媒介上进行公示，由群众根据需求进行选择，取群众需求意见集中的项目作为供给项目。

以下为杭州市下城区推出“文化超市”式公共文化服务模式的案例：

为了让老百姓能像逛超市一样享受公共文化服务，杭州市下城区推出了“文化超市”式公共文化服务模式。“文化超市”以“五个一”载体为依托，即制作一份菜单（一份表）、成立区级群众文化人才和节目库（一个库）、提供文化服务地图（一张图）、设计文化超市工程网（一个网）、设立一套文化超市统一服务电话系统（一个号），把超市所具备的开架货品陈列、团购、配送等功能移植到公共文化服务体系中，整合辖区内的文化阵地、文化活动；文化队伍等文化资源，为群众提供最广泛、最便利、最贴心的服务。

管理方式为：菜单式管理——将辖区内的省、市、区、街道、社区五级公共文化服务机构根据自身职能和条件所安排的文化服务项目，以菜单的方式有计划、有步骤地进行整合管理。每年推出“1＋8”文化菜单，“1”指一份区域的文化服务总菜单，涵盖区级各类文化活动；“8”指区属八个街道和所属社区所有的文化服务项目，全区形成 8 个子菜单，打包整合后送到居民手中。

交互型操作——以街道为单位，整合街道、辖区和社区文化服务资源，抽选精品文化节目和项目，成立街道精品文化服务队，进行交互轮换服务，使每个街道的居民群众既可以享受本街道的文化服务，又可以享受到其他街道的精品文化服务。

个性化配送——根据辖区单位或街道、社区等单位的特别需求，通过文化超市的服务通道向区文化超市工程领导小组提出申请，根据需要安排专项文化服务送到单位和社区。

分店式运营——通过一个总店下设多个分店的模式，在区总店的统筹下，以街道分店为基础，做好文化资源的整合、配送和互动工作，各个社区再设立文化超市配送点，区级文化行政职能部门及文化超市领导小组是"总店"的管理营运者，"总店"对各"分店"具有协调的职能，"分店"也可根据需要向"总店"申请资源的调配。

## 二、群众文化需求研究

### (一)群众文化需求是群众文化工作的导向

了解和掌握群众文化需求是群众文化工作的出发点，按照群众文化需求来安排部署是群众文化工作应当坚持的一项基本原则。因此，在编制群众文化发展规划、制定群众文化服务机构工作计划、确定群众文化活动项目之前，都应对群众文化需求进行调查分析，并以此作为编制规划、计划，确定项目的基础。进行群众文化需求的调查分析，应当注重质量和效果，不应满足于泛泛地走过场式的了解，而应当深入到群众当中，采用多种多样的手段，力求掌握第一手调查成果，并在此基础上进行细致的、有针对性的分析。群众文化需求调查的内容应当包括被调查者的基本情况，群众文化场地、设施、活动、服务等相关情况的现状，对群众文化活动内容、形式、条件的期望和要求，参加群众文化活动的样式、品种、时段的选择等。调查形式可采用问卷式、座谈式、走访式、项目遴选式、网络交流式等多种方式，调查方法力求动态化、互动化和数据化，并应及时获得反馈信息。

对调查的情况和所形成的各项数据，不应只是简单地拿来作为安排部署群众文化活动的依据，而应当组织专门力量开展对群众文化需求调查结果的分析和研究。通过对群众文化需求过去和现在实际情况的分析，从中找出群众文化需求变化的规律，对群众文化需求的未来发展趋势进行预测。

### (二)建立群众文化需求信息反馈机制

在群众文化管理中要重视和利用需求信息反馈的手段。只有掌握和运用有效的信息反馈手段，才能获得真实、准确的群众文化需求信息。

1.建立群众文化需求信息管理的制度

群众文化需求信息的获取和管理应当作为群众文化服务机构的一项日常工作，并使之常规化、制度化和规范化。通过健全群众文化需求信息的获取渠道，逐步建立起常态的、实用的、快捷的群众文化需求信息的反馈网络，使群众的各种文化需求信息能及时、迅速地反馈上来。群众文化事业机构应配备一定的人员进行收集、整理、汇总和管理的工作，并建立起完善的群众文化需求信息管理制度。

2.重视需求信息的收集工作

重视需求信息的收集，关键在于要把及时掌握群众文化需求信息作为日常群众文化工作的重要环节。收集群众文化需求信息可以采用专项调查研究、统计报表分析等方式进行。专项调查研究是专门针对群众文化需求内容所进行的系统、全面、完整的调查和研究；统计报表分析是按照统一的表格形式和规定时间，报送群众文化需求状况并进行数据分析。除专项调查研究、统计报表分析外，在各项活动的进行过程中也应做好需求信息的收集工作（如群众意见反馈表）。即在所组织的每项群众文化活动中，都把需求信息的收集作为必不可少的程序性工作，通过随机收集群众的意见反馈，掌握群众新的需求点，并以此为依据对下一次活动进行调整和改进。

3.做好需求信息的加工处理和分析

对于收集的各类群众文化需求信息，应该按照科学的方法进行整理和分析。整理的方法主要是对需求信息进行筛选、分类、比较和计算。筛选——对所有信息进行过滤，剔除无实质内容和重复的信息；分类——将群众需求信息按照不同内容进行归类；比较——将分类整理的群众需求信息与相关参照资料进行横向或纵向的比较（如与其他地区群众需求信息的比较、与往年群众需求信息的比较等）；计算——按照群众需求信息获得的相关数据进行计算，得出群众需求量的数据比例。在整理的基础上，还应对需求信息进行分析，从中找出群众文化需求的特点、热点、走向、趋势等规律性的变化。

4.开展年度群众文化需求信息分析

根据调查研究、年度统计报表和各项活动的信息反馈，对群众文化需求进行分析，作为确定群众文化服务供给的依据。通过各种方式获得的群众文化信息，随时把握群众文化需求的动态变化，是进行群众文化需求信息分析的基础。只有获得准确的、翔实的群众文化需求信息，才能保证信息分析结果的准确性和实用性。对群众文化需求的分析可以年度资料为基础进行。分析方法可采用数据对比法、图表示意法、典型剖析法等多种方式进行。经过分析所得出的群众文化需求的有关结果，应当作为下一年度调整群众文化服务供给方向和内容的依据。

## 三、群众文化服务供给的模式

### （一）政府直接提供群众文化服务

政府承担着公共文化服务的职能，同时承担着传播国家意识形态、传播主流文化的功能，因此政府可以直接向公民提供群众文化服务。这种服务主要是依托政府宣传、文化部门组织的政治性、宣传教育性、导向性的大型群众文化活动，在地域范围内开展的综合性群众文化活动。但政府应尽量减少对群众文化服务的直接供给。

### （二）政府设置的群众文化事业机构向公民提供群众文化服务，是群众文化服务供给的主要形式

群众文化事业机构是群众文化服务的专门力量，是群众文化供给的主要承担者。政府向人民群众提供的基本群众文化服务，主要通过政府举办的群众文化事业机构来完成。因此，群众文化事业机构应在群众文化服务供给中发挥骨干作用。

### （三）政府通过社会力量兴办文化馆等群众文化服务机构和公共文化服务中介组织，向公民提供群众文化服务

社会办群众文化服务机构是群众文化服务力量的重要补充。政府鼓励社会力量兴办的群众文化服务机构、公共文化服务中介组织等参与群众文化服务。

**(四)政府通过购买社会资源,向公民提供群众文化服务**

政府作为公共文化服务的提供者,可以通过购买、资助、以奖代补等方式从社会文化机构获得群众文化产品和服务,以无偿方式向公民提供。

**(五)通过网络向公民提供数字化的群众文化服务**

网络是一种先进的公用信息平台。对于公民所需要的数字化群众文化资源可以通过网络空间的方式来提供。群众文化服务部门应当将群众所需要的群众文化资源,应用数字技术制成影像、动漫作品,利用网络以无偿或低偿的形式提供给人民群众。

**(六)政府鼓励公民参与群众文化服务的提供**

某些个性化或自发性群体的群众文化需求可以通过公民自主提供的方式来实现。对于公民之间以志愿或互助互惠形式实现群众文化需求供给的行为,政府应当积极鼓励,并可以资助、奖励等方式给予帮助。

**(七)群众文化需求的自我开发和自我满足**

有些特定群体的特定群众文化需求,可以通过群众的自我开发来实现,通过群众的自我提供实现自给自足。

## 四、建立群众文化资源供需的长效机制

**(一)建立群众文化服务供给的保障体系,包括制度机制保障、组织体制保障、资金投入保障、人才队伍保障**

建立群众文化服务供给的保障体系是一项系统工程,是建立群众文化服务长效机制的一项基础性工作。群众文化服务供给的保障体系包括四项内容:

1.制度机制保障

制度机制保障体现了国家对群众文化服务工作的基本要求,即坚持社会主义的核心价值观、坚持满足人民群众的基本文化需求、坚持公共文化服务的均等化、坚持民族特色和地域特色。通过制度机制保障形成群众文化服务统一的政策导向、思想理念、行动规范和绩效标准。建设群众文化制度机制的内容应包括:建立群众文化设施建设的制度、建立群众文化产品和服务供给的制度、建立群众文化设施免费开放的制度、建立群众文化活动内容和方式创新的制度、建立群众文化服务绩效考评制度等。

2.组织体制保障

组织体制保障是国家实施对群众文化管理的有效方式,也是群众文化事业正常运转的基本条件,即国家通过完善的组织体制,保证群众文化服务在有序、规范、良性的状态下运行。建设群众文化组织体制的内容应包括:完善群众文化的组织管理体系、完善群众文化的服务网络、完善群众文化的管理规范等。

3.资金投入保障

资金投入保障显示了国家对社会所承担的公共责任,也体现了人民群众的基本文化权益。建立资金投入保障机制的内容应包括:将资金投入标准同整个国民经济和社会发展相联系,根据群众文化发展的需要确定群众文化投入在文化发展计划中所占的比例;在完善政府投入机制的同时,积极鼓励社会资金参与群众文化服务;建立资金绩效考评的管理制度,确保资金发挥使用效益。

4.人才队伍保障

人才队伍保障是保证群众文化服务质量和水平的根本性条件。没有一支符合要求的、高质量的群众文化队伍，就难以完成群众文化服务的任务。建立人才队伍保障机制的内容应包括：建立群众文化队伍的准入制度，提高人员学历、能力的质量标准；完善群众文化队伍的人员结构，保持人员专业的多元结构和年龄的梯次结构；健全群众文化队伍的培训制度，不断提高人员的业务水平和能力；加强群众文化志愿者队伍的建设，发挥社会各类文化人才资源的作用；完善群众文化队伍的激励政策和职称体系，提高人员的待遇和收入水平。

**(二)建立群众文化服务的资源库，充分利用社会文化资源**

为便于做好群众文化供给工作，群众文化服务机构应当建立起群众文化服务的资源库，将可以利用的群众文化服务的场地资源、设备资源、人才资源、资料供给资源等社会文化资源逐步收集和整理，作为资源库的基本库存加以收存，并逐年核实这些资源的动态变化，保证资源信息的准确和有效。同时应将有关群众文化需求和供给的相关资料作为资源库收存的重要内容，尤其是有关群众文化需求走向和趋势的分析材料、群众文化供给方式和成效的资料、群众满意度的调查资料等，都作为完善群众文化服务、提高群众文化服务水平的基本库存。有条件的群众文化事业机构，还可将群众文化服务的相关资源作为数据库建设的组成部分，便于群众文化服务过程中的查询和使用。

**(三)改变只管投入、不管产出、不顾绩效的投入方式，建立和完善群众文化工作的绩效评估机制**

群众文化系统许多地方都存在着投入与产出、绩效脱节的现象。创作一个群众舞台作品往往动辄几万甚至几十万元，可大多数情况下只是用来参加“群星奖”等一些比赛和评选，或只在某种特定的场合为领导、为某个大型活动演出几场，即使是获奖作品也很难得到充分的推广和利用。为此，《文化馆评估标准》专门设置了“组织群众文艺创作和群众业余文艺作品推广活动”的评审项目，目的就是使投入很多资金创作的群众文艺作品能够更好地服务群众。要改变投入与产出、绩效脱节的问题，就需要建立和完善群众文化工作的绩效评估机制。建立群众文化工作的绩效评估机制，应当站在构建公共文化服务体系的高度，以群众文化服务工作作为切入点，以社会公众的满意度和社会效益的实现程度作为衡量标准，逐步建立群众文化绩效评估的社会监督和评价体系。

## 第五节　群众文化工作的绩效管理与评估

### 一、群众文化工作的绩效管理

**(一)群众文化工作绩效管理的基本概念**

群众文化工作的绩效管理就是根据群众文化的管理职能，借助一定的指标、方法，就政府部门、群众文化服务单位和群众文化服务项目的效率、服务质量、服务责任和社会公众满意度等方面进行判断，对其投入、产出和成绩、效果进行评估和划分等级。

群众文化工作绩效考评主要包括效率、服务质量、服务责任和社会公众满意度等方面的内容。

群众文化工作的效率是指群众文化投入与群众文化效益的比率，就是在完成一项群众文化工作任务时，所产生的社会效益与资金、人力、物力、时间等投入因素的相符程度。其中，人均投入资金、人均占用人力资源等可以采用量化指标来计算的，应当作为效率考评的主要依据。

群众文化工作的服务质量是指群众文化工作能够满足服务对象群众文化需求的实现程度，考评服务质量就是要按照服务质量标准检查群众文化服务的落实情况。

群众文化工作的服务责任是指群众文化工作的责任主体在群众文化服务中所应承担的职责，考评服务责任则是检查责任主体履行职责的情况。

群众文化的社会公众满意度是指群众获得群众文化服务后心理上的满足感和愉悦感，社会公众满意度的测评一般采用群众个体对群众文化服务进行评分等方式。群众文化的社会公众满意度是群众文化工作绩效考评最重要的指标。要保证群众文化工作绩效评估的质量，应当事前设定标准，并应根据评估标准划分等级，以确定绩效的优劣。

**(二)群众文化工作绩效评估的对象**

群众文化工作绩效考评的对象主要包括：

1.政府

政府是群众文化服务的责任主体，这是由政府承担的公共事业职责所决定的。政府有责任为公民提供群众文化服务，是群众文化服务的主要提供者和管理者。政府文化部门是群众文化工作绩效的第一考评对象。

2.群众文化事业单位

群众文化事业单位作为政府举办的文化事业机构(主要指文化馆、综合文化站)，承担着协助政府向公民提供群众文化服务的任务，是群众文化服务的骨干力量。群众文化服务工作是群众文化事业单位绩效考评的重点内容。

3.通过政府采购提供群众文化服务的企业和社会组织

企业和社会组织参加政府采购而取得的群众文化服务项目，也应当纳入群众文化绩效考评的范围。

4.重要的群众文化工作项目

政府部门、群众文化事业机构以及参与群众文化服务的企业和社会组织，无论以何种方式承担的重要的群众文化工作项目，都属于群众文化工作绩效考评的重点，包括重要的群众文化建设项目(如“十一五”期间的“文化站建设工程”)、重要的群众文化服务项目(如北京市农村“文艺演出星火工程”下乡演出)、重大的群众文化活动等。

**(三)群众文化工作绩效管理的作用**

1.加强群众文化服务的公共性、公益性和民主性

群众文化服务涉及公民的公共文化利益，体现了公民的基本文化权益。公民通过依法纳税，取得了享受社会文化生活的权利，有权得到政府提供的群众文化服务。因此，群众文化服务蕴含的是公民的公共权利、公益权利、民主权利，加强群众文化工作的绩效管理有利于落实公民的这些权利。

2.提升服务质量和责任意识

要使群众文化服务获得公民的满意和认可，需要提升群众文化的服务质量；而要保证群众文化服务的质量，则要求群众文化工作者有较强的责任意识，包括服务群众的工作热情、对待工作的认真态度和对待公共资源的珍惜程度。加强群众文化工作的绩效管理，可以通过考察实施者的责任意识，促进群众文化服务质量的提高。

3.提高群众文化服务的综合水平和群众文化资源的使用效率

群众文化服务需要实施者有较强的政治素养、业务水平、组织能力等各项综合能力，需要投入设施、设备、资金等大量的公共资源。加强群众文化工作的绩效管理，有助于提高资源的使用效率，提高提供者的综合水平。

4.为衡量群众文化服务的完善程度提供必要的技术工具和制度保障

通过群众文化工作的绩效管理，还可以检查群众文化服务过程中技术工具的使用效果，检查群众文化服务过程中制度保障方面的疏漏，以实现技术完善、制度严密、运转协调、管理高效的群众文化服务。

## 二、群众文化工作的绩效评估

### (一)政府群众文化工作的绩效考核

政府群众文化工作绩效考核对检验政府群众文化工作的质量具有重要意义。主要体现在：一是有助于促进政府认识群众文化工作的重要性，准确把握群众文化工作的定位；二是有助于提高政府群众文化工作的水平，实现群众文化监督管理的规范化、制度化；三是有助于政府了解群众文化需求的动态变化，为群众提供有质量的群众文化服务。

政府群众文化工作绩效考核的内容主要包括：政府对群众文化经费的投入、政府对群众文化设施的建设、政府对群众文化工作的协调、政府对群众文化产品和服务的提供、政府对群众文化事业单位的管理、政府对群众文化管理规范的制定等。应根据政府群众文化工作的绩效考核内容，确定和完善群众文化工作的指标，把群众文化工作指标纳入政府政绩考核和创建精神文明城市、文化先进区(县)的指标，作为评价地区发展水平、发展质量和领导干部工作实绩的重要内容。政府群众文化工作绩效考核的方法可以采用指标评估、群众评议、上级政府部门评价相结合的方法。

### (二)群众文化事业机构的绩效评估

群众文化事业机构的绩效评估对于提高群众文化的服务水平，显示群众文化事业机构的社会价值具有重要作用。随着政府对公益性文化事业投入的加大，群众文化事业机构能否发挥其自身作用，达到与国家投入、公民需求相契合的社会期望值，越来越被政府、被人民群众所关注。

群众文化事业机构的绩效评估应以群众文化事业发展的要求和群众文化需求为依据，通过建立一套系统的、量化的、科学的、与工作实际联系紧密的评价指标来体现。这套指标应能反映政府对群众文化工作创新发展的要求，体现群众文化公益性服务的本质特色，并对整个群众文化工作起到引导和标杆作用，并具有可行性和可操作性。文化部主持制定的《文化馆服务标准》《乡镇综合文化站服务标准》，从根本上体现了这一要求，应该作为文化馆(站)年度绩效评估的依据。

群众文化事业机构绩效评估的内容主要包括:群众文化设施的利用、群众文化经费的使用、群众文化队伍建设、群众文化的基本服务、群众文化的数字化服务、群众文化制度规范建设、群众文化服务的满意度。群众文化事业机构的绩效评估应以群众的满意度作为第一位的标准。

开展文化馆和综合文化站的评估定级工作是进行群众文化事业机构绩效评估的一项重要手段。文化馆和综合文化站的评估定级结果应当纳入地方政府文化部门相关领导和文化馆(站)长的任期目标责任制。

**(三)群众文化工作项目的绩效评估**

群众文化工作项目的绩效评估是针对在规定时限内完成的、有专项任务指标的、特定的群众文化工作任务所进行的评估。群众文化工作项目的绩效评估有助于保证特定工作项目的完成质量,有助于保证专项资金的使用效率,也有助于完善配套的针对性更强的群众文化评估指标体系。

进行群众文化工作项目的绩效考评一般可采用委托第三方或中介机构的方式来完成,目的是确保评估结果的真实、准确。评估方法一般采用指标评估的方法,即在被评估单位进行自我评估的基础上,由被委托的第三方或中介机构邀请有关方面专家组成评审组,采取“听、询、查、看”的方式,即听取专项汇报、当面问询交流、核查原始资料、进行实地查看,或根据需要另行进行专项检查和抽样调查,最后对设定的项目指标完成情况进行评分,在汇总评分的基础上确定项目完成的等次,并提出评估意见。

## 三、群众文化工作的主要指标

**(一)群众文化工作指标的内涵**

群众文化工作的绩效评估需要借助一套适合群众文化工作特点的、适当的、可比较的指标体系,并建立可靠的统计数据。群众文化工作的指标体系应能反映群众文化工作的基本构成及动态变化,是完成绩效评估的一项重要的基础工作。

群众文化工作指标和统计是观察群众文化事业发展水平、衡量群众文化工作水平和评估群众文化工作绩效的重要依据。

**(二)现行的群众文化工作指标体系**

按照文化部财务司编纂的《中国文化文物统计年鉴》的统计口径,列入现行群众文化工作统计范围的主要是政府举办的文化馆(含群众艺术馆)和综合文化站。其统计指标主要包括以下几个方面:

1.机构数量和从业人员数量指标

机构主要包括各级文化馆(含群众艺术馆)、基层文化站、文化室以及文化户;从业人员主要包括各级文化馆(含群众艺术馆)、基层文化站的在编、在聘人员。

2.群众文化工作指标

群众文化工作指标是群众文化工作能力和水平的一项检测数据,是群众文化服务能力的一种标志。群众文化工作指标主要包括举办展览数量、组织文艺活动数量、举办培训班班次和培训人员数量等。举办展览数量是指本机构年度内举办或与外机构联合举办的国内、外展览的个数(同一内容的展览无论地点变化和时间长短都只记为一个);组织文艺活动数量是指本机构组织或与外机构联合组织的各种文艺活动(包括调演、汇演、故事会等);举办培训班班次是指本机构举办或与外机构联合举办的各种文化、艺术、科普等培训班的个数;培训人员数量是指所举办的培训班的参加人次。

3.资金收入、支出指标

资金收入是群众文化事业机构从事公共文化服务的资金来源,体现了群众文化事业单位的公益性性质,是群众文化事业机构从事群众文化服务的基本保障性条件。在公共文化服务体系建设的背景下,资金收入、支出指标应当与社会发展水平、群众文化需求标准相适应,并建立起稳步增长的群众文化经费保障制度,进一步提高群众文化经费的投入标准和水平。

资金收入指标包括财政拨款、上级补助收入、事业收入与经营收入等项指标。其中财政拨款指本机构从政府财政部门取得的无偿拨付的、明确规定了资金公共事业用途的资金;上级补助收入指本机构从行政主管部门和其他机构取得的非财政拨款收入;事业收入指本机构开展专业业务活动及辅助活动取得的收入(包括预算外资金收入);经营收入指本机构在专业业务活动和辅助活动以外开展非独立核算经营活动取得的收入。

资金支出指标包括基本支出、项目支出、经营支出、工资福利支出、商品和服务支出等项指标。基本支出指为保证本机构正常运转、完成日常工作任务而发生的各项支出;项目支出指为完成本机构特定的行政工作任务和事业发展目标而在基本支出以外发生的各项支出;经营支出指本机构开展专业业务活动及辅助活动以外开展非独立核算经营活动发生的支出;工资福利支出指本机构在职职工和临时聘用人员的各类劳动报酬以及为这些人员缴纳的各项社会保险费等,含基本工资、津贴补贴、奖金、社会保障缴费、伙食费或伙食补助费、其他工资福利支出等;商品和服务支出指本机构购买商品和服务的支出,不含购置固定资产的支出。

4.资产指标

资产是指群众文化事业机构占有或使用的、能以货币计量的全部财产的总和。资产指标主要包括资产总值和年增加值,公用房屋建筑面积和文化活动用房面积指标等。

从狭义的角度理解,资产总值主要是指本机构房屋、建筑物、设备、器具、资料等固定资产的总值;年增加值主要是指本机构在年度内服务过程中的新增加值和固定资产折旧,群众文化事业机构的年增加值应为人员报酬、税金支出、固定资产折旧(年末固定资产原值×4%)、营业盈余(按固定公式计算)之和。

公用房屋建筑面积是指本机构拥有产权或无偿使用的各种办公和业务用房的总建筑面积,不包括职工宿舍和租用的房屋;文化活动用房面积是指本机构总建筑面积中专门用于群众文化活动的用房面积。文化部制定的《文化馆评估标准》对于这两项指标都规定了严格的标准,是检查群众文化设施建设水平和实际使用效率的规定性指标。

根据文化部2011年的统计数据,目前在全国五级群众文化网络中,共有县级以上文化馆3 285个,乡镇街道文化站40 390个,村和社区文化室425 111个,文化户约640 975个,是政府公共文化服务体系中最为健全的机构体系。2011年,全国群众文化机构共有房屋建筑面积2 982.55万平方米,资产总值为272.49亿元,开展文化艺术活动620 586次,举办培训班339 883次,举办展览107 785个,指导群众业余文艺团队267 844个。2011年,文化部组织开展了第三次县级以上文化馆的评估定级工作,全国共有2 028个文化馆达到三级馆以上文化馆标准,其中,一级文化馆740个、二级文化馆583个、三级文化馆705个。

**(三)现行群众文化工作指标的作用和不足**

群众文化工作指标的作用:群众文化工作指标是观察和分析政府主办的群众文化事业机构总体状况的依据。目前,国家有关部门组织采集的有关群众文化工作的统计数据,反映了政府设立群众文化事业的机构、财政拨款、从业人员、资产、建筑、基本业务、信息化建设等各方面的情况,从一个侧面显示了我国群众文化事业机构的发展历史及动态变化,是研究群众文化发展、提高群众文化服务质量的宝贵资料。

现行群众文化工作指标的不足:一是整个指标体系不够全面,存在明显缺项,如群众文化活动的受众率等;二是与公共文化服务体系"普遍均等"的原则要求不相适应,未能充分体现公共文化服务的均等化指标;三是缺乏可比性指标,难以有效地进行公共文化服务质量的绩效评估。

**(四)群众文化服务均等化指标**

以服务人口为依据的群众文化服务均等化指标具有可比性,符合公共文化服务均等化的要求,是衡量群众文化工作和群众文化服务水平的客观依据。

1.设施指标

指群众文化设施覆盖率指标等。按照国家群众文化机构的建设要求,我国县一级以上机构应建有文化馆,乡镇一级应建有文化站,村一级应建有文化室。群众文化设施的覆盖率是指县、乡镇、村分别建立的文化馆、文化站和文化室的数量与地域内县、乡镇、村的数量之比。根据国家公共文化服务体系建设的需要,群众文化设施的覆盖率应以本地域每千人实际拥有的群众文化设施面积数与按实际人口计算每千人所应拥有的群众文化设施面积数之比为标准。即县、乡镇、村每千人拥有群众文化服务设施面积(含文化馆、文化站、文化室)的指标数与应拥有的群众文化设施指标数的比值。群众文化设施指标是群众文化服务均等化的一项重要的量化指标,群众文化设施的覆盖率在一定程度上反映了地域群众文化事业的发展水平。

2.投入指标

人均群众文化事业经费投入指标。群众文化投入指标的均等化要求城乡群众文化事业经费人均投入标准的基本平衡。从目前看,城乡人均群众文化事业经费的投入存在着较大的差距。

3.人员指标

群众文化工作者数量占服务人口的比例指标。群众文化工作者数量指标是群众文化服务能力的一个方面,群众文化服务的均等化要求群众文化的人员配置达到一个合理的标准。具体指标可包括:每千人服务人口拥有群众文化事业机构人员的指标、每千人服务人口拥有文化志愿者的指标、每千人服务人口拥有业余文艺骨干的指标等。

4.工作指标

包括参加群众文化活动人数占服务人口比例的指标、文化馆(站)年免费接待人数占服务人口比例的指标、群众满意率指标等。其中群众满意率指标是一项非常重要的指标,该项指标是群众文化服务水平的基本标志。

以下为甘肃省金昌市建立"均等化"指标体系的案例:

为充分体现政府在公共文化服务体系创建过程中的主体地位，有效保障人民群众的文化权益，甘肃省金昌市根据该市经济、社会和文化发展的状况，在分析优势条件和制约因素的基础上，对辖区内群众的基本文化需求，对区域、群体差异性，对城乡群众基本文化权益提出具体内容和量化指标，出台了《金昌市公共文化服务体系常规管理办法（试行）》，力争实现辖区居民公共文化服务“均等化”。指标规定：至2012年，市区每千人拥有公共文化服务网络设施不少于100$m^2$，永昌县城和河西堡镇每千人拥有公共文化服务网络设施不少于50$m^2$，其他乡（镇）每千人拥有公共文化服务网络设施不少于35$m^2$，全市所有行政村每千人拥有公共文化服务网络设施不低于30$m^2$，该市公共文化设施覆盖率均达到100%，市、县（区）、乡（镇）、村（社区）四级文化网络的各项指标达到全省最高水平。目前，全市已建成12个乡镇综合文化站、30个村级文化大院、98个文化健身广场、138个农家书屋、34个城市街道社区文化中心，建成文化信息资源共享中心3个、基层服务点138个。其中全市12个乡镇文化站基础设施全部达标，每站建筑面积300 $m^2$，图书室藏书6 000册，活动室娱乐器材基本齐全；每个乡镇有一个室外演出场所，有篮球场、文化广场、演出舞台等基础设施；乡镇文化站“共享工程”服务站配置电脑30台，阅览室90$m^2$。通过建设，乡（镇）每千人拥有公共文化服务网络设施不少于35$m^2$。

# 第七章 群众文化辅导基础知识

## 第一节 群众文化辅导概述

### 一、群众文化辅导的基本概念

群众文化辅导是辅导者根据辅导对象的文化艺术需求,以提高辅导对象的审美能力、传授文化艺术知识和技能为目的,选择合适的媒介,运用有效的辅助手段,对辅导对象所进行的传授和指导活动。

群众文化辅导有助于提高人民群众精神文明素质和文化艺术水平,有助于培养人的道德情操,提高人的文化技能,开发人的文化潜能。

群众文化辅导是群众文化活动的重要组成部分。在群众文化业务体系的组织、辅导、研究三大要件中,群众文化辅导是重要环节,也是最基本的服务方式。群众文化活动的一部分是群众自娱自乐的活动;另一部分就是群众文化的辅导活动。因此,组织群众文化辅导不仅是群众文化事业机构的基本职责,也是提高群众文化艺术水平和活动质量的实际需要。群众文化的根本目标就是要改变群众在文化活动中的"被动"地位,使群众既是文化的接受者,也要成为文化的创造者。群众文化辅导正是为实现这种改变而进行的活动。

### 二、群众文化辅导的特征

群众文化辅导的特征体现在它的速成性、渐进性、综合性和互动性。

**(一)群众文化辅导的速成性**

(1)群众对文化需求的起点是兴趣,而兴趣是极易改变的,群众文化辅导的速成性保证了人的兴趣的相对稳定。

群众参加文化活动往往是由兴趣引发,对什么内容有兴致就愿意看、愿意听、愿意弄明白、愿意学会,才会凭兴趣的引领参与到某项群众文化活动中来。而这种兴趣往往不够稳定,会因各种挫折而减退或因新的兴趣点的出现而放弃。而群众文化辅导可以在较短的时间内,使群众因兴趣而产生的欣赏、体验、表现、参与等各种文化需求得到最大限度的满足,及时地实现自己学习某种文化艺术的意愿,促使这种兴趣点的持续保持并逐渐放大。

(2)群众文化活动是广大群众在职业外的文化行为,不可能拿出更多的时间系统、完整地接受文化艺术教育,因此必须以速成的方式加以实现。

从一般意义上说,群众参加群众文化活动都是希望在较短的闲暇段时间内,实现自己的文化需求。即使是已经赋闲在家的老年人,也只是利用生活之余的富余时间来参加群众文化活动。这就要求群众文化辅导必须采用速成的方式,采用简易、快捷的手段,使群众的需求在较短时间内得到更多的满足。

(3)人们对群众文化辅导的需求往往表现在一个艺术门类的某个部分,而不是全部,因此要求群众文化辅导的目标要明确、内容要精练，以保证速成目标的完成。

群众参加群众文化辅导的目的一般比较直接和实际，更愿意选择一条捷径去实现目标。因此，他们一般不情愿采用专业的、系统的学习过程去学习某项知识或技能，而是要求采用速成的方法。群众文化辅导在有限的时间里，也不可能安排全面和系统的辅导，而只能完成与目标最接近的辅导内容，因此目标明确、内容精练决定了群众文化辅导的速成性。

**(二)群众文化辅导的渐进性**

(1)由于辅导对象的基础条件、接受能力和需求标准的差异，要求群众文化辅导的过程是渐进的过程。

群众文化的辅导对象，虽然在兴趣爱好上有许多一致性，但个体之间往往存在很大的差异，表现在个人的基础条件和水平参差不齐、接受辅导的能力有强有弱、拟达到和追求的辅导目标和要求也有高有低，因此群众文化辅导不是一蹴而就、千篇一律的事情，而是一个循序渐进、因人而异的过程，即要求根据辅导对象的条件、能力以及需求上的差异，合理把握辅导的渐进过程。

(2)辅导者必须通过辅导内容将辅导对象的动机、目的和需求兴趣点统一到一个方向上来，从而确保辅导质量，这是一个渐进的过程。

辅导对象不仅在基础条件、接受能力和需求标准上存在差异，参加群众文化辅导的动机、目的、兴趣同样存在差异。因此，要保证实现预期的辅导目标，取得理想的辅导效果，需要一个渐进的推进和调整过程，逐步将辅导对象在动机、目的和需求上存在的差异统一起来。

(3)辅导对象在接受辅导时，要经过由浅入深，由感性认识到理性认识的渐进发展过程，人们在接受辅导内容的同时也享受着辅导的过程。

由表及里、由浅入深，由感性认识到理性认识，是人们认识客观事物的基本规律，群众文化的辅导过程也不可能跨越和违背这一规律。群众文化的辅导对象往往没有进行过各种相关的专业知识和技能的系统学习，加之个体之间存在多方面的差异，因此群众文化辅导需要在渐进的过程中，使辅导对象不仅享受获取知识和技能所带来的愉悦，也享受辅导过程所带来的精神满足。

**(三)群众文化辅导的综合性**

(1)辅导对象的非专业性、非职业性，要求群众文化辅导在辅导手段、辅导内容、辅导效应等方面综合兼顾。

群众文化辅导对象表现出来的非专业性、非职业性，正是群众文化辅导存在的必要性所在，也是群众文化辅导区别于专业艺术教育、职业艺术教育的主要标志。辅导对象的这一特点，决定了群众文化辅导在辅导手段、辅导内容和辅导效应上的综合性。因此，群众文化在辅导手段上，强调多种辅导手段的综合运用；在辅导内容上，强调多种知识和技能的融会贯通；在辅导效应上，强调辅导成果的综合检验和综合评判。

(2)人们接受辅导的过程是一个文化需求得到满足的过程，这种需求是多样和多变的，群众文化辅导的综合性能使群众的文化需求得到保证。

群众文化需求的多样性和多变性，决定了群众文化辅导的多样性和综合性。一方面，要求群众文化的辅导者在辅导过程中要根据辅导对象的多样性和多变性的特点，设置综合性的、符合辅导对象不同需求的辅导内容；另一方面，在辅导过程中，也应充分适应辅导对象多样性和多变性的特点，综合运用各种有效的辅导手段，调动辅导对象学习的积极性，使他们能够充分享受辅导过程带给他们的愉悦和满足。

(3)群体类别的多样性决定了辅导对象的多样性，不同类别的群众带来了不同的文化需求，群众文化辅导的综合性兼顾了不同类别群众的文化需求。

在实际生活中，不同的群众文化群体有不同的环境，有不同的兴趣爱好，也就有不同的文化需求。这种不同的背景特征，使群众文化的辅导对象呈现出多样化的特点，也使不同样式、不同类型的群众文化活动形式都拥有不同的群体。从这个意义上说，群众文化所设置的不同艺术门类的辅导、不同层次和不同形式的辅导以及符合地域历史、文化、特色的辅导，体现了群众文化辅导的综合性，兼顾和保障了不同人群的群众文化需求。

#### (四)群众文化辅导的互动性

(1)互动是群众文化特有的传播方式，是辅导者和辅导对象面对面的情感交流，是寓教于乐的具体体现。群众文化辅导的过程，往往是通过辅导者与辅导对象的相互交流而完成的，因此互动性是群众文化辅导的基本特征之一。在辅导过程中，辅导者有时也需要向辅导对象学习。因为辅导对象并不一定都是毫无艺术基础的人员，其中许多人可能就是具有高学历、高素养甚至是高水平的人才，只是由于其兴趣的转移，想探究自己谙熟专业以外的领域而去参加的群众文化辅导。此外，现代化的信息传播方式，将人们之间的互动交流变得简单和便捷，也使辅导者和辅导对象的互动交流，成为提高辅导效果的重要手段。

(2)在群众文化辅导过程中，辅导者与辅导对象是相互传播关系。辅导对象通过辅导者的辅导可以学到各种知识和技能；辅导者也能从辅导对象身上获取社会生活知识及文化需求信息，使群众文化辅导更好地服务于辅导对象。群众文化辅导的互动性，使辅导者和辅导对象成为互通互助的伙伴，改变了过去那种单纯的固有模式。虽然辅导双方依然是传授与学习的关系，但在辅导过程中都可以在对方身上获得自己所需的东西。

(3)在群众文化辅导过程中，辅导对象之间的交流是互动性的一个方面。辅导对象由于各自年龄、水平和专业背景的差异，在共同接受同一辅导者传授的同一辅导内容时，所产生的感受和体会是因人而异、各不相同的。在辅导过程中，将这种个性化的感受和体会通过私底下的互动交流，会促进对所学知识和技能的消化吸收，从而有效地提高辅导效果。

(4)群众文化辅导的过程是辅导者和辅导对象情感互动的过程。在群众文化辅导中，情感因素对辅导的效果起着至关重要的作用。因此，辅导者和辅导对象应当成为平等的朋友关系，必要的情感交流会有效地增强辅导群体内部的凝聚力。此外，辅导者在辅导过程中调动自身的热情和感染力，将辅导内容融入个人的感情并饱含情感地传授给辅导对象，也是一种有效的情感交流方式。辅导者以饱满的热情感染辅导对象，使辅导对象从中感受到辅导者的认真、坦诚、亲切和关爱，从而加深对辅导者的尊重和喜爱，共同营造出高效、美妙的辅导环境。

### 三、群众文化辅导的任务与原则

#### (一)群众文化辅导的任务

群众文化辅导的根本任务是为满足广大人民群众的精神文化需求。这种精神文化需求主要体现在精神调剂需求、愉悦身心需求、文化艺术需求、审美享受需求等方面。为了满足群众的这种需求，群众文化辅导应把服务群众作为自己的工作目标。从群众文化辅导所承载的社会功能的角度说，群众文化辅导主要承担了培养文化品德、传授文化技能、开发文化才能三个方面的辅导任务。

1.培养文化品德

文化品德辅导的内容包括政治思想、道德伦理、品质修养等三个方面。即通过直观性、参与性、享受性、持久性的辅导过程，帮助辅导对象树立正确的价值观、荣辱观、审美观，培养高尚的道德情操和美好的个人理想。培养文化品德主要应把握三个原则：一是要遵守党和国家的法规政策；二是要遵循社会主义的核心价值理念；三是要尊重人类社会共同传承的历史文化传统。对于群众文化爱好者而言，无论参加接受性的还是表现性的文化艺术活动，都需要通过文化品格的辅导，进而提高个人的思想水平和艺术境界，提高对文艺作品的欣赏水平、创作水平和表现水平。

2.传授文化技能

文化技能包括智力活动技能和操作活动技能两个方面。文化技能的辅导实际上就是训练和培养辅导对象掌握技术、技巧的能力，使之能熟练地完成某项文化审美创造活动的一种行为方式。文化技能辅导的基本内容：一是使辅导对象掌握活动内容所需要的物质材料；二是使辅导对象掌握活动内容所使用的工具；三是使辅导对象掌握创造的规律和技巧。其中掌握创造的规律和技巧是最为重要的内容。

文化技能的辅导主要有三种类型：一是仿专业型的辅导，主要用在业余艺术教学上。即基本仿照培养专业人才的路子来设置技能训练的内容和方法，学习各种专业知识并结合一定的创作实践。二是民间型的辅导，即古代艺术教育中常采用的师传徒、父传子的口传身授方式。在群众文化辅导中，一些民间歌舞、民间戏曲的表演，民间工艺美术品的制作以及一些在民间流传的民俗活动大都采用这种类型的辅导。三是专业型与民间型相结合的辅导，这种辅导主要针对有一定专业基础的辅导对象，力图把一些较为成熟的艺术作品和文化成果直接地传授给他们。因此在辅导过程中，既要吸收专业性、正规化的辅导技巧，也要广泛吸收民间传统的教授方法，使两者融会贯通，有利于辅导对象的学习。文化技能的辅导应注意把握三个环节：一是兴趣的培养；二是操作的训练；三是技巧的积累。文化技能辅导的基本要求：一是学以致用的要求；二是统一性的要求；三是针对性的要求；四是综合效应的要求。

3.开发文化才能

人的文化才能是人在从事某项精神文化活动中所表现出来的特殊才智和能力。群众文化辅导所开发的文化才能，主要是指人们在文化活动中所展示出的审美和创造的才能。文化才能表现的范围极其广泛，因人而异，人的艺术创作能力、艺术表演能力、视觉艺术表现能力、文艺理论研究能力、艺术活动组织管理能力、社会生活美化能力等都是这种才能的体现。文化才能的结构一般可以分为智能和技能两个方面，二者在一个人身上的有效结合和互相作用，形成了一定的文化表现能力和创造能力。文化才能是群众文化活动中表现出来的高级智能形态，需要具有很强的感知能力；文化才能又是群众文化活动中表现出来的高级技能形态，需要具有很强的表现能力。实现更高层次的辅导目标，就是要使人们的文化审美的表现力和创造力达到较高的水平。

文化才能辅导的主要特点：一是非职业性的辅导。非职业性的文化才能辅导，除了规定一般的培养方向以外，还规定了特殊的培养方向，即着重培养、造就业余的群众文化艺术人才。这是群众文化辅导区别于专业艺术教育的显著特点。二是服务性的辅导。即创造各种条件，为辅导对象提供显示和发挥文化才能的途径，包括为辅导对象提供显示文化才能的场所、设备、机会等。三是全面性的辅导。在具体的辅导内容上，大都以艺术审美活动为中心；在辅导力量的配置上，一般群众文化事业机构的辅导人员，基本上按艺术门类来配备，在地域往往拥有较强的实力；在具体的辅导方式上，大多采取“一条龙”服务的辅导手段。文化才能辅导的基本要求是：开发智力、因势利导、循序渐进、相互交流。

**(二)群众文化辅导的原则**

群众文化辅导的原则是辅导实践经验的总结和概括，它作为正确处理辅导过程中各种矛盾关系的规则，贯穿于各类辅导的实践活动中。群众文化辅导应遵循的原则：文化服务的原则、讲求实效的原则、教学相长的原则、因材施教和区别对待的原则、活动为主的原则。

1.文化服务的原则

从本质上说，群众文化辅导也是一种文化服务。群众文化辅导的根本目的，就是为了满足人们对学习掌握文化艺术知识与技能的基本需求，是政府为纳税人提供基本文化服务的一个重要方面。从这一原则出发，群众文化事业机构所承担的群众文化辅导任务应当属于人民群众基本文化权益的范畴，群众文化辅导应当为所有的群众提供均等和无差别的服务。因此，群众文化辅导的覆盖面不应只眷顾那些主动参加群众文化辅导的人群，也应扩大到因种种原因未能享受到群众文化辅导的那一部分人群。政府举办的文化馆(站)应把基本的群众文化辅导作为免费提供给群众的重要内容。

2.讲求实效的原则

群众参加群众文化辅导需要获取实实在在的满足，这种满足只有在富有实效的群众文化辅导中才能获得。因此群众文化辅导应当遵循讲求实效的原则，即在辅导时间、内容和方法等方面都体现出较高的效率。这就要求辅导者在进行群众文化辅导时，要根据辅导时间的制约，采取“短、平、快”的方式，突出单位时间所产生的效能；要根据辅导对象的基本条件、接受能力等方面的差异，合理安排辅导内容，注意重点突出、简明扼要，做到“少而精”，突出知识和技能的训练；要选择最符合辅导对象实际状况的辅导方法，根据不同艺术门类的特点，力求辅导方式形象直观、精讲巧练、注重实践，调动听、看、演、练等多种辅导手段以及口头的、形象的、示范的、演练的、操作的等多种实践方式，切实解决辅导对象所遇到的实际问题。

3.教学相长的原则

“教学相长”是古代先人留给后人的一条基本的教育规律，群众文化辅导也离不开这一规律。在群众文化辅导过程中，辅导者与辅导对象是教与学的关系，也是互促共进的关系。辅导者既把知识技能传授给辅导对象，同时也会从辅导对象身上得到教益，受到启发。因此，要取得良好的辅导效果，辅导者应当重视与辅导对象多方面的交流，以向辅导对象学习的姿态，耐心倾听辅导对象对辅导过程的意见和要求，及时搜集各种反馈信息，发现和掌握辅导对象身上贮存的各种信息，及时调整辅导内容和辅导方法，同时注意学习和借鉴辅导对象的优点和不足，建立和谐互助的辅导关系。

4.因材施教和区别对待的原则

因材施教和区别对待是群众文化辅导中的一项重要原则，这是由辅导对象各方面的差异所决定的。辅导对象千差万别，不仅性别、年龄、职业、文化程度、爱好需求、天赋特长不同，基础条件、接受能力、需求标准、审美情感也不同。由于辅导对象存在的这种差异，就要求群众文化辅导必须讲求因材施教和区别对待。即要求辅导者选择辅导内容、形式和方法时，都必须从辅导对象的实际出发，既要遵从统一要求，又要照顾个别差异，使辅导过程能够与辅导对象的个性差异相吻合，从而保证每个辅导对象都能得到有效的指导和帮助。要准确掌握辅导对象的个性差异和不同特征，则要求辅导者必须在辅导前做好充足的准备，摸清辅导对象参加辅导的动机目的、兴趣需求和个性特点；同时确定符合辅导对象实际情况的、难易适中的辅导内容，并根据辅导对象各自不同的特点，选择适宜的辅导形式和方法。

5.活动为主的原则

活动是群众文化的典型特征，也是群众文化诸要素中的核心要素。群众文化辅导作为群众文化工作的一种重要形态，需要以活动作为自己的重要支撑。因此，活动为主是群众文化辅导的重要原则之一，也是群众文化辅导行之有效的一种重要手段。在群众文化辅导中，应当坚持以活动为主的原则，根据辅导对象的需求和兴趣所在，选取合适的媒介，开展实践性、针对性较强的表演、创作、观摩、展览、研讨、交流等活动，使辅导对象在耳濡目染、潜移默化和亲身体验中，接受知识、技能和艺术的熏陶。

## 第二节　群众文化辅导与传播的基本规律

### 一、群众文化辅导与传播

#### (一)群众文化辅导与传播的基本内容

群众文化辅导以文化艺术为基本内容，其所包含的艺术门类、活动类型十分宽泛，在一定意义上说，凡属群众文化活动所涉及的内容均可列入群众文化辅导的范围。群众文化辅导既包括舞蹈、音乐、戏剧、曲艺、美术、摄影、书法、文学等活动样式，也包括表演、展览、观赏、阅读、创作等活动类别。群众文化事业机构开展的群众文化辅导是以文化艺术辅导为核心的社会审美教育，目标在于提升群众的艺术欣赏能力和艺术创造能力，这是群众文化事业机构的“主业”。

群众文化传播是特色文化艺术元素、新的文化艺术形态以及社会文化艺术信息利用各种媒介在民间迅速传递、扩散，并被地域文化相融或吸收的过程。群众文化传播与群众文化辅导的内容具有同一性，群众文化传播也是以文化艺术作为其基本的传播内容。

#### (二)群众文化传播的方式

从传播的形态划分，群众文化传播主要分为四种方式：自身传播、亲身传播、团体(群体)传播、大众传播。

自身传播：也称为内在传播，是发生在人身体内部的信息交流活动，即人根据自我需要进行的自己对自己的传播。自身传播过程是人在头脑中将信息进行储存、思考，吸收的过程，也是一个自我学习、自我接受的过程,其传播者和受传者为同一个人。如一个人喜欢戏曲而去阅读戏曲方面的书籍,将各种戏曲知识记在心中,并融会贯通加以理解,即是一个自身传播的过程。

亲身传播:是传播者以亲身的语言、文字、动作和表情面对面地对受传者个体进行的传播,即甲对乙、个人对个人的传播。这种传播方式受传者比较明确,针对性强,能进行互动。如辅导老师对群众文艺爱好者个人进行的一对一的辅导,就属于亲身传播。

团体(群体)传播:也称为组织传播,即依靠以共识建立起来的团体(群体)在组织内部或外部进行的传播。相较于一般群体而言,团体具有更严格的组织性,所进行的传播也是经过组织加以实施的。如将有共同喜好的民间花会爱好者,组织成一支民间花会队伍,通过聚集活动、交流、表演所进行的传播,就属于团体(群体)传播。将不相识的人们采用组织方式聚集到一起所进行的传播,也属于团体(群体)传播。

大众传播:即依靠大众媒介进行的传播。这是一种信息传播方式,是特定社会组织利用报纸、杂志、书籍、广播、电影、电视、网络等大众媒介向社会大多数成员进行的传播。随着科学技术的进步,大众传播可以最大限度地超越地域和时空的局限,日益显现出文化信息传递、沟通、共享的强大功能,不仅传播的速度越来越快,范围越来越广,效果也越来越好。大众传播已经成为一种极具威力的传播手段,对扩大传播范围和社会影响力起着不可估量的作用。

四种传播方式可以单独使用,也可以互相交替使用,各种传播方式的效应都是交叉互补的。

群众文化传播并非是单纯的消极接纳,而是正在向主动参与、双向互动、自我表现等多元化方向转变。群众文化传播的过程中,人是最主要的传播媒介,传播者在向受传者传播的时候,受传者会加入自己的喜好、分析、判断和思维,同时会主动参与其中,与传播者形成互动,或者加入个人的体验、感受,使之带有强烈的个人色彩或含有个人加工的成分。

**(三)群众文化辅导与传播的关系**

群众文化辅导与传播的关系:群众文化辅导是群众文化传播的主要方式,也是实现群众文化传播的基本途径;群众文化传播是群众文化辅导的继续,是更具效力的群众文化辅导。概括地说,群众文化辅导与传播的关系是相辅相成、互为条件的关系。

从一定意义上说,辅导为传播奠定了基础,而传播又是辅导价值体现的外部条件。

从传播的内涵上看,群众文化的辅导过程是一种文化互动过程,辅导行为也是一种文化传播行为,所不同的是,通过辅导所进行的传播更具有针对性和目的性。

从传播力度和传播效应上看,群众文化传播的效应,由于受到受传者的年龄、职业、兴趣爱好以及传播机制等方面的制约,带有一定的随意性和偶然性。而辅导所产生的力度和效应,由于在辅导对象、辅导内容上具有明确的规定性和针对性,因此,辅导效应会成为群众文化传播效应中的一种强效应,辅导也正是群众文化传播中采用的一种最经常、最广泛、最大量的手段。

从传播的结构上看,传播是由传播者(主体)、受传者(客体)、传播工具、传播情境四个部分组成的。传播主体与客体共存于一个传播情境之中,共享同一种传播媒介工具,这是传播活动赖以发生的前提,然后才能发生传达和反馈的意向行为。这一传播结构与辅导结构是完全一致的。辅导同时担负着"传播工具"与"传播情境"的双重作用。

## 二、群众文化辅导的基本规律和要求

### (一)群众文化辅导的基本规律

群众文化辅导反映出的基本规律是辅导本质与外部以及内部各种因素之间的客观联系。它体现在辅导与社会环境相适应、与人的认识发展相一致、与群众文化生活相契合等三个方面。

1.辅导与社会环境相适应

社会环境主要是指经济环境和文化环境。首先,辅导与经济环境相适应。辅导和经济基础是一种互相作用的辩证关系。经济基础对辅导起着决定性的制约作用,促使辅导的性质、调控方向、手段等方面随着经济环境的变化而变化。同时,辅导在促进经济发展中也具有其特定的地位和作用。经济基础对辅导的制约性主要表现在:生产资料所有制关系决定着辅导的支配权,财产权制约着接受辅导的权利,经济基础决定着辅导的标准。从微观的角度来看,物质条件、资金和时间的投入都不同程度地影响着辅导的效果。辅导在促进经济发展中的作用主要是围绕培养具有高素质的劳动者来实现的。其次,辅导与文化环境相适应。群众文化辅导是一种文化和技能的传授与接收的活动。它主要是通过培养人的文化素养和创造才能来促进文化产品的生产并指导着文化消费。辅导也是一种再生产的过程,它为先进文化的普及提高提供了广泛的社会基础,为新一代文化生产力的培养提供了一个新的起点。

2.辅导与人的认识发展相一致

辅导过程要与人的心理发展和认识规律相一致。首先是辅导与心理发展相一致。因为辅导是人与人之间的活动,辅导者与辅导对象之间的联系必然会受到心理活动的影响。客观地讲,辅导对象的心理发展取决于其生理遗传因素和社会环境的影响。因此辅导者应根据辅导对象所处的心理水平和状态来确定辅导的内容和方式。其次是辅导与认识规律相一致。辅导过程实质上就是提高辅导对象认识能力的过程。从一般意义上说,辅导对象掌握知识的认识过程应符合直观感知、学思结合、循序渐进、反复巩固的客观规律。

3.辅导与群众文化生活相契合

辅导活动不是脱离人的社会生活而孤立存在的,群众文化必须与整个社会人民群众的生活需要相适应,必须与社会生产力和经济基础的发展水平相适应。因此,群众文化辅导需要与群众的文化生活相契合,与群众的文化需求相符合,这是群众文化辅导应当遵循的基本规律。从具体辅导活动上讲,群众文化辅导应与辅导对象的实际需求和现实条件相适应,与辅导的自身特点和工作性质相适应。

### (二)群众文化辅导的总体要求

群众文化辅导的总体要求:理论联系实际、知识结合技能、基础兼顾提高、注重个性发掘。

1.理论联系实际

群众文化辅导是一项理论与实践相结合的工作。做好群众文化辅导工作既需要广博、多学科的理论知识作为指导,又需要将这些知识与群众文化辅导的实际相联系,即做到符合辅导对象、辅导条件、辅导目标的实际,注重在群众文化活动的广阔实践中去积累经验,经受锻炼,在实践中解决辅导中遇到的各种实际问题。

2.知识结合技能

群众的文化需求来自于多方面，就文化艺术辅导而言，不仅需要帮助群众掌握相关的知识，更需要提高他们的欣赏能力和艺术创作能力，以此全方位地提高他们的艺术审美能力和创作能力。因此，在群众文化辅导中，应当兼顾知识与技能的辅导，以提高技能为标准。如对舞蹈爱好者进行辅导，不仅需要掌握舞蹈的理论知识，还要着重对其进行舞蹈基本功、舞蹈表演能力以及舞蹈创编能力的辅导。

3.基础兼顾提高

群众文化辅导的根本任务是进行文化艺术的普及，提高群众文化活动的水平。也就是说，群众文化辅导在普及文化艺术的同时，也承担着提高的任务。即在推动群众文化活动整体水平提高的同时，还应当力所能及地承担起培养高水平的文艺人才，为专业文化艺术单位输送人才的任务。因此，在进行群众文化辅导过程中，既要照顾到基础薄弱者的接受能力，又要考虑到具有一定能力和水平的辅导对象的需求，即应根据不同的辅导对象开设不同层次的辅导课程。

4.注重个性发掘

由于辅导对象的兴趣和才能不尽相同，辅导者在辅导过程中，应善于发现接受能力和创造能力特别突出的辅导对象，注重对其进行个性发掘，为其向更高境界、更高水平发展创造条件。如在群众文学辅导中，由于文学爱好者各自的思想、经历、创作实践不同，所擅长的创作文体也不相同，有可能在诗歌、小说、散文、戏剧创作中的某方面显示出不同的才华。因此辅导者应根据每个辅导对象个人的优势和积淀，发现人才，并加以精心培育，引导其发现自己的长处，发掘出其不同的创作个性，使其形成独有的特色。

**(三)群众文化辅导的具体要求**

群众文化辅导的具体要求：准确把握辅导对象的各种信息，制定切实可行的辅导方案和计划，采用生动活泼、易于接受的辅导方式，客观评价辅导工作的成效，有效利用辅导工作的成果。

1.准确把握辅导对象的各种信息

在辅导前，辅导者应对辅导对象的各种信息进行深入的调查、分析和研究，充分了解辅导对象的基本情况、文化需求甚至是兴趣爱好、性格特点，并基于对辅导对象情况的了解确定相应的辅导内容和辅导方式，为即将进行的辅导做好准备。

2.制定切实可行的辅导方案和计划

辅导活动要根据辅导对象的不同年龄、不同水平、不同条件分类进行。对于不同的辅导对象，辅导内容和方式也应有所区别和变化。在此基础上，针对不同的辅导对象制定不同的辅导方案和计划，并根据对辅导对象的调研情况，决定采用集中或分散的辅导方法，关键是保证辅导方案和计划的切实可行。

3.采用生动活泼、易于接受的辅导方式

枯燥无味、繁琐复杂的辅导会极大地影响到辅导目标的实现，因此决不可忽略对辅导方式的选择。一般在制定辅导方案和计划时，就应充分考虑和认真研究辅导的方式，包括辅导的技巧。客观上讲，采用让辅导对象感到生动活泼、易于接受的辅导方式对辅导效果将起到十分有效的作用。

4.客观评价辅导工作的成效

对辅导工作的成效进行客观评价是对辅导过程的完善。做好辅导成效的评价会有效地促进辅导水平的提高。辅导评价可分为一次性评价和阶段性评价，一次性评价一般针对一次性辅导进行，阶段性评价一般针对周期较长的辅导进行。评价的依据：一是实现辅导目标的情况；二是辅导取得的成果；三是辅导对象的学习状态；四是辅导对象的意见和建议。

5.有效利用辅导工作的成果

辅导工作成果的利用是辅导工作的重要组成部分，主要包括作品成果和人才成果的利用和展示两个方面。利用辅导成果一般采用的方法是组织作品进行表演、展览、交流展示等，或利用公开出版物予以发表，组织人才参加各类比赛和展示活动。

## 三、群众文化辅导与专业艺术院校教学的区别

群众文化辅导与专业艺术院校教学虽然同属于文化艺术教育的范畴，但在内容、方式和手段上都有着明显的差异。在内容上，专业艺术院校教学是按照国家统一制定的教学大纲进行的，而群众文化辅导则是按照辅导对象的不同需求、不同素质状况来确定的；在方式上，专业艺术院校教学强调系统性、完整性、专业性，而群众文化辅导则更注重速成性、针对性、渐进性；在手段上，专业艺术院校教学主要以课堂教学为主，而群众文化辅导并不只局限于课堂教学一种手段，而是采用多种手段综合运用。

群众文化辅导与专业艺术院校教学的区别，主要表现为：

### （一）群众文化辅导与院校教学的目的不同

群众文化辅导的目的是为满足广大群众的文化艺术需求；艺术院校的教学目的是培养专业艺术人才。群众文化辅导需要照顾到不同层次、不同水平辅导对象的各种文化需要，其内容和方式的丰富与多样，主要是为了满足人们学习文化艺术的不同需求。而艺术院校教学则讲究的是系统和严谨，目标是为了培养从事文化艺术工作的专门人才。

### （二）群众文化辅导与院校教学的选材不同

群众文化辅导对象是具有学习兴趣的广大群众；艺术院校的教学对象是经过筛选的艺术人才。群众文化的辅导对象没有严格的要求，获得群众文化辅导是公民的基本文化权益，因此任何有学习文化艺术需求的人都可以获得接受辅导的机会。而艺术院校的教学对象是采用严格的考核标准选拔出来的，不仅需要具有一定的文化素质，还需要在某些方面显示出超强的专业特长，因此其整体水平比较整齐，更符合培养和选拔高级专业艺术人才的标准。

### （三）群众文化辅导与院校教学的标准不同

检验群众文化辅导的标准是群众的满意度和认同度；而检验艺术院校教学的标准是专业人才的数量和质量。参加群众文化辅导的动机可能基于对文化艺术素养的长期追求，也可能是为了某一次特定的文艺比赛或演出，检验辅导效果的标准就是看群众是否满意和认可，是否得到一次好成绩。而艺术院校教学是为了培养专业艺术人才，专业艺术人才的数量和质量是衡量教学成果的特定指标。

### （四）群众文化辅导与院校教学的过程不同

群众文化辅导的过程是先通过活动引起辅导对象的兴趣，然后由浅入深地传输基础知识；艺术院校的教学是先进行基础知识学习，再进行艺术实践活动。群众文化的辅导在时间、内

容、方式、方法上极为丰富,很多辅导是借助活动的开展吸引人们的参与,用潜移默化、循序渐进的方式引导人们参加群众文化辅导。而艺术院校的教学是要学生以后专门以某项艺术工作为职业,其学习过程是从系统的基础知识学习开始,然后再进行教学、表演、创作或研究等艺术实践。

**(五)群众文化辅导与院校教学的结果不同**

群众文化辅导的最终结果是为了广大人民群众文化素质的提高;艺术院校的教学成果则最终体现在文化艺术的繁荣发展上。群众文化辅导的侧重点在于整个国民素质的提高,更多的是做“塔基”的工作,着重培养、造就群众文艺的业余人才,显示的是群众文化水平的提高。而艺术院校培养的是职业化的专业艺术人才,是在做“塔尖”的工作,显示的是国家专业艺术教育的实力和水平。二者不同的工作成果,促成了整个社会文化艺术的繁荣发展。

## 第三节　群众文化辅导的构成要素

群众文化辅导有辅导者、辅导对象、辅导内容、辅导手段四个构成要素。

### 一、辅导者

辅导者是指群众文化事业机构中有一定专业特长,并且具有开展辅导活动能力的专职人员。辅导者是辅导过程中的主导,需要具有较高的综合素质和业务能力。

**(一)综合素质**

辅导者的综合素质包括思想政治素质、文化素质、职业道德等方面。思想政治素质是从认识、立场、世界观、人生观、价值观的高度,对辅导者提出的首要要求。一个合格的辅导者,其知识结构应由所辅导门类的专业知识、本辅导门类相关的学科知识、科学辅导方面的知识和较为广博的科学文化艺术基础知识所组成,且应兼备知识的精深与广博,并在纵向和横向方面形成合理的结构。这是对辅导者文化素质方面的要求。此外,辅导者还应讲求职业道德,恪守敬业精神、奉献精神和协作精神,这是群众文化辅导工作对辅导者提出的职业道德守则。

**(二)业务能力**

辅导者的能力结构由一般能力与特殊能力两部分组成。一般能力即智力,这是完成任何活动都必须具备的基本能力,包括观察力、注意力、记忆力、思维力和想象力等;特殊能力是指在某种专业活动中表现出来,并保证这种专业活动达到一定水平或取得较好成效的能力。辅导者应当具备的能力包括许多方面,如组织能力、表达能力、分析能力、示范能力、自修能力、创新能力等。

具体说来,辅导者应具备如下能力:

1.编写教材能力

即做到所编教材能够符合通俗、实用、准确、明晰的要求。编写教材要求辅导者能够根据辅导工作的实际需要有针对性地编写符合辅导对象要求的专用教材。具备教材编写能力要求辅导者有较强的文字表达能力、有对所辅导内容的综合概括能力、有较深厚的专业理论功底和较强的逻辑思维能力。

2.主持培训能力

即能够针对不同辅导对象采用不同的培训方法，能独立授课。主持培训、独立授课都是辅导者应当具备的基本能力。在群众文化辅导中，无论举办培训班、讲座或研修班，都需要辅导者有效地掌控培训过程，进行面对面地授课辅导，并能够根据培训对象的不同特点，灵活机动地采用不同的培训方法。

3.示范演示能力

即要求辅导者具有表达能力和表现能力，能够化繁为简，启发想象。在技能的辅导中，尤其需要强化辅导者口传身授的作用，需要辅导者用示范演示去感染辅导对象。进行示范演示，应讲求动作规范准确、速度适中、表现力强、启发想象，并做到示范与讲解相结合、综合示范与分解示范相结合。

4.运用理论能力

即要求辅导者能够掌握群众文化理论和相关专业知识，并能将其熟练地运用到辅导实践中。作为辅导者，不仅需要具有相关专业的基本知识和示范演示能力，也应具有一定的群众文化理论水平。除了遵循群众文化的基本理论去指导辅导活动的全过程，还应在辅导活动中适时地向辅导对象传授群众文化理论。

5.辅导组织能力

具体体现在辅导者具有个人魅力、善于启发引导、进行情感沟通、掌握进度节奏等方面。辅导是一门艺术，在很大程度上显示了辅导者的辅导组织能力和水平。因此，一个好的辅导者应能如同“吸铁石”，能凭借个人的影响力、号召力、表现力、应变力等产生出足以吸引他人的强大磁场。辅导组织能力的提高，需要辅导者的长期历练，也与辅导者的学识、气质、性格等因素有着不可忽视的关系。

群众文化的辅导者，虽然大都不是由专业艺术教育出来的专门人才，但在许多方面都表现出优秀的品质修养、丰厚的生活素养，有着敏锐的观察力、感受力、想象力和强烈的创作欲望，有着专业艺术家的天赋和艺术潜能，对艺术有着执著的追求，具有坚强的意志和非凡的能力，能够以自己的学识和水平、表现力和创造力完成群众文化辅导的任务。

## 二、辅导对象

辅导对象是指由不同阶层、不同年龄、不同爱好、不同文化层次的群众所组成，利用闲暇时间参加群众文化事业机构组织的各种辅导活动的群体或个人。辅导对象是辅导活动的客体，是辅导者进行辅导实践的对象，并接受辅导者的指导；辅导对象也是辅导过程的主体，是认识和学习活动的主人，是辅导实践活动的主要参加者。

### （一）辅导对象的构成

辅导对象主要由社会各个层面具有不同文化需求的个体和群体所构成。主要包括个体对象和群体对象两个方面。个体对象主要指有着各种不同辅导目标和要求的个人；群体对象主要指有着共同爱好和共同需求的群体或团体。辅导对象具有广泛的社会性和一定的复杂性。在辅导实践中，辅导对象大多是指有着各种志趣爱好的群众文化爱好者，但有时也包括初次从事群众文化工作的人员以及群众文化系统的基层工作人员和专兼职人员。

**(二)辅导对象的特点**

辅导对象主要具备以下特点:

兴趣的优先性:群众往往受兴趣的驱使而对群众文化活动产生浓厚的兴趣和喜爱的心理,并不惜占用业余时间去参加辅导活动,因此兴趣爱好是群众参加辅导活动第一位的因素。

需求的自我性:群众参加辅导活动都是遵从个人意愿,有较为强烈的自我需求。

内容的自选性:在辅导内容的选择上,群众大都根据个人的特长和意愿决定,有较为明确的学习目的和要求。

水平的差异性:辅导活动参加者大多水平参差不齐,在素养、学识、技能等方面存在差异。

目标的提升性:在参加辅导活动的目标上有一定的追求,有通过参加辅导获得水平提升的愿望。

时间的闲暇性:无论有无职业,都有可以自我支配的空闲时间。

**(三)辅导对象的差异**

辅导对象相互之间存在着个体差异,主要体现在:基础条件的差异,接受能力的差异,思想品德的差异,性格气质的差异,家庭状况的差异,生活习惯的差异等。

辅导对象存在个体差异是群众文化辅导的特定现象。人们由于年龄、民族、职业、生活环境、教育背景等方面的不同,必然会产生人与人之间的差异,并不会在参加辅导活动时发生改变。正确认识和分析辅导对象的这些差异,是辅导者必须要做的准备工作。

**(四)辅导对象的需求**

不同的辅导对象有不同的辅导需求。辅导需求的信息内容包括知识种类需求、辅导方式需求、时间周期需求、时段选择需求、辅导教师需求等多个方面。即不同的辅导对象对获取的知识量、采用的辅导方式、所接受的辅导周期、时段安排的选择以及心仪的辅导教师,都会有不同的需求标准。尊重和适应辅导对象的需求,对辅导活动的顺利进行有重要的保障作用。在组织辅导活动时,应当根据不同辅导对象的不同需求,合理安排辅导课程。

**(五)辅导者与辅导对象的关系**

辅导者与辅导对象的关系体现在:

1.辅导者在辅导活动中处于主导地位

在辅导活动中,辅导者同时是组织者、领导者、评价者,在很大程度上决定着辅导活动的运行、辅导质量的优劣,是当然的主导力量。

2.辅导者与辅导对象既是师生关系,又是朋友关系

辅导者与辅导对象之间虽主要表现为师生关系,但本质上仍是人际关系。因此单纯的师生关系不是辅导者与辅导对象之间关系的全部。辅导者与辅导对象成为朋友关系,可以增进双方的感情融合,有助于提高群众文化辅导的效果。

3.辅导者有施教的责任,也需要与辅导对象相互切磋、教学相长

在辅导活动中,辅导者是施教者,辅导对象是受教者,辅导者需要履行施教的责任。但辅导者也应悉心听取辅导对象的意见,加强双方之间的互动交流,使教学之间互相促进。

4.辅导者也是服务者

群众文化辅导活动是群众文化服务的内容之一,因此在辅导活动中,辅导者还具有服务者

的身份，即为辅导对象提供包括辅导内容在内的群众文化服务。辅导者不仅要指导帮助辅导对象，也要尊重辅导对象。尊重辅导对象是辅导者的义务。

## 三、辅导内容

辅导内容是群众文化辅导的核心，关系到该项辅导活动的性质与规模。群众文化辅导的内容是多方面的，并随着社会文化的发展和活动项目的丰富而不断扩充。群众文化辅导的内容，按现行活动品种的性质加以集合和归类，主要可分为组织管理辅导、文化艺术辅导、宣传鼓动辅导、文化娱乐辅导与理论研究辅导五个方面。其中文化艺术辅导是辅导的重点内容。

### （一）组织管理辅导

组织管理辅导是辅导者通过对群众文化各类活动组织的程序、环节及管理方法和手段的传授，从而提高辅导对象组织管理水平的活动。组织管理辅导的类型主要包括群众文化活动的组织管理辅导、文化群体的组织管理辅导和群众文化事业机构的组织管理辅导。

组织管理辅导的重点包括组织设计和管理手段两个方面。组织设计就是对组织活动和组织结构的设计过程，是把任务、责任、权力和利益进行有效组合和协调的活动。组织设计的基本程序主要分为六个步骤：一是明确组织的目标和任务；二是对活动过程的总体设计；三是设计管理岗位；四是规定管理岗位的具体内容；五是配置岗位人员；六是设置管理机构。管理手段即用科学的方法对群众文化活动的过程进行有效的管理，使之产生最佳的效益。除了对系统方法、信息方法及反馈方法的介绍外，还应掌握五种管理手段：一是培养向导，即对活动对象中的“领头”人物进行有目的的培训和指导；二是营造氛围，即保证活动在新颖活泼、富有情趣的氛围下进行；三是制度约束，即通过制定相关的规章制度来实现辅导目标；四是指标控制，即实行量化管理，设定相应的责任指标、计划指标、经济指标、时效指标、成果指标等；五是内外协调，内部协调包括部门、成员之间的协调以及结构的调整等，外部协调包括纵向和横向关系的协调，即处理好上下级的关系和协作单位之间的关系。

### （二）文化艺术辅导

文化艺术辅导是通过有目的、有组织和有系统的辅导，提高辅导对象艺术欣赏能力和艺术创造能力的活动。文化艺术辅导的重点包括艺术欣赏辅导、艺术创作辅导两个方面。

艺术欣赏是一种审美活动，它通过艺术作品所塑造的艺术形象，使人们在欣赏时产生强烈的审美感受，得到欢欣愉悦，获得精神满足和教益。对艺术欣赏的辅导：一是要通过观摩和体验，详尽说明艺术作品的思想内容和表现手法，帮助欣赏者弄懂并理解；二是要注意对艺术作品内涵的分析，提高欣赏者对艺术作品的感受力、理解力和想象力；三是要宣传正确的审美观，激发欣赏者高尚健康的情感。相较于艺术欣赏，艺术创作则是一种精神活动，它是作者通过对生活素材的积累，运用一定的创作手段，加工成艺术作品的过程。对艺术创作的辅导：一是要注重提高作者的思想修养，帮助作者树立正确的价值观、审美观；二是要组织作者深入生活和观察生活，帮助他们学会从生活中搜集素材，汲取营养；三是要传授艺术创作的方法和技巧，提高他们的创作能力和水平。

### （三）宣传鼓动辅导

宣传鼓动辅导是辅导者帮助辅导对象掌握并运用群众文化的传播手段，提高群众文化宣传效果的活动。宣传鼓动辅导主要包括两种类型：一是按宣传鼓动手段划分，主要有文艺宣传辅导、资料宣传辅导、展览宣传辅导、幻灯宣传辅导、演讲宣传辅导、广播宣传辅导、黑板报宣传辅导等;二是按宣传活动场所划分,主要有舞台宣传辅导、广场宣传辅导、街头宣传辅导、实地宣传辅导等。

宣传鼓动辅导的重点,包括指导辅导对象制作宣传制品和把握宣传条件两个方面。可以用作宣传鼓动的材料有多种来源,包括有关方面或个人对社会的调查研究、采访记录,政府机构和有关方面发布的文件、图片、统计数字、音像资料,图书情报系统的各种资料库、数据库等。可以用于宣传制品制作的也有多种形式,包括造型艺术中的宣传画,语言艺术中的诗歌、演讲,表演艺术中的相声、说唱、戏剧等。制作宣传制品需要把握政治标准和艺术标准,即注重传播正能量和增强艺术感染力。把握宣传条件对能否实现宣传目标至关重要。在此过程中,除了具备用于宣传鼓动所需的硬件条件以外,宣传者的信誉度、受传者的认识差异以及宣传媒介的有效利用也是不可忽视的重要因素。

**(四)文化娱乐辅导**

文化娱乐辅导是辅导者将活动常识以直观的、趣味性强的方式进行传授,使辅导对象身心得到最大的快感和美感的活动。文化娱乐辅导包括娱乐项目辅导、游戏项目辅导、游艺项目辅导、群体项目辅导等。

文化娱乐辅导的重点是组织策划辅导和技能训练辅导。组织策划辅导需要辅导者把握四个要素,即明确的活动目的、确定的活动内容、周密的活动计划和必需的活动经费。技能训练辅导主要包括活动常识的辅导和技巧训练的辅导,要求辅导者讲清活动的规则、方法和要求,进行心理素质训练和娱乐技能训练。在辅导过程中,宜多采用组织竞赛或游戏的方法。

**(五)理论研究辅导**

理论研究辅导是辅导者引导辅导对象进行群众文化本质、规律和方法的研究,借以提高群众文化队伍整体水平的活动。理论研究辅导主要包括基础理论辅导与应用理论辅导两个方面。基础理论研究的内容包括:群众文化的起源、群众文化事业发展的历史、群众文化活动的基本规律、群众文化工作的方针、政策和原则等。应用理论研究的内容包括:群众文化管理学、群众文化辅导学以及群众文化发展趋势研究、实践方法研究等。

理论研究辅导的重点是理论研究方法的辅导、理论研究程序的辅导以及理论研究导向的辅导。理论研究的方法主要包含系统研究方法、度量研究方法、预测研究方法。系统研究是按照集合性、整体性、相关性的原则对所搜集到的资料进行研究,以便从这些资料的整体以及各种资料的相互联系中,把握事物的规律性;度量研究是将定量研究与定性研究进行有机的结合;预测研究是对未来发展趋势的研究,即通过连续性、因果性和相似性等中介原理,把对现实的认识转换为对未来的预见。

理论研究的程序一般包括课题选择、提出假设、确定研究计划、汇总研究四个阶段。课题选择应遵循现实的要求、可能性的要求、摸底的要求和科学的要求,注重课题的合理性和可行性;提出假设应严谨,不应与该领域已证实其正确性的理论相违背,不应同已知和检验过的事实相矛盾;调查方案应作为整个研究活动的总规划,阐明调查的目的、内容和意义,提出完整的调查提纲,确定所采用的方式和方法,确定明确的时间和流程;汇总研究应把握分析资料、验证假设、撰写研究报告三个过程。

群众文化辅导应根据群众文化的发展变化增加不同的选题。在公共文化服务的大背景下，群众文化辅导应将公共文化服务和群众文化的基本知识、公益文化活动的组织与管理、网络数字技术的基本知识、群众文化需求的相关内容纳入辅导内容中来。

## 四、辅导手段

辅导手段是群众文化辅导的表现形式，关系到该项辅导活动的风格与质量。以往的辅导手段，更多地以辅导者的教学和个体指导为主，辅导者通过对所辅导的知识、技能进行详细的讲解和示范，使辅导对象能够接受和仿效。社会的进步和科技的发展，极大地丰富了群众文化的辅导手段，使群众文化辅导方法更多样、简便、立体、灵活、形象、有效，也更具感染力。

根据辅导技术的发展演化过程，群众文化的辅导手段大体可分为传统的辅导手段和现代化辅导手段。传统的辅导手段多采用面对面或书面的辅导方法；现代化的辅导手段则增加了利用互联网、大众传媒、幻灯、电视等多样化的交流媒介和技术手段。

### （一）传统的辅导手段

传统的辅导手段以面对面的辅导和书面形式的辅导为主。面对面的辅导包括集中辅导和分散辅导两大类。集中辅导是一种有组织、有计划、有秩序的集体辅导形式，是群众文化事业机构开展辅导活动的主要方式。集中辅导多采用课堂教学方式，如组织培训班、讲座、讲习班等。分散辅导是根据辅导对象的不同需求，深入辅导对象中间进行的单独教学的辅导形式。分散辅导的方式主要有分片辅导、分类辅导和个别辅导。在辅导活动中，集中辅导与分散辅导应有机结合，根据不同的需要采用不同的辅导手段。

书面辅导是采用编印和发放辅导材料，以函授的方式进行的辅导，即编印各类文艺作品，如快板、相声、小戏等；印发各类文艺辅导资料，如歌片、舞谱等。书面辅导在辅助群众学习、提供创作样本等方面都发挥了显著的作用。实践证明，这些传统的辅导手段仍然具有很强的实用性、有效性，是群众文化辅导不可偏废的重要手段。

### （二）现代化辅导手段

现代化辅导手段主要是运用互联网、大众传媒、幻灯、电视等现代化交流媒介或技术手段所进行的辅导活动。这是在现代科技手段不断丰富的今天，逐步引入并运用到群众文化辅导活动中来的。现代化的辅导手段主要包括两个方面：一是运用现代化的电化设备，如电脑、电视机、DVD机、投影仪、手机、音响设备等。二是运用现代化的技术手段，如网络传输技术、多媒体技术、数字化技术、资料数据化技术以及各种大众传媒手段，包括电视、广播、报刊、电影等。现代化辅导手段的广泛应用，有效地提高了群众文化辅导的效率。

辅导活动往往不是单一辅导手段的应用，而是多种辅导手段的有机结合。群众文化辅导需要选择最有利于实现辅导效果的辅导手段，并将其加以综合应用。辅导者对辅导手段的选择，主要应依据辅导的目的和任务、辅导的内容和辅导对象的特点等方面的需要。无论采用面授辅导、函授辅导，或是以数字化技术为依托的网络视频、电子邮件、远程教学等辅导手段，都是由上述因素所决定的。

# 第四节　群众文化辅导的步骤与程序

## 一、群众文化辅导的基本流程

群众文化辅导的流程主要包括确定辅导者的角色地位、明确辅导内容、选择辅导工具、把握辅导对象、编写教案教材、实施辅导程序、进行效应反馈等内容。

### (一)确定辅导者的角色地位

群众文化辅导首先应根据辅导的目的和要求,确定辅导活动的辅导者。一般辅导活动的辅导者可由一人承担,也可由多人承担。在辅导活动中,辅导者除了要承担相关知识的传授外,还应当根据需要承担组织、管理、协调等多方面的责任。辅导者的角色,既应该是施教者、管理者、指导者、评价者,也应该是辅导对象的朋友和服务者。

不同类型的辅导活动对辅导者的角色要求也各不相同。授课类辅导活动要求辅导者主要承担讲师的角色,而表演类辅导活动则更多地要求辅导者承担导演或艺术指导的角色。因此辅导者在辅导活动中要明确自己所处的地位和可发挥的潜能,增强责任意识,最大限度地承担起辅导者角色赋予的任务。

### (二)明确辅导内容

辅导者应依据辅导活动预定的目标和任务,按照辅导对象的文化需求设定相应的辅导内容。设定辅导内容还需要辅导者准确掌握和充分考虑辅导对象的人员构成、层次水平和接受能力的实际状况,选择便于辅导对象接受的内容,同时根据不同的辅导对象,在辅导中摄入不同的信息量。辅导内容设定的合适与否,很大程度上取决于辅导者的知识功底和辅导技能。

### (三)选择辅导用具

辅导对象应根据辅导对象的实际状况和实际能力,选择与内容相适应的辅导工具。适宜得当的辅导工具可以有效地拓宽辅导手段,起到强化记忆、启发想象、活跃气氛、增强效果的作用。在辅导工具的选择上,既可以利用各类电化设备、投影设备等,也可以选择录像、录音、幻灯、电影、广播等大众传播工具。

### (四)把握辅导对象

辅导者应对辅导对象进行认真的分析,参照他们的具体特征和接受能力选择相应的辅导形式与辅导方法。对于辅导者而言,能否准确地掌握辅导对象的各种信息是有效地选择辅导形式和方法的前提。在此基础上,辅导者还应在辅导的过程中注意把握辅导对象的情绪,充分调动和发挥辅导对象的能动性。可以说,这种能动性直接影响了辅导对象的积极性、主动性和接受效率,决定了辅导效果的优劣。

### (五)编写教案教材

辅导者在辅导活动开始前,应提前编写辅导教案(方案),将辅导目的、辅导内容、课时安排、完成目标、辅导重点及难点、辅导用具的应用、习练项目以及辅导实施的步骤、程序等内容逐一加以设计,做到胸中有数。同时还要根据辅导对象的知识水平和接受能力,将所要完成的辅导内容进行细致的梳理和归纳,编写出可提供给辅导对象使用的辅导提纲、讲义或者教材,从而帮助辅导对象对辅导内容的理解和掌握。

### (六)实施辅导程序

实施辅导程序是指辅导者将辅导活动付诸实施的过程。实施辅导程序是辅导的重点,之前的所有准备都是为了这一过程服务的。在实施辅导程序时,要准确把握授课讲解、演示示范、安排习练等环节,注意采用辅导对象易于接受的辅导方式和方法,加强与辅导对象的交流互动,讲求辅导艺术,充分展示辅导者的表现力、感染力和人格魅力。同时注意针对不同辅导对象的不同能力和水平,进行有针对性的个性化辅导,重在提高辅导对象的领悟力、理解力、模仿力等基本能力。

### (七)进行效应反馈

辅导者还应采取多种方法对辅导效应进行全面反馈,并从短期效应和长期效应两个方面进行研究。短期效应在辅导活动进行中或一个辅导周期结束后即可得到反馈,而长期效应的获得不仅需要一个连续不断、潜移默化的辅导过程,而且需要辅导者做出持之以恒、锲而不舍的努力。得到效应反馈后,辅导者应及时针对效应反馈中不合理、不适宜、无效果的内容和方法进行调整和改进。进行效应反馈可采用考试考核、检查评审、数据统计、座谈交流、调研论证等方法。

## 二、辅导者的工作步骤

根据辅导活动一般需要经历准备、实施和总结的整个过程,辅导者的工作大体可分为七个步骤。

### (一)搜集辅导需求信息

设立群众文化辅导项目应以群众的文化需求信息为依据。从这个意义上说,做好需求信息的收集工作,是辅导活动进行前的一项重要的基础工作。搜集群众需求信息应力求具体、明确,主要应围绕群众对辅导的知识内容、辅导方式、时间周期、时段选择以及辅导教师等方面的需求进行搜集。搜集辅导需求信息可采用问卷、走访、座谈等方式,并可利用网络、聚集性活动等平台进行采集。

### (二)掌握辅导对象底数

掌握辅导对象的底数也是辅导实施前需要完成的一项基础性工作。只有准确掌握辅导对象的底数,才能有针对性地实施辅导。需要掌握的底数可包括多方面的内容,如人员构成、年龄结构、基体素质、接受能力、家庭情况、职业状况、兴趣爱好、期望值、骨干成员等。调查可以问卷方式为主。通过对辅导对象全面情况的了解,并运用各种定性和定量的分析方法进行汇总分析,从而对辅导活动的未来走势和可能遇到的问题作出预判。

### (三)进行辅导可行性研究

可行性研究是通过对各种相关因素的分析研究,对辅导项目完成的可能性、预期效果的实现程度等方面进行的预测。即要求辅导者在辅导前要对辅导什么、为什么辅导、怎样辅导以及辅导目标是什么做出回答。同时要掌握辅导活动所具备的相关条件,包括辅导场地、设备、资金以及后勤、安全等方面的保障条件,并且针对辅导进行中可能出现的相关情况和不确定因素进行分析,设定一定的解决方案。在此基础上,根据所设定的辅导目标和客观条件,以及所设计的辅导内容、辅导方法,对辅导活动可能产生的结果进行预测,为制订辅导计划和方案做好准备。

### (四)制订辅导计划和方案

在进行群众需求调研、辅导对象情况分析和可行性研究的基础上,应根据所设定的辅导内容和辅导目标制定详细的、可操作性强的辅导计划和方案。辅导计划是辅导目标的具体化,是辅导活动组织实施的基本纲领,决定着辅导内容的总的方向和结构。辅导计划一般可设正文和附表两个部分。其中正文是辅导计划的主体部分,主要内容包括指导思想、预期目标、辅导项目的内容、辅导的实施步骤和时间分配、相关要求等。附表则是以表格形式来体现辅导计划的主要内容。

辅导方案则是辅导计划的具体实施细则,是整个辅导过程各个阶段、环节的细化和确实的安排。辅导方案的主要内容包括辅导目标、重点难点、辅导方式、辅导项目及时间安排、保障措施、相关要求等。具体化和可实施性是对辅导方案的基本要求。

### (五)有针对性地实施辅导

实施辅导是辅导活动的中心环节,是落实辅导目标的操作过程。不同的辅导内容可采用不同的方式和手段,但基本要求就是保证辅导目标的实现。辅导者应充分发挥个人的主观能动性和创造性,采用科学有效、巧妙实用的方法实施辅导。一般说来,实施辅导的过程主要可采用讲课辅导、安排习练、个别辅导、课外辅导等方式,其中讲课辅导是主要部分。

1.讲课辅导

辅导者在进行讲课辅导时应把握六个环节:一是辅导目的明确,始终围绕辅导目标的实现进行安排和设计;二是辅导内容正确,讲求思想性、艺术性和娱乐性的统一,讲求理论与实践的结合,做到对辅导内容的熟练掌握和准确讲解;三是辅导方法恰当,善于将各种辅导方法加以有机结合,做到运用自如;四是辅导手段得当,除了运用语言手段进行讲解和描述,还可用示范、图示、影像等手段进行直观辅导;五是辅导状态良好,讲课当中始终保持精神饱满、耐心细致;六是辅导组织紧凑,做到课程安排井井有条、环环相扣、秩序良好。

2.安排习练

习练是巩固讲课辅导行之有效的方法,适当地安排习练有助于提高辅导效果。习练的方式大致有四种:阅读习练、口头习练、书面习练、实际演练。在安排习练时,辅导者应做到:习综的内容符合辅导教材的要求,紧扣讲课辅导的内容;习练的分量要恰当,难易要适度,符合多数辅导对象的实际水平;安排习练要有明确的要求,对难度较大的习练,辅导者应作提示和示范。辅导课还应及时地对辅导对象的习练情况进行评定,评判习练一般可采用全面评定、重点评定、轮流评定、当面评定和辅导对象相互评定等方法。

3.个别辅导

个别辅导是对集体辅导的有益补充。对于个别接受能力强、有一定素质基础或已超越辅导计划设定标准的辅导对象,可根据其基础能力进行超出整体辅导标准的个别辅导;对于少数学习基础薄弱、接受能力不强的辅导对象,也应根据其所遇到的重点、难点问题,进行有针对性的个别辅导;对于遇到疑难问题的辅导对象,给予解惑答疑的帮助等。

4.课外辅导

课外辅导是一种具有实践意义的辅导活动。即根据辅导目标和辅导内容的要求,在进行讲课辅导、安排习练和个别辅导之外,安排辅导对象进行课外实践、采风、考察等活动。课外辅导的意义在于能够使辅导对象获得实践锻炼的机会,可以有效地增强辅导内容的理解力和感知度。进行课外辅导应从实际出发,注意讲求实效。

### (六)辅导过程的必要调整

辅导过程的调整是实现辅导目标的重要环节。辅导过程不是僵化的、循规蹈矩的、一成不变的过程,而是根据辅导对象的信息反馈不断进行调整和校正的过程。受辅导过程各种复杂因素的影响以及辅导能力、辅导条件的限制,辅导过程往往会出现一些在计划中未能涉及或意想不到的问题,需要辅导者随时获得辅导对象的信息反馈,以便准确、客观、及时地对辅导中出现的问题做出反应,从而减少和避免失误。获取反馈意见并据此做出判断,提出对策,对存在偏差进行修正,就是辅导进行中的调整过程。因此,辅导者在辅导过程中应多方面听取辅导对象的意见和建议,检查辅导取得的实际效果,根据辅导对象的反馈信息,随时对辅导计划进行调整,包括调整辅导目标、辅导内容、辅导方法等。

### (七)辅导效果的总结分析

辅导效果是辅导活动在社会上产生的效应和收益。对辅导效果的总结分析包括两个方面:一是对辅导对象取得的辅导成果的检测;二是对辅导者辅导工作的评定。

对辅导成果的检测分为随机检测和期末检测。随机检测可伴随辅导活动的全过程。采用的方式有书面测验、口头答辩、技能技巧表演等。期末检测一般在辅导结束或阶段辅导周期结束时进行。采用的方式除书面检查外,还可通过举办演唱会、作品展览、经验交流会,或开展知识竞赛、撰写论文等方式进行。

对辅导工作的评定是衡量辅导者能力和成果的基本程序。一项辅导活动结束后或一个辅导周期结束后,都需要通过总结分析对辅导工作进行评定。对辅导工作的评定有助于获取成功经验,解决存在问题,改进辅导工作。进行辅导工作的评定,主要应从辅导者的工作态度、辅导过程的完成情况、辅导成果的评估三个方面进行,坚持思想与业务相统一、时效与绩效相统一、质量与数量相统一的原则。

## 三、构成辅导信息的基本要素

### (一)需求信息

需求信息主要包括辅导对象对辅导内容、时间、方式及审美取向、期望目标等方面的要求。需求信息是辅导者确定辅导目标、选择辅导方式的基本依据,也是保证辅导活动质量的重要标准。辅导对象的多样化需求和期望目标等,体现了群众参加辅导活动的意愿,也是设定群众文化辅导项目的价值所在。因此,在确定一个辅导项目之前,应当采用走访调查、征求意见等多种方式,确切了解和掌握辅导对象的需求信息,从而保证辅导效果的针对性和有效性。

### (二)资料信息

资料信息主要包括辅导对象的个人简况、文字资料等信息。资料信息是辅导者在辅导活动中的重要参考,是在辅导活动准备阶段最需要收集也易于收集的内容。获取的方法包括填写报名表、提交个人简历等方式。对获取的资料信息不应束之高阁或敷衍对待,而应当认真地加以研读、熟悉和了解,有些资料应进行必要的整理和分析,使之作为把握辅导对象的依据,并在辅导活动中加以有效的利用。

(三)技术信息

技术信息主要指辅导对象在知识、技能水平方面的信息。辅导者可采用对辅导对象进行水平测试、数据分析等方式获得。经过测试和数据采集,进行详细的归类和计算,掌握辅导对象的文化基础、艺术水平、专业特长、接受能力等有关的技术性数据,做到“心中有数”。技术信息是确定辅导目标、辅导内容的基础,准确的技术信息有助于保证辅导的针对性和有效性。

## 第五节　群众文化辅导大纲与教材的编写

### 一、群众文化辅导大纲的编写

(一)编写辅导大纲的必要性

辅导大纲是辅导者为辅导活动编制的有关辅导目标、任务和内容的基本框架。编写辅导大纲是进行群众文化辅导的基本要求。

1.提高辅导效果的需要

辅导效果是衡量辅导活动是否有效的根本标准,编写辅导大纲可以通过对辅导活动全过程的整体构架,使辅导目标更清晰,更符合辅导对象的实际需求,更有利于辅导目标的实现,从而为提高辅导效果打下坚实的基础。

2.把握辅导内容的需要

辅导内容是辅导活动的落脚点和具体体现,编写辅导大纲是对辅导内容的总体设计,可以合理、有效地分布知识点,突出重点和难点,使辅导内容更有利于辅导对象的理解和掌握。

3.针对性辅导的需要

群众参加辅导活动有着较强的目的性和期望值,具有个性化和复杂性的特征。有针对性的辅导是对辅导活动的基本要求,彰显了群众文化辅导的实用性价值。编写辅导大纲可以更好地为群众的个性需求进行辅导设计,做到有针对性的辅导。

(二)辅导大纲编写的原则

辅导大纲编写的原则:定位准确、切合实际、要点突出、浅显易懂。

1.定位准确

编写辅导大纲应有明确的定位,充分考虑辅导对象、辅导条件、辅导手段和技术等相关因素,合理确定辅导目标。编写辅导大纲一般应以辅导目标为指导,以知识辅导与技能辅导为核心,以辅导内容和辅导时间的分解为框架,以辅导手段、辅导方法的设计为重点进行设计,注意辅导过程的实施与辅导效果检查考核的有机结合。

2.切合实际

编写辅导大纲要从实际出发,强调辅导大纲的实用性。在编写辅导大纲时,应以辅导对象的整体平均水平为基准,充分考虑辅导对象的特点和需求,兼顾辅导对象个人条件以及接受能力上的差异,兼顾辅导对象的实际需要,同时兼顾辅导条件和辅导能力,注意讲求实效,不提不切实际的目标和要求,提高辅导大纲的可行性和可操作性。

3.要点突出

编写辅导大纲要坚持结构凝练、要点突出。安排知识量和知识点要符合辅导对象的实际能力和需要,并以辅导对象在一定时间内能否消化吸收为限度。在内容设计上,要以知识和技能辅导为主,注重审美能力和艺术表现能力的提高。

4.通俗易懂

编写辅导大纲要保证知识系统的严密准确,既要严格遵循知识的内在逻辑,又要符合辅导对象的认识规律。设计辅导内容要深入浅出,辅导方法要丰富直观,保证知识点通俗易懂、易教易学。

**(三)编写辅导大纲的内容**

1.设定总体要求

编写辅导大纲首先要阐明辅导活动的总体要求,主要将指导思想、原则规范等内容进行全面、简明扼要的概括。总体要求应能体现辅导者对于设置辅导项目的动因、意图、条件、定位、目标等方面的思考,提出所遵循的原则,以此作为辅导活动的总的依据。

2.明确辅导目的

在辅导大纲中应设定明确的辅导目的,即明确辅导者对于知识、技能、能力以及特定目标等方面所要得到的效果和成果。辅导目的的设定,应基于对辅导对象相关信息的掌握和分析,基于对辅导者拥有的能力和条件的判断。辅导目的可进行必要的分解,使之更加具体、明确,有些需设定严格的数量指标,便于检查和评定。

3.确定内容要点

辅导大纲是对辅导内容的总体规定,是辅导大纲的核心部分。辅导内容主要应标明辅导对象需要理解和掌握的主要知识点、技能要点及能力要求,然后将这些内容要点按照并列法或总分法进行编排,做到排列清楚、层次分明、简明扼要、要点突出。

4.安排实施步骤

在确定辅导内容要点的同时,应将实施辅导的步骤进行同步设计和安排,并选用与辅导内容要点相适应的、最有利于辅导对象理解和掌握的方法和手段。安排实施步骤要明确相应的辅导周期,保证整个辅导过程的合理有序。

5.检查辅导结果

安排辅导结果的检查是辅导过程的重要部分,也是辅导大纲需要设定的重要内容。检查辅导结果应体现目标的要求、内容重点的要求,设计的检查内容应做到讲实效、重技能、突出实践性、便于操作。

**(四)编写辅导大纲的注意事项**

1.文字简捷、条理清楚、详略得当

编写辅导大纲应遵循简洁性原则,做到框架结构层次清晰,文字标题力求简洁,符合一目了然、提纲挈领的要求。

2.任务明确、知识点突出

编写辅导大纲应遵循知识性原则,设定明确的辅导任务与要求,突出辅导内容中的知识点以及重点和难点。

3.思考题齐备、参考资料充分

在必要的情况下,编写辅导大纲还可根据重要的知识点设计一定数量的思考题,帮助辅导者完善辅导过程的设计。同时还可根据实际需要,罗列出所需的参考资料。

辅导大纲是为完成辅导活动而编写的,与教材或讲义的编写有所不同。编写辅导大纲主要为辅导者把握辅导要求和进度时使用。如经过必要的加工,也可提供给辅导对象使用。

## 二、群众文化辅导教材的编写

从群众文化辅导的特定范围上讲,群众文化辅导教材是指辅导者进行群众文化辅导时为辅导对象编写的、可供特定辅导对象群体使用的实用教材或讲义。编写辅导教材是辅导者综合能力和水平的体现,是群众文化辅导者应当具备的特殊能力。群众文化辅导教材的编写程序主要包括:明确教材编制目的、制订教材编写计划、编制教材编写提纲、完成教材文稿撰写、进行教材文字统校、履行教材审定程序。

### (一)明确教材编写目的

群众文化教材的编写目的具有特定性,许多情况下都是辅导者面对自己承担辅导任务的特定群体编写的。编写辅导教材的原因:一是缺少甚至没有可供使用的辅导教材,而实现辅导效果又需要使用辅导教材;二是已有的辅导教材不适用,需要辅导者根据辅导对象的实际需求另行编写。上述原因为辅导教材的编写提供了必要性和可行性。

编写目的是教材编写的依据和理由。编写教材首先要阐明编写目的,即说明为什么编写,给什么对象编写的问题。群众文化辅导教材涉及各个艺术门类、各项职能工作,因此每种教材都需要适应不同辅导群体的要求。

### (二)制订教材编写计划

制定教材编写计划是对教材编写过程的整体设计。构成教材编写计划的基本要件包括教材名称、编写原则、主要内容、章节设计、时间安排、撰写人员等。撰写教材编写计划应做到框架完整、条理清楚、文字简洁,对编写教材具有指导性。

### (三)编制教材编写提纲

教材编写提纲是编写教材的基础,是对教材结构和内容要点的设定。教材编写提纲可从教材的整体结构出发,按照知识的构成分解为若干个单元,每个单元分设目标与要求、内容要点、思考题、参考文献等部分,其中内容要点是提纲的主体内容。编制教材编写提纲应在设定结构的基础上,用简洁的语言表述相关的知识要点。

### (四)进行教材文字统校

教材初稿完成后应进行合成修改,合成修改应对教材内容、文字做整体协调,包括内容详略的协调、文字数量比例的协调等。多人合作完成的教材,应选定专人进行统稿,包括合成文稿、调整文稿结构和内容、统一体例和文字表述风格,并对互相重复、前后矛盾、存有遗漏等问题进行修改。在必要的情况下,还可请有关专家、学者、有经验的工作人员或者教材的使用者阅读文稿,提出修改意见。

### (五)履行教材审定程序

教材文稿的最后审定应由教材撰写者或教材的主编负责。投入印刷的,应请相关的负责人进行审定;正式出版的,应由出版社选定的责任编辑负责文字校正。

# 第八章　群众文化活动的辅导

## 第一节　群众文化活动的辅导模式与类型

### 一、群众文化活动的辅导模式

群众文化活动的辅导有多种模式，其中比较常见的辅导模式主要有以下五种：

#### （一）专业型辅导模式

专业型辅导模式是指由群众文化事业机构的专业专职人员或邀请艺术院校、研究机构等部门的专业人员所进行的辅导。即群众文化事业机构组织本单位或被邀请的专业人员按照群众文化的艺术门类，进行单一专业或多专业的综合辅导。群众文化的专业辅导是一个宽泛的概念，专门进行舞蹈、音乐、戏剧、曲艺、美术、摄影、书法、文学等艺术门类的辅导属于专业辅导，组织表演、展览、观赏、阅读、创作等方面的辅导，进行网络、计算机、志愿者等相关知识的辅导也可视为专业辅导。

专业型辅导模式的优势：辅导者谙熟群众文化辅导的基本规律，有利于与辅导对象的相互沟通，有利于理论与实践知识的结合，有利于提高辅导的效果。

#### （二）阶梯型辅导模式

阶梯型辅导模式是指不同层级的群众文化事业机构之间采用阶梯方式逐级进行的辅导。常见的模式就是由上级相关部门根据统一设定的培训内容，由上一级机构对下一级机构逐级进行的具有培训性质的辅导。这种辅导模式往往根据某种特定的需要而进行，如为了落实某项群众文化业务工作事项、为了传递某种特殊的业务知识和技能等。

阶梯型辅导模式的优势：有助于自上而下、有效地推进群众文化辅导事项，有助于保证知识和技能传递过程的准确度，有助于辅导者骨干队伍的建设。

以下为全国文化信息共享工程的案例：

全国文化信息共享工程，是文化部和财政部为构建我国公共文化服务体系而实施的一项重大文化工程，它是通过现代科技手段将我国优秀的文化信息资源进行数字化加工和整合，并通过互联网、卫星、电视、镜像、光盘、移动硬盘等方式加以传播，以实现文化信息资源在全国范围内的共建共享。随着该工程的不断推进，全国建有 3 千多个支中心、3 万多个乡镇基层点和 61 万个村基层服务点，需要大批懂技术、会管理的人员参与工程的建设与服务，因此需要组织自上而下的专业技术培训。为此，文化部全国文化信息资源建设管理中心专门成立培训机构负责组织，先后编辑《全国文化信息资源共享工程县级支中心基础培训教材》和《全国文化信息资源共享工程乡镇基层服务点基础培训教材》，并编辑制作 50 场、85 小时的视频课件，制作光盘下发，与各级中心主办、与有关部门联合，培训相关人员 195 万余人次。

### (三)自助型辅导模式

自助型辅导模式是指群众文化团队内部相互之间进行的辅导。自助型辅导主要通过团队内部挖潜,依靠团队内部成员互为师长、互助互帮,提高团队的群众文化艺术水平。在基层群众文化团队内部,有许多人都是具有一定艺术水平和辅导能力的群众业余文艺骨干,他们是自助型辅导的有生力量。

自助型辅导模式的优势:有利于打破教与学的界限,化解辅导者与被辅导者之间的矛盾;有利于变辅导过程为研讨、互助、教学相长的过程。

### (四)家庭型辅导模式

家庭型辅导模式是指家庭成员内部相互之间进行的双向互动性的辅导。辅导的内容包括艺术表演、传统手工艺、现代科学技术等方面的知识或技能。家庭型辅导更多地显示为长者对后辈的辅导,如艺术表演、传统手工艺的知识和技能等;有时也显示为晚辈对长者的辅导,如电脑、网络等现代科技知识和技能。家庭型辅导的主要特点是以家庭成员为对象、以自备器具为设备、以业余闲暇为时间、以自我教育与帮助为目的,是家庭群众文化的重要组成部分。如北京市文化局2008年前后推出的200个“特色艺术家庭”,许多都是家庭型辅导的成功范例。

家庭型辅导模式的优势:实施辅导的过程方便、经济、自由、舒适,有助于营造宽松、和谐、亲切的辅导环境,有助于辅导进行中的直观演示与沟通。

### (五)社区型辅导模式

社区型辅导模式是指由城市社区内部的文化艺术人才对社区成员进行的辅导。在城市社区蕴藏着许多拥有特殊专业艺术技能的专门人才,如艺术团体或单位退休的专业人员、群众文艺积极分子、群众文化志愿者等,他们是社区型辅导的主要力量来源。社区型辅导多采用授课辅导、示范辅导、排练辅导、创作辅导等多种方式进行。

社区型辅导模式的优势:有助于改善社区文化艺术人才不足的状况,有助于发掘社区文化艺术人才的潜能,有助于社区群众文化活动水平的提高。

## 二、群众文化活动的辅导类型

群众文化活动的辅导类型主要是从群众文化辅导的目的出发,限据群众文化活动的实际功用来划分的。

### (一)活动任务型

即辅导者针对某单位或个人在参加竞赛或展示类活动时进行的具体项目所进行的辅导活动。有许多群众文化活动的辅导都是为了某个特定的目的针对具体项目进行的,目的就是为了在这种竞赛或展示活动中取得好成绩或有好的表现。

活动任务型辅导的特点:目的性强——所实施的辅导专门针对所参加竞赛或展示的具体项目;功利性强——以所承担的活动任务为中心,以保证实现活动任务所设定目标;呈微观化——侧重解决项目中所出现的具体问题;技术性要求高——要求辅导者具有掌控活动或比赛任务要求的水准和能力。

### (二)普及提高型

即为了普及提高群众文化和群众艺术知识、技能而开展的群众文化辅导活动。相比较而言,普及提高型辅导不是针对某个具体的目的进行的,而是为了满足个人或团队知识和技能水平的提高。按辅导目标划分，可分为普及类辅导和提高类辅导。

普及提高型辅导的特点：功利性不强——不是为了追求某种单一的功利目标；期望值增加——辅导对象往往对辅导效果要求更高；目标存在差异——普及类辅导追求覆盖面的扩大，提高类辅导则追求艺术水准的进一步提升。

**(三)休闲娱乐型**

即为了满足广大群众的文化和休闲需求而开展的丰富多样的辅导活动。休闲娱乐型辅导主要是为了满足辅导对象为愉悦身心和陶冶性情方面的需求，通过享受辅导过程获得精神上的释放和休息。

休闲娱乐型辅导的特点：非功利性——辅导对象只为追求辅导过程的闲情逸致和乐趣感受；娱乐色彩突出——辅导内容具有娱乐性，能够与辅导对象的兴趣和乐趣完美融合；辅导过程轻松——辅导对象既可学到知识，也能获得艺术享受。

## 第二节　群众文化活动的辅导形式与方法

### 一、群众文化活动的辅导形式

群众文化活动的辅导按照辅导过程的不同形态，大体可分为七种形式：

**(一)单向传输式**

单向传输式辅导多以课堂授课的方式出现，即由辅导者以教学的方式传授相关理论和艺术知识等。一般包括个人辅导、群体辅导、讲座等多种方式。

1.个人辅导

即采取单人一对一的形式对辅导对象个人进行的辅导。辅导者有时需要根据辅导对象的个人需求进行单独授课，所需的辅导方式、方法也应符合辅导对象的个性需求。个人辅导形式可分为短期辅导和长期辅导：短期辅导是由辅导者针对辅导对象在接受辅导过程中所遇到的重点、难点问题所进行的一次性或短时性的辅导；长期辅导则是辅导者根据辅导对象的实际水平，按照专业教程的目标、内容进行的系统性或阶段性的辅导。

2.群体辅导

即针对辅导对象群体进行的辅导。辅导者进行群体辅导往往需要根据辅导对象的水平差异、辅导知识的共性特征等因素，从整体的接受能力和效果出发，合理安排群体构成，宜采用以点带面、先易后难的方式以适应不同的群体要求。一般集体性项目均采用此种辅导方式，如群舞、合唱等。

群体辅导也可分为短期辅导和长期辅导：短期辅导应针对群体某一方面的知识或相关问题进行；长期辅导应根据辅导群体的不同水平或不同知识目标进行整合，按照教程系统地完成辅导目标。

3.讲座

即辅导者采用授课的方式向辅导对象传授知识、技能的一种辅导方式。讲座按内容划分可分为专题讲座和系列讲座：专题讲座宜针对某一方面知识和技能进行，系列讲座则可系统传授相关知识和技能，并实现预期的辅导目标。相比较而言，讲座方式是更多地采用辅导者讲、辅导对象听的方法，过于机械和呆板。为提高辅导效果，易于辅导对象理解和接受，讲座应当做到与辅导对象的实际情况紧密联系，在授课中有互动、有问答，形式生动活泼，并充分运用影像、多媒体等现代科技手段进行辅助。

### （二）引领传输式

引领传输式辅导是由辅导者示范引领，辅导对象模仿练习，通过口传身授的方式进行的辅导。口传身授是群众文化辅导的一个重要特点。它包括教师的口头讲解和以身示范两个方面，即辅导者在讲解的基础上，采用引领示范的方法，指导辅导对象进行模仿练习，从而达到辅导的目的。示范可分为两个过程：一是整体示范，使辅导对象对辅导内容有个全面的印象；二是分步示范，即辅导者边示范，辅导对象边模仿。在群众文化辅导中，引领传输式辅导较为有效和实用，如群众戏剧、群众舞蹈、群众音乐的辅导，大多都采用这一形式。

### （三）指导传输式

指导传输式辅导是在辅导者的带领下，由辅导对象进行教学练习。此种形式是通过辅导者的指导和帮助，由辅导对象中的优秀者重复进行疑难问题或部分内容的二次讲解和示范，既可以使承担讲解示范任务的辅导对象进一步巩固所学的知识和技能，也能使其他辅导对象通过这种二次辅导得到复习理解所学内容的机会。指导传输式辅导的优点在于能够最大限度地调动辅导对象的积极性，有利于提高辅导效果。在群众文化辅导中，书法、绘画、摄影等辅导都可以采用这种辅导方式。

### （四）互助传输式

互助传输式辅导是由辅导对象之间相互传授经验和体会，取长补短，共同进步。此种形式是群众文化辅导中不可缺少的一种形式，对提高辅导效果发挥着重要作用。如教学讨论会、学员技艺竞赛等。教学讨论会可以针对辅导中遇到的重点、难点和急需解决的问题进行专题研讨，通过辅导对象之间的交流和讨论，相互帮助、取长补短，从而获得对讨论议题的理解。

### （五）观摩传输式

观摩传输式辅导即采用实地采风、影视观看剧场、多媒体演示等多种方式为辅导对象提供观摩机会，开阔眼界、拓展思路，提高辅导质量。观摩是群众文化辅导不可缺少的一种手段，有目的地进行直接或间接的观摩可以取得事半功倍的辅导效果。采风原指到民间去采集、搜集民歌、民谣、传说、故事等口头文艺创作，后也指到民间拍摄采集地方风光与民俗。群众美术、摄影、书法以及群众文艺创作辅导多采用采风的方式获得创作灵感。群众舞蹈、音乐、戏剧、戏曲、曲艺等艺术表演门类则更多地需要到剧场、影院去进行观摩。

### （六）实习传输式

实习传输式辅导是在辅导者的带领下，开展创作或排练、演出展示等活动，并将辅导内容融入其中，以此提高辅导质量。实习，顾名思义，就是在实践中学习。群众文化辅导也离不开实习，即在经过一段时间的辅导或辅导即将结束之时，将传授给辅导对象的知识运用到群众文化活动的实际工作中去。如根据所辅导的专业或内容，有针对性地组织辅导对象进行群众文艺创作，或组织文艺节目排练、演出等。

### (七)网络传输式

网络传输式辅导是利用网络媒体、电化演示等科技手段来进行群众文化辅导活动。随着网络技术的发展,利用网络进行群众文化辅导已经成为群众文化辅导的重要手段。主要形式:利用网络为辅导对象提供网上授课、网上辅导资料查询下载、网上展示以及远程指导等。网络资源十分丰富,开展网络传输辅导有助于提高辅导效果和质量。如进行群众音乐辅导,可以充分利用网上的音乐资源,既可使辅导对象对音乐的欣赏更深入和充分,还可以根据其个人所需进行模仿和校正。

## 二、群众文化活动的辅导方法

由于群众文化活动的辅导对象在职业、年龄、文化程度、艺术素养和接受能力等方面都存在着较大差异,因此应根据辅导对象的差异选择适宜的辅导方法。即在实施群众文化辅导的过程中,注意遵循群众文化辅导的一般规律,采取便于辅导对象接受的、灵活多样的辅导方法实施辅导,以保证辅导的最终效果。

群众文化活动的辅导大体可分为以下八种方法:

### (一)目标激励法

目标激励法就是帮助辅导对象在辅导活动的初始阶段就明确学习目标、找准方向,从被动学习转为主动学习。采用目标激励法最主要的就是根据辅导对象的实际情况确定适当的学习目标,既不要使辅导对象感觉目标过难而失去信心,又不能因目标过易而失去学习的主动性。同时,在辅导过程中,应针对辅导对象的心理追求设定阶段目标,及时发现并鼓励辅导对象所取得的点滴进步;在遇到困难的时候,又要鼓励辅导对象坚定信心、克服困难,适时地教授相关的知识和技能技巧,从而实现最佳的辅导效果。

### (二)循序渐进法

循序渐进法就是辅导者要根据辅导对象的具体状况,进行由浅入深、由表及里的渐进辅导。在群众文化辅导中,应紧密联系辅导对象的实际,采取由浅入深、由简到繁、由表及里、由慢到快的方法,注重打牢基础、循序渐进,一步一个脚印地按照层次和次序有步骤地进行,切忌推进过快,造成"夹生"。急于求成的结果,不仅会"欲速则不达",还会使辅导对象的学习走弯路、入邪路,造成难以纠正、难以为继的后果。

### (三)示范引导法

示范引导法就是通过辅导者或特定示范者的示范演示,引导辅导对象模仿学习。示范在群众文化辅导中起着重要的作用。在辅导中,辅导者通过自身科学的、高水平的示范演示,或者通过引导特定示范者或辅导对象的示范演示,可以起到带动辅导对象的感官体验、提高辅导感染力和感悟力的作用。尤其针对辅导对象学习和训练中存在的问题,进行有针对性和对比性的示范,有助于提高辅导对象的鉴赏力和分析力,可以起到事半功倍的作用。借助高水平的演艺作品进行演示,也是一种有效的示范方法。

### (四)难点突破法

难点突破法就是根据辅导过程中的实际情况,寻找出难点的解决方法,进行重点辅导。对辅导中出现的难点问题,应力求做到:找出难点的原因症结所在,将难点进行分解,注重分析难点与其他相关辅导内容的内在联系,认真研究突破难点的有效途径,运用便于辅导对象接受的辅导理念和辅导方式调动辅导对象的内在潜能,分步骤、分阶段、分层次地解决难点问题,使难点一步一步得到解决。

(五)反向思维法

反向思维法就是辅导者从辅导对象思维的角度所进行的启发性辅导。在群众文化活动辅导过程中,有时面对辅导对象正向思维难以理解的重点、难点问题,应当运用反向思维法进行辅导。反向思维就是打破正向思维机械和僵化的思考问题模式,采用“倒过来想问题”的方法,从中发现解决问题的办法。在群众文化辅导中,采用反向思维法就是用辅导对象思维问题的角度和方式去理解辅导中遇到的问题,找到辅导对象理解问题时出现的误区和盲点,进而达到解决问题的目的。

(六)借鉴融汇法

借鉴融汇法就是将其他门类成功的辅导经验融入本专业的辅导中来。在群众文化辅导中,还应学会借鉴和运用姊妹艺术在辅导方面的知识和方法,包括一些绝招、绝活和绝技,来破解本专业辅导中遇到的难题,提高本专业的辅导效果。如在群众音乐辅导活动中,就可以借鉴戏曲、曲艺、舞蹈、美术等一些艺术门类的知识,帮助解决群众音乐创作、表演、技能技巧训练等辅导过程中遇到的问题。适时运用借鉴融汇法,可以丰富、活跃和创新群众文化辅导手段,有助于群众文化活动辅导水平的提高。

(七)理论指导法

理论指导法就是将群众文化的理论知识灵活运用于群众文化活动辅导的实践,使辅导对象在接受辅导的过程中能够得到理论上的提高。辅导过程不能脱离理论的指导,确保辅导对象顺利完成从感性认识到理性认识的转变,是群众文化辅导的重要环节。在群众文化辅导中,辅导者应根据所遇到的问题,有针对性地讲授原理,揭示真谛,高屋建瓴地剖析本质,使辅导对象既能掌握实际技能,又能掌握基本理论,从而有效减少和避免群众文化活动的盲目性和片面性,达到“知其然”并“知其所以然”的目的。

(八)检查评定法

检查评定法就是通过对辅导对象阶段性学习成果的检查和指导,达到辅导的预定目标。检查评定是群众文化辅导过程中经常采用的重要辅导手段,其目的既是为了使辅导对象了解自己的学习效果,也是为了检查辅导目标的实现程度。检查评定一般可采用阶段性或总结性的考试、考核方式,也可采用现场演示或现场问答的方式来完成。无论采用何种方式进行检查评定,都应当力求客观公正,通过检查评定、发现解决辅导对象存在的知识和技能方面的问题,巩固已取得的辅导成果,调动和提高辅导对象的学习积极性,使辅导对象得到新的进步和提高。

群众文化活动的辅导过程是一个复杂的动态过程,对群众文化辅导模式、形式和方法的选择应因时而异、因地而异、因人而异,不应千篇一律、机械套用。此外,群众文化辅导过程也不是套用一种规制从一而终,而是要根据辅导过程出现的新情况、新变化,综合采用两种或多种辅导模式、形式和方法来进行。一句话,就是一切从实际出发,合理、灵活地选用辅导方式和方法。

# 第三节　群众文化动态活动的分类辅导

群众文化的动态活动主要包括群众舞蹈活动、群众音乐活动、群众戏剧戏曲活动、群众曲艺活动、民间文艺活动等。

## 一、群众舞蹈活动的辅导

### (一)群众舞蹈活动辅导的内容

群众舞蹈活动的辅导内容主要包括三个方面:以舞蹈知识讲座、网络媒体等为辅导形式的舞蹈理论基础知识;以各种辅导班、兴趣班等为辅导形式的舞蹈训练内容;根据不同社会需求所创编的群众舞蹈作品。

1.舞蹈知识普及

舞蹈理论基础知识是舞蹈知识普及的主要内容,它不受主观条件的限制,可以最广泛地满足人民群众对舞蹈知识的需求,帮助群众开启舞蹈的神秘之门。舞蹈理论基础知识主要包括舞蹈基本常识和舞蹈作品赏析知识两大部分:一是舞蹈基本常识,包括舞蹈的种类、舞蹈术语、舞蹈审美特征等基础知识。其主要任务是帮助辅导对象辨认现代舞、民间舞、古典舞等舞蹈种类;认识蒙古族的“安代”、维吾尔族的“赛乃姆”、日本的“能乐”等民间传统舞蹈形式;了解芭蕾舞的“开、绷、直、立”、中国古典舞的“圆、曲、拧、倾”、傣族舞的“三道弯”等各种舞蹈美学特征。二是舞蹈作品赏析知识,即基于舞蹈作品产生的历史、文化背景之上的舞蹈动作语汇、风格形态、作品结构形态、审美价值取向、思维方式呈现等多方面的系统知识,包含作品的题材、体裁、内容、形式、风格、技巧等。

2.群众舞蹈培训

群众舞蹈培训是通过有组织的舞蹈知识、舞蹈技能的传递行为,让辅导对象亲身参与的舞蹈训练活动。它是建立在舞蹈特殊性——动态性基础上的另一种重要的普及教育形式。群众舞蹈培训主要包括广场舞推广培训和针对不同人群、不同需求的舞蹈训练班培训两大类。广场舞推广培训,不同于传统的民俗舞蹈传承活动,它是有组织、有计划的广场文化的培育行为,既包括针对广场舞推广的教员培训,也包括面向大众的广场推广实践活动。培训内容包括富有地域特色的民族舞蹈,具有时代特色的健身操、韵律操等。舞蹈训练班培训形式多样、种类繁多,最常见的有少儿舞蹈班、成人形体班、老年民族舞班、国标舞班等,其教学内容根据辅导对象的年龄、需求以及舞蹈基础的差异而各不相同。

3.群众舞蹈创编

根据不同目的和需求所进行的群众舞蹈创编活动是群众舞蹈辅导的一项重要内容。依据表演空间的不同,可分为以节庆仪式、强身健体为目的的广场舞蹈和以展演展示、交流竞赛为目的的舞台舞蹈。广场舞蹈创编应遵循易学、易跳、形式活泼、参与性强等原则,结合其四面皆是观众的特殊性而进行。节庆仪式类的广场舞要注重“场”与“面”的关系,追求宏大、喜庆的氛围;强身健体类的广场舞,往往节奏鲜明、队形简单,强调自娱性。舞台舞蹈创编以群舞居多,与职业舞蹈相比,群众舞蹈的动作技术难度不高但动态特色鲜明,没有固定不变的创编规则可循，唯有始终坚持不拘一格、推陈出新，才能从各种展演展示、交流竞赛中脱颖而出。

### （二）群众舞蹈活动辅导应注意的问题

1.以辅导对象为中心

树立“以辅导对象为中心”的服务意识，辅导者既是主导者、组织者又是服务者。主导者，即在辅导过程中，发挥辅导者的主导作用，充分体现辅导对象的主体地位；组织者，强调广泛的群众参与面和辅导活动受惠面，要求辅导者充分调动群众的参与积极性和学习主动性；服务者，突出的是一切从群众需求出发，满足不同人群的多样需求，使辅导对象通过参加辅导活动达到锻炼体魄、愉悦身心的目的。

2.辅导内容“宜宽不宜深”

辅导内容的选取既要注意广泛性，又要根据辅导对象的身心特点，注重辅导内容的可接受性。让辅导对象不断获得成功的体验，呵护好辅导对象的舞蹈兴趣，是内容选取的基本标准。对于群众性的舞蹈辅导而言，过高的技巧、过难的动作都不适合。群众需求的多样性、社会辅导的长期性等，都决定了辅导内容的广泛性。

3.重视辅导效果信息反馈

树立“小循环、多反馈”“即时反馈与远时反馈”相结合的意识。在辅导过程中，针对难点动作、重点知识的掌握情况，做好及时评价、多次点评；辅导结束时，进行总结反馈；还要注意多创造汇报、交流、演出的机会，让辅导成果在活动和比赛中展示，在普及中得到提高。

## 二、群众音乐活动的辅导

### （一）群众音乐活动辅导的内容

群众音乐活动的辅导对象是非音乐职业的广大群众，辅导的重点是群众音乐骨干和各类音乐团队组织。由于辅导对象大部分没有经过专业院校的学习，存在着音乐知识掌握不够系统、表演技能技巧掌握不够全面等问题，因此所需辅导的内容具有普及性和实用性。

1.群众音乐活动知识

主要辅导内容有音乐概论、乐理、识谱、音乐赏析、表演等方面的基本知识。对群众声乐、器乐等各专业爱好者的主要辅导内容，应是他们在学习、训练、提高演唱和演奏技能、技巧的过程中所需掌握的基本知识和相关专业知识。随着科学技术的不断发展，运用现代科技手段，使用数字音乐设备进行音乐编配、制作、表演、传播等所需要的基本知识等，也应纳入群众音乐辅导的范围。

2.群众器乐活动知识

群众器乐活动有合奏、独奏等。合奏的主要辅导内容：首先是要掌握合奏的基本知识，即结合乐队的实际情况进行分组编制，并选择曲目、合理编配；其次是对乐曲的整体把握能力，即通过对乐队领奏、分奏、多织体合奏等有步骤地进行训练，运用多种乐器性能、多种音色组合、多种演奏表现方法深刻表达乐曲的内容。独奏的主要辅导内容：通过对作品的分析、理解，掌握和运用乐器的多种技能、技巧，完整地表现乐曲内容，形成独特的演奏风格特点。

3.群众声乐活动知识

群众声乐活动有合唱、独唱等。合唱的主要辅导内容是合唱的基本知识，即通过歌唱的咬字、呼吸、共鸣发声训练，音准、节奏训练等过程进行有步骤的辅导，以达到声音的和谐统一。

同时应运用“刚、柔、弹、跳、强、弱、快、慢”等多种演唱技巧和手段，深刻地表现歌曲内容，使演唱的作品具有亲和力、感染力和震撼力。独唱主要辅导内容：通过对作品的分析、理解，运用“声、情、字、味、表”等多种手段表现歌曲内容，形成独特的演唱风格特点。

4.群众音乐创作活动知识

首先要掌握音乐创作方面的基本知识，即通过对生活中题材内容的深刻理解和想象，运用创作知识和技法进行情感表达，借以体现出“前不见古人”的独创性，使创作出来的作品能够真实地反映社会生活。其次是围绕鲜明的主题，进行整体形象的构思、曲式结构的构思，运用创作技法结构处理好歌曲风格、调式、调性、和声等要素。最后是安排好作品的开头、结尾、乐句、乐段、间奏、高潮等布局，使作品表达完整，努力塑造出生动、富有感染力、个性鲜明的音乐形象。

**(二)群众音乐活动辅导应注意的问题**

1.以成熟的案头工作实施辅导内容

案头工作是做好辅导工作的前提。无论是对音乐演唱还是演奏，无论是一对一辅导还是群体辅导，辅导者都应先做好案头工作。案头工作要密切联系实际，要有调查、有研究、有决策，要发挥辅导者的聪明才智，通过本身的知识积累和学习创新完成案头工作，制定出成熟的辅导方案，对要完成的辅导内容和主要解决的问题要做到思路清晰，以新知识、新方法、新的音乐示范内容等，通过辅导过程不断提高辅导对象对音乐的学习兴趣，引领辅导对象打开新思路、掌握新知识。

2.以情感辅导培养辅导对象的学习兴趣

爱因斯坦说：“兴趣是最好的老师。”在群众音乐辅导中，辅导者要以情感为纽带来培养辅导对象学习音乐的兴趣。音乐带有感情色彩，离不开情感表达。辅导者以对音乐作品的理解和情感体验，以优美的范唱、范奏和生动的讲解来激发学生的情感，营造出一种自由的、轻松自然的辅导环境，激起辅导对象的情感共鸣，这样不仅能使辅导对象迅速理解和掌握辅导内容，还能缩短辅导者与辅导对象之间的心理距离。相反，辅导者情感平淡、严肃拘谨，辅导空气紧张，让辅导对象在这种氛围中接受辅导，有碍于调动辅导对象的艺术感觉，不仅达不到好的辅导效果，还会直接影响到辅导对象以后的学习兴趣。

3.以打好音乐基础作为辅导的重点

群众音乐活动辅导的对象是大部分音乐知识掌握不够系统、表演技能技巧掌握不够全面的普通音乐爱好者。因此，对这一群体的辅导要以打好基础为重点，要将强化基础贯穿始终。首先，辅导者要对辅导对象加强音准、节奏等方面的基础训练，还要启发他们多听、多看、多练，不断增强他们对音乐的理解和表达能力；其次，要强化辅导对象基础内容的学习训练，练好扎实的基本功，还要不断培养提高辅导对象的学习兴趣，让辅导对象在学习音乐的进程中由被动到主动、由主动到执着，直至完全入门，有些还可经过深造，成为基本功扎实、音乐知识全面、有用武之地的音乐骨干。

4.以循序渐进的原则安排辅导内容

在群众音乐辅导活动中，要始终遵循“循序渐进”的原则，要由浅入深、由简到繁，按次序、有步骤地安排好辅导内容。如在声乐辅导中，先要安排唱好低、中音区，打好坚实基础后才能安排唱好高音区。唱好高音区也要循序渐进,如要唱好高音区所需要的气息、共鸣等位置,要先唱好单母音、唱好练习曲,再唱带有高音区的歌曲等。否则,在没有掌握好唱高音区的技巧时,乱唱高音,并选择力不从心的作品演唱,只会适得其反:安排器乐等其他音乐形式的辅导内容,也要遵循“循序渐进”的原则,以免“欲速则不达”,甚至造成难以纠正的毛病和难以挽回的损失。

5.以不断的研究实践提高辅导能力

在群众音乐辅导活动中,辅导者不但要具备一定的音乐辅导知识水平,还要具备一定的活动组织、音乐创新、文字表达、工作协调等多方面的能力。这就需要辅导者不断加强自身学习,提高文化艺术修养和辅导能力。在辅导实践中,要善于总结辅导经验,并上升到理论的高度加以研究,研究成果还要有针对性地加以实践,使自己成为群众音乐辅导的研究者和带头人。

## 三、群众戏剧戏曲活动的辅导

### (一)群众戏剧戏曲活动辅导的内容

戏剧是指演员在舞台上通过语言、歌唱、音乐、舞蹈等手段扮演各类角色,将动人的情节展现给观众的综合性艺术形式。由于科学技术的发展,戏剧概念也在发生着变化,一些人士将以剧本为核心进行剧情表现的艺术都纳入戏剧范畴,例如电视剧、电影等。

群众戏剧工作者在选择辅导活动的内容时,首先要对下列问题有明确的认识:第一,群众戏剧辅导是个综合概念,除了表演艺术以外,还有服装、道具、化妆、音乐、舞台效果等一系列的内容,它们组成了戏剧艺术的全部。第二,戏剧是个大概念,戏曲是戏剧的组成部分。除了以话剧为核心的西方戏剧艺术外,每个国家都有自己的戏剧艺术,如印度的梵剧、日本的歌舞伎等。我国的戏曲专指中国传统的戏剧形式,由于其表现形式的复杂性和特殊性,在群众性的戏剧辅导中,可将西方戏剧和中国戏曲从戏剧的大概念中分离开来,形成群众戏剧概念和群众戏曲概念。第三,广大戏剧爱好者对戏剧艺术的兴趣往往是从对某出戏或对某个名家的喜爱或崇拜开始,模仿是人们实践的开端。其辅导内容的选择应视辅导对象和辅导形式的具体情况而定,状况不同,其辅导内容的重点也不应相同。

1.群众戏剧活动辅导的内容

(1)戏剧理论基础知识

即戏剧艺术的基础性理论知识。学习这部分知识的目的是了解以话剧为核心的戏剧艺术的基本概念。话剧艺术起源于西方,经过长期的实践与发展形成了其完整丰富的理论体系和形态。由于东西方文化的差异,我国一般群众用传统的文化理念去理解西方戏剧理论是比较困难的。学习戏剧理论基础知识有助提高对这门艺术的整体认知能力。其中包括:

中外戏剧发展概要——主要学习西方戏剧形成的历史背景和条件及发展过程;传入我国的时间和历史背景;西方艺术在我国形成的土壤和条件等。学习这部分内容可以了解戏剧艺术的发展过程,对掌握戏剧的本质有帮助。

戏剧的类别与特征——戏剧的类别除了话剧(如《霓虹灯下的哨兵》)以外,还有许多种类,如舞剧《红色娘子军》、歌剧《洪湖赤卫队》、音乐剧《美国名剧“猫”》、木偶剧《崂山道士》等。每一个剧种都有其特定的模式、规律和特征。了解各剧种自身的艺术特征和剧种之间的内在联系,对全面学习戏剧艺术规律具有重要意义。

戏剧基础理论知识——对于广大戏剧爱好者来说,学习一定的理论知识是必要的,在编排群众性戏剧节目中所采用的任何技术和技巧都应当以戏剧理论为依据。引导每一个辅导对象由感性娱乐型学习向理性知识型学习转化,是群众文化“寓教于乐”的具体体现。例如,戏剧性、间离效果、戏剧表演三大体系、三面墙和四面墙理论等,都是要学习的内容。

戏剧风格与流派——戏剧的流派很多,它们产生于不同的历史时期和社会背景,各自具有鲜明的艺术风格和特征,前面所述的一些理论都源自于各个流派。例如,自然主义戏剧、象征主义俄剧、未来主义戏剧、荒诞派戏剧、先锋派戏剧等。这部分知识对戏剧爱好者把握具体剧目的风格,提高对戏剧艺术元素的理解能力具有重要作用。

(2)戏剧艺术基础知识

即戏剧艺术应用性理论知识。在群众戏剧活动过程中,如果没有应用性艺术元素的支持,则所有艺术处理和戏剧动作便失去了根基,从而变得没有意义。表演者在剧中的每一个行为都有其目的,都必须按照剧情的要求去塑造人物。因此,学习艺术的相关知识是完成群众性戏剧作品的前提。

主要学习内容包括戏剧动作与戏剧语言、戏剧悬念与戏剧冲突、戏剧元素与戏剧目的、戏剧导演与戏剧表演、情节线与动作线、戏剧故事与戏剧主题、剧本情节与剧本角色、戏剧舞台美术与戏剧音乐、典型人物与典型性格、编剧基础知识等。

(3)戏剧操作基础知识

即戏剧艺术实操方法类知识。这部分内容是指对完成艺术作品的基本方法和要求,是群众戏剧辅导的主要部分。在群众戏剧实践活动中,每一个参与者的目的都是为了满足自身的文化需求,对演员和导演的职业感觉和界限分工并不强。因此,技术操作性知识的选择不必求深,但要全面。

主要的学习内容包括剧本的阅读、导演的构思与排练方法、戏剧节奏与舞台调度、演员角色的进入与角色的再创作、戏剧台词要素与形体训练要求、戏剧排练计划与排练方法、演职人员的分工与配合等。

*2.群众戏曲活动辅导的内容*

(1)戏曲理论基础知识

即戏曲基础性理论知识。中国戏曲艺术是中华民族文化艺术的结晶,经历了上千年的发展历史。广大戏曲爱好者通过对基础理论的学习,可以提高对中国传统艺术的认知能力,同时进一步增强民族自豪感。辅导者应尽力使辅导对象对戏曲艺术不仅要知其然,还要知其所以然。

中国戏曲概要——主要了解我国戏曲艺术自先秦时期的萌芽期开始,经过形成期、发展期、成熟期,直至明清时代的繁荣期全部的发展过程。戏曲发展的每个时期都留下了清晰的时代烙印和代表剧目及人物,掌握相关历史知识有助于人们对我国民族艺术本质的理解。

戏曲的种类与特征——我国是一个历史悠久的多民族国家,各民族地区的戏曲剧种有360余种,传统剧目数以万计。每一个剧种的形成与发展都有其相应的历史背景和社会环境,因此形成了各自的模式和特征。辅导对象通过学习相关知识,可以开阔视野,提高分析能力和审美能力。

戏曲风格与流派——戏曲风格分剧种之间的风格特征和剧种内部的风格特征两类。不同风格产生了不同的流派，这正是戏曲的魅力所在。辅导者在选取辅导内容时，应视辅导活动的类型及辅导对象的具体情况和需求而定。

(2)戏曲艺术基础知识

即戏曲应用性理论知识。中国戏曲是综合性艺术，包含了文学、语言、音乐、舞蹈、美术、杂技、武术以及民间艺术等，并将多方面的艺术形式融为一体。虽然各剧种的侧重点不尽相同，但都形成了统一的戏曲规范和程式。了解戏曲规范是辅导对象参与戏曲艺术的先决条件。

主要内容包括戏曲的程式规范、戏曲音乐与板式、戏曲的服装与道具、戏曲韵白与韵律、戏曲锣鼓经、戏曲文武场等基础知识。

(3)戏曲操作基础知识

戏曲艺术实操方法类知识。戏曲爱好者若要参与戏曲剧目的实践活动，必须要掌握相关技巧。戏曲的表演技法是一个复杂的技术系统，集唱、念、做、打为一体，在世界戏剧领域内都是罕见的。作为戏曲爱好者若想达到职业表演者的水平是很困难的，辅导者应站在辅导对象的角度上选择辅导内容。

主要内容包括戏曲唱功练习、戏曲念白练习、戏曲身法练习、戏曲台步练习、戏曲腿功练习、戏曲编导基础知识等。

#### (二)群众戏剧戏曲活动辅导应注意的问题

1.做到“两个结合”

戏剧戏曲是一门文学性很强的综合性艺术，不同状况和不同审美水平的群众对戏剧艺术的理解能力也各不相同。如果理论性的内容选择过多，辅导对象就会产生枯燥感和疲劳感。若仅侧重操作性内容辅导，又会使辅导对象失去目标而产生盲目感。因此，在辅导内容的选择上必须做到普及与提高相结合，基础知识与实际操作相结合。

2.从提高兴趣入手

群众参与戏剧戏曲活动的主要原因是满足自身的文化需求，因此在辅导过程中应从提高群众的兴趣入手，采取多种形式来满足辅导对象的各种需求。在通常情况下，辅导对象参加培训都有求知性和自娱性心理，而且在大多数时间内这两种心理会并存。必须充分认识在群众性戏剧活动中，辅导对象既是表现者又是观赏者。

3.注意因材施教、量力而行

群众戏剧戏曲活动的辅导应是一个由感性到理性的渐进过程，对于大多数辅导对象来说，对于戏曲艺术的兴趣仅仅来源于爱好，在理论知识面前存在紧张和陌生感是不难理解的。由于人们参加辅导活动的目的和接受能力各不相同，故对辅导对象的理论知识传授不可以一次输入过多，要时刻注意因材施教，量力而行。

### 四、群众曲艺活动的辅导

#### (一)群众曲艺活动辅导的内容

曲艺是我国各民族说唱艺术的统称。千百年来，广大劳动人民用汗水和乳汁哺育了这门与人们生活息息相关的民间艺术门类。长期以来，曲艺艺术距离群众最近，甚至融入了老百姓的日常生活之中，辅导者在确定辅导内容时，务必要遵循“从群众中来到群众中去”“从作品和实践中探索理论"的原则。

1.曲艺理论基础知识

我国以口头说唱为表现手段的曲艺艺术具有悠久的历史,发展到今天仍然活跃在各地的曲种将近400个。虽然曲种繁多,但真正形成理论体系是在新中国成立以后。辅导对象学习基础理论的目的是了解我国曲艺说唱的本质,对我国民间说唱的发展过程和规律、特征等有个初步认识,为全面掌握曲艺形态打下基础。

主要内容包括中国曲艺的形成与发展、说唱艺术的风格与特征、曲艺的类别与形式等。

2.曲艺艺术基础知识

如果说戏曲是用歌舞演故事,那么曲艺就是用说唱演故事。中国语言的丰富性带来了曲艺艺术的多样性。

主要内容包括以"说"为主的艺术形式,如相声、评书、评话等;以"唱"为主的艺术形式,如京韵大鼓、单弦、东北大鼓、湖北大鼓、温州大鼓等;以"似说似唱"为主的艺术形式,如快板书、山东快书、锣鼓书、四川金钱板等;以"边说边唱"为主的艺术形式,如山东琴书、安徽琴书、贵州琴书、徐州琴书等;以"边说边唱边舞"的艺术形式,如二人转、十不闲莲花落、宁波走书等。

上述各类艺术形式均有各自的艺术规范和特征。群众曲艺活动的辅导一般以单项形式辅导为主,如相声辅导班、单弦辅导班等。辅导者在内容的选择上不必求全,但要求精。

3.曲艺技法知识

技能辅导是群众曲艺辅导活动的主要部分。对于群众曲艺爱好者来说,表演者往往就是创作者,加强技能和表演基本功的培训是准确把握曲艺作品的关键,表现形式越简单,对表演者的技能要求就越高。

主要内容包括作品创作方法、曲艺说表技巧、曲艺唱表技巧、曲艺传神与使噱技巧、曲艺一人多角表演技巧等。

**(二)群众曲艺活动辅导应注意的问题**

1.坚持"寓教于乐"的原则

曲艺来源于民间的口头艺术,具有深厚的群众基础。从群众的角度来看,曲艺不仅是一门表演艺术,同时也是人们相互传达情感的一种最便利和最形象的方式。单位内部联欢活动,田间地头的小型演出,甚至同学、战友聚会等都少不了演上一段曲艺节目,给人们带来欢笑。因此辅导教材不能生硬刻板、脱离群众,必须时刻牢记"寓教于乐"的原则。

2.避免出现行业拜师行为

由于我国曲艺艺术来源于民间口头文学,因此在该行业中流行以"口传身教"为特征的拜师收徒习俗。群众曲艺的辅导活动应以满足群众的文化需求为目的,辅导活动是群众的文化服务性活动,辅导者与辅导对象之间是平等交流的关系,而非职业性的行业关系。群众辅导中的拜师收徒现象违背了群众文化活动的自愿原则和群众随意、多变的需求规律。因此,在群众性辅导活动中应尽量避免出现行业拜师行为,更要禁止旧式帮会现象出现。

3.注意形式多样、生动活泼

曲艺具有短小精悍、通俗易懂、简便易行、反应迅速的特征,因此在辅导活动中应做到形式多样、生动活泼。示范与练习相结合、教学与观摩相结合、传授与交流相结合、培训与实践相结合是曲艺辅导的基本方法。离开了社会生活的土壤,辅导便失去了意义。

## 五、民间文艺活动辅导

### (一)民间文艺活动辅导的内容

1.民间文学辅导

包括以民间文学或用民族民间语言形式承载的、由民众集体传承的神话、传说、故事、诗歌、说唱、小戏、谚语、谜语、对联等内容。

2.民间艺术辅导

包括民间美术、音乐、舞蹈、戏曲、曲艺、杂技、传统手工技艺等门类的基础知识、表演技巧和创作要领等。

3.民俗活动辅导

包括与生产商贸习俗、消费习俗、人生礼俗、岁时节令、民族信仰、游艺、传统体育等有关的具有民族民间传统的活动。

4.民族民间文化艺术搜集、整理、保护方法的辅导

包括采用抢救性记录、田野调查、普查与专项调研相结合的方式进行搜集,采用登记、分类、建立档案等方式进行整理,利用数字化录音、摄像等现代信息技术手段对数值、文字、声音、图像和图形等信息进行数字化储存,采用原生性保护、整体保护、多样性保护和濒危性保护等手段进行保护等内容。

### (二)民间文艺活动辅导应注意的问题

1.注意遵守国家有关的法规和政策

民族民间文化艺术遗产中的许多内容都属于非物质文化遗产的范畴,应当依照《非物质文化遗产法》确定的法定概念和法定原则进行保护。即坚持以保护为主,抢救第一,合理利用,传承发扬,承担起群众文化部门和单位所应承担的职责。应将民间文艺活动辅导的重点放在对民族民间文化艺术遗产的挖掘、搜集、整理和保护上。

2.注重发挥群众文化艺术人员的专业优势

文化馆(站)要将对民间文艺活动的辅导纳入群众文化的整个业务体系中,依托各艺术门类的专业人员承担民间文艺活动辅导的任务,融入各艺术门类的辅导业务中,发挥出群众文化艺术人才的专业优势。在辅导中,应将传授民间文艺活动的基础知识与组织有特色的民间文艺活动结合起来,根据各民族、各地方艺术特色和群众的爱好,有针对性、有重点地进行辅导。

3.充分发挥民族民间文化艺术遗产传承人的作用

民族民间文化艺术遗产的传承人是传承民族民间文化的重要力量,也是民间艺术活动辅导的重要资源,他们对民族民间文化艺术有着深厚的感情,对传承民间文化遗产有着很强的使命感、责任感和工作热情。充分发挥传承人的作用,对于开展民间文艺活动,做好民族民间文化艺术的搜集、整理、传承和保护,进行民间艺术活动辅导都有重要的帮助。

# 第四节　群众文化静态活动的分类辅导

## 一、群众美术活动的辅导

### (一)群众美术活动辅导的内容

1.美术基本常识

群众美术辅导的对象大多是美术爱好者和业余作者,大都没有受过专业训练,需要向他们介绍一些美术基础知识,使他们对美术专业有个初步的认识。首先,要讲解相关美术名词的含义,如美术、绘画、雕塑、工艺美术、建筑艺术、中国画、西洋画、工笔、写意、素描、速写、写生、临摹、创作等;其次,应简要介绍中外美术史知识,如中国美术、民间美术、西洋美术、中外艺术流派、中外绘画名作等。

2.绘画基本技法

绘画辅导要以实践为主,掌握绘画技法是辅导的首要目的。辅导技法要结合辅导对象的绘画基础和需求,由易到难,循序渐进。绘画技法分为中国画技法和西洋画技法两大类,中国画技法有工笔线描、渲染敷色、写意技法、章法布局等;西洋画技法有明暗造型、色彩写生、油画技法、构图形式等。此外,还有一些共通的基本技法,如速写、素描的练习,可通过研究结构、解剖、透视等造型规律,提高辅导对象的造型能力,为学习其他画种技法打下基础。

3.创作基本要领

学习绘画知识和技法是为了进行创作,不同画种、不同画科有不同的创作方法,让辅导对象了解创作基本知识,掌握创作基本要领是辅导的最终目的。创作辅导主要有三个环节:一是赏析美术名作。选取古今中外有代表性的作品,讲解其主题思想、艺术技巧、构图方式、创作程序等知识,提高辅导对象的美术创作修养。二是进行创作实践。辅导对象运用已掌握的知识和技法进行创作实践,要处理好临摹、写生、创作三者的关系。三是创作活动点评。针对作品和实践过程进行点评,指出作品优劣所在,分析问题产生的根源,不断提高创作水平。

### (二)群众美术活动辅导应注意的问题

1.辅导计划要有针对性

群众美术辅导的内容和形式具有较强的针对性,要认真调查了解群众的需求及其接受能力,研究相适应的辅导方式,做出严谨的辅导计划。美术辅导内容丰富,辅导对象情况不一,制订辅导计划一定要依据辅导对象的特点和要求,尊重艺术学习规律,制定出多类别、多层次、多形式的方案。辅导计划既要有长远规划,也要有近期目标,既要符合地区文化发展战略,又要符合群众的多种需求,辅导计划要具有针对性、科学性和可行性。

2.辅导活动要有连续性

美术辅导的目的在于出人才、出作品,增强辅导对象的艺术创造力,满足人们不断变化的审美需求,辅导活动要有连续性,以保证群众创作队伍的不断壮大,创作水平的不断提高。辅导的连续性主要在于内容、时间、人员等方面,辅导内容要按照学科规律有先后之分;技法练习由易到难要有分期目标;辅导对象要逐年增多形成梯队。辅导活动既有阶段性,又有连续性,普及和提高相结合,长期坚持,循序渐进,才能达到长远的、预期的目的。

3.辅导方法要有灵活性

辅导活动的场地、时间、人员、内容、设备等因素多有不同,要求辅导者因地制宜采取灵活的辅导方式。辅导不同的内容,就要有不同的辅导程序,例如,学习西洋绘画大多以实物写生入手,而学习中国画就多从临摹作品开始;辅导对象的数量不同,采取的授课方法也不同,例如,学员较少,辅导者可在画案上作画示范,学员多时可利用多媒体投影进行示范;辅导对象不同、目的不同,辅导要求也不同,例如,老年人学习多为消遣,辅导宜求浅显,年轻人学习多为事业,辅导务须求严;不同地区、不同时期,辅导方法也须有别。

4.辅导教师要有积极性

群众美术辅导往往人员复杂、科目繁多,辅导者的事业心、责任心至关重要。辅导活动的成败与否关键在于辅导者,辅导者要有较高的思想境界,能够站在传承民族艺术遗产,发展国家文化事业的高度来看待群众美术辅导,要充分认识到辅导活动的现实意义和深远意义,要有长期不计得失、埋头工作、无私奉献的精神。辅导者需要不断地刻苦学习,努力实践,提高自身业务能力,满足群众多方面的辅导需求,积极主动地做好群众美术辅导工作。

## 二、群众摄影活动的辅导

### (一)群众摄影活动辅导的内容

1.摄影基本知识

包括摄影的概念、功能、发明与应用、群众摄影概念、群众摄影活动的兴起与发展等内容。

2.照相器材知识

包括相机分为传统胶片照相机(120相机、135相机、“傻瓜”相机等)、数码相机(小型相机、单反相机等);感光材料有传统胶片(黑白胶卷与彩色胶卷的种类、性能和使用)、数码感光元件(成像部件、画幅、像素);液晶显示屏与取景器;镜头(镜头的基础知识、常用镜头的类型与性能);常用配件(三脚架、闪光灯、遮光罩、滤光镜、快门线、清洁工具等)等内容。

3.摄影理论基础知识

包括光圈(光圈的作用、大小与应用);快门(快门的作用、种类、速度与应用);感光度(感光度的概念、选择和使用);曝光组合(曝光组合的意义、如何正确选择曝光组合),曝光补偿(曝光补偿的概念和方式),包围曝光;测光(点测光、中央重点测光、局部测光、评价测光);景深(景深的概念、作用、决定因素和应用);色温与白平衡(色温的概念和典型光线的色温,白平衡的概念、作用、设置和效果);正确对焦(自动对焦、手动对焦)等内容。

4.数码摄影操作知识

基本操作:安装电池、安装存储卡、装卸镜头、调节屈光度、对外连接和操作;基础设置与应用:日期时间和语言、休眠时间、图像画质(画质细节设置包括锐度、反差、饱和度、色调,像素和格式的选择)、回放和删除、实时显示功能、闪光灯拍摄、曝光模式(全自动、P模式、光圈优先、快门优先、手动模式)、场景模式、驱动模式(连拍设定、自拍定时)、照片风格等。

5.摄影创作基础知识

包括持机方法;拍摄方位(正面、前侧面、全侧面、后侧面、背面),拍摄高度(平角、仰角、俯角),景别与镜头使用(远景、全景、中景、近景、特写);构图(构图的概念和目的,主体、陪体、环境和背景的处理,常用构图技巧如黄金分割法、三角形构图、框式构图、中央构图、曲线构图、对角线构图、横线和竖线构图等);光线及应用(光源种类、自然光的类型、光的方向、人工光的用途);影调与色调(影调即高调、低调、中间调;色彩三要素为明度、色相、纯度;色调包括色相色调、冷暖色调)。

6.专题实拍技术

包括人像摄影、风光摄影、纪实摄影、静物摄影、家庭生活摄影、其他场景摄影等专题摄影的各自特点、类型和拍摄技巧。

7.照片后期处理技术

包括图像处理的基础知识(像素与分辨率、文件格式、图像处理软件等),照片的裁剪(二次构图),照片的修正(曝光、色彩、对比度、变形等的修正,锐化处理,特效制作等);照片的传输、储存、管理和查看,网络互动(互联网展示交流、网络摄影比赛等)。

8.与群众摄影活动相关的其他知识

包括群众摄影队伍的组建和活动,群众摄影采风、比赛、创作活动的组织,群众摄影创作题材的选取等。

### (二)群众摄影活动辅导应注意的问题

1.坚持分类辅导

要了解和掌握被辅导对象的情况,按照不同年龄层次、文化素质、摄影基础及对摄影知识的需求等分类进行辅导,做到有针对性。

2.讲解通俗易懂

辅导者应避免讲深奥的理论,语言表述要大众化,尽量让群众理解和接受,真正取得实效。

3.紧密联系生活

群众摄影辅导活动要和社会生活紧密相连,通过走进自然和深入生活地实拍辅导训练,让群众感受自然美、生活美,并乐于享受美、摄取美,同时还要注重培养辅导对象的吃苦精神。

4.运用形象教学

辅导者在摄影辅导活动中,要依托现代化教学手段进行形象化教学,用照片说话,多讲实例,做到言之有物,避免空泛。

5.适应群众需求

辅导者应根据群众文化活动业余性的特点开展辅导,注意时间的灵活性、方式的多样性,以满足各类人群的学习需求。

6.知识不断更新

摄影作为现代科学技术的产物,其发展速度之快是任何艺术形式所不能比拟的,因此辅导者要根据摄影技术的快速发展不断学习掌握新知识、新技术,以适应辅导工作的需要。

## 三、群众书法活动的辅导

### (一)群众书法活动辅导的内容

1.书法艺术知识

包括汉字字体的发展及书写艺术传统、文房四宝、碑帖、书论等;各类书体,含楷书、行书、草书、隶书、篆书等;书法艺术技巧、书法艺术欣赏等。

(1)汉字的字体发展历史及书写艺术传统。即中国书法篆、隶、楷、行、草五种书体的发展及先秦(大篆)、秦朝(小篆)、两汉至三国(隶书)、魏晋(近体书,指楷、行、草三种书体)、南北朝(魏碑体)、唐代(楷书)、宋代(学帖)、元代、明代(行草、台阁体)、清代(书法理论)等汉书史的重要发展节点。

(2)文房四宝。即纸、笔、墨、砚,是中国书法绘画艺术的必备工具,不仅历史悠久、品种繁多,而且质地优良、做工精细。宣纸、湖笔、徽墨、端砚都是文房四宝中的珍品。

(3)碑帖。即各朝各代的名家可以作为楷模的法书,包括碑学与帖学。碑刻的种类繁多,达四五十种,主要有碣、碑、摩崖、造像、墓志、墓莂、石阙、浮屠、经幢、石经十大类。帖指前代书法名家于帛及纸上的尺牍、案卷、书疏、函札等墨迹原本以及各代出土的被后人作为书法研摹的竹、简、帛书及各种摹刻的复制品。

(4)书论。即古圣先贤积累的典籍文献,包括笔论、九势、四体书势、笔阵图、题卫夫人(笔阵图)后、笔意赞、书品、书后品、书谱、海岳名言、续书谱、南北书派论、艺舟双楫、广艺舟双楫、书法正传等名作。

(5)书体。即汉字书法的楷、行、草、隶、篆等书体。

(6)书法艺术技巧。包括学书姿势、临摹碑帖、格式运用、学书次序以及基本的学书方法,如执笔法、腕法、永字八法(侧、勒、努、超、策、掠、啄、磔)、三折法、笔势与意志、字体结构、句法与章法等。

(7)书法艺术欣赏。包括书法美学、书法艺术欣赏与品评、书法的章法、书法的气韵、足迹与眼界、人品与书品等。

2.各种性质的书法

(1)实用性书法。书法的实用性延续整个书法史,历史发展到今天,虽然电脑、网络的发展对书法的实用性有所冲击,但是群众书法仍未失去其所具有的实用范围与实用价值。

(2)展示性书法。随着书法实用性的减弱,书法的展示性越来越强。包括展览性书法,如个体性展览、个体联合性展览、团体性展览、团体联合性展览、研讨探索性展览、定期性展览、陈列性展览、比赛性展览(电视书法大赛、专题性书法比赛、奖杯性书法比赛等)、交流性展览等;装潢装饰性书法,如户外装潢装饰性书法、室内装潢装饰性书法、商业性装潢装饰书法等。

(3)民俗性书法。民俗性书法是民间喜闻乐见的一种书法,具有其独特的书写性。包括吉祥祈福性书法,如百寿图、百福图,商用性“招财进宝”,花鸟字画式书法等;祭祀性书法,如供奉、哀挽等;健身性书法,如地书书法、空书书法、气功式书法、舞蹈式书法等。

(4)表演性书法。虽然在书法艺术中不提倡表演,但是在群众文化活动中书法表演却是一项很出色的内容。书法表演可分为个体性书法表演与团体性书法表演。

(5)春联性书法。写春联是百姓过春节时必需的内容,历史久远,深入人心,写春联均采用对联的形式,具有传统、通俗、高雅、喜庆的特点。

(6)收藏性书法。随着人们经济生活水平的提高,人们对收藏有着极大的兴趣,书法艺术品的收藏占有极高的比例,因此需要了解书法艺术收藏的基本知识;书法艺术品的收藏价值、购藏技巧;书法艺术品的收藏方法等知识(书法艺术藏品的保养与管理、书法表件的展挂等)。

### (二)群众书法活动辅导应注意的问题

1.坚持书法活动健康向上

书法活动范围广泛,构成群体需求多样,需注意加强对书法活动的引导,确保书法作品的内容、形式及题材健康、积极、向上。

2.群众书法活动应注重自娱自乐

群众书法活动不同于专业书法活动,应启发学书者在书写过程中得到动静结合的锻炼,享受学习、创作过程中的艺术乐趣。

3.因材施教,避免千人一面

学书者层面不同、需求各异、书体有限、字体繁多,学书者在择帖时,应特别注意引导。

4.布置作业,安排思考题

学习书法的各个步骤都应有时限,尤其是临摹字帖更要有时限,不可朝作夕辍、一曝十寒,同时应围绕临摹字帖安排思考题。

5.外出考察,要有课题

外出考察要注意了解当地的地理、自然、生态、人文交通等方面的状况,要带着课题去考察,考察结束后,撰写好考察报告。

6.不断发现,及时推荐

对在基础培训中发现的具有潜力的学员,要鼓励他们向更高层次学习进修,积极报考各级艺术院校,并去省、市书法家协会和中国书法家协会的书法培训机构进修深造,并及时推荐他们加入各级书法团体。

## 四、群众文学活动的辅导

### (一)群众文学活动辅导的内容

1.文学基本理论

包括文学的本质;文学创作过程及其思维方式、人物形象的创造、创作方法与文学潮流、风格与流派;文学作品内容的构成因素、文学作品形式的构成因素、文学体裁及其分类、四分法中各文学体裁的特征和分类;文学欣赏、文学批评等内容。

2.文学史

包括中国古代文学史、现代文学史、当代文学史,外国文学史等内容。通过辅导,让辅导对象了解古今中外文学史上的重要作家、作品以及各文学流派的特征。

3.写作原理

包括写作的主体与客体、写作的载体与受体、写作行为过程、写作表达方式与技巧等内容。

4.文学文体的写作

从功用的角度说,写作文体可分为新闻、文学、理论、应用四大类。而单就文学文体说,主要包括散文、诗歌、小说、戏剧文学、影视文学的写作等辅导内容。

### (二)群众文学活动辅导应注意的问题

1.文学辅导的组织化和体系化

即注意组建区(县)、街道(乡镇)、社区(村)各级群众文学组织,如文学协会、诗社等,借以凝聚文学爱好者,相互激励,相互学习、探讨,提高文学修养,创作出好作品。群众文学辅导由于受众群体的水平参差不齐,一般有针对群众文学组织的团队活动式的日常辅导和面向社会的辅导班式的辅导,以及通过电话、电脑网络等进行的一对一的辅导。文学网站、网页、刊物等传统和现代的传播手段,也是文学辅导的载体。

2.制定辅导计划,明确辅导内容和侧重点

群众文学辅导不同于学制教育的在校学习,很多文学爱好者是终身学习,长年在群众文学组织中活动。群众文学辅导应将系统化的学习辅导和作家谈创作的启发性的讲座相结合,既可通过长期的辅导,系统学习文学知识和各种文学文体的创作技巧;也可根据不同水平和不同文学体裁分组辅导,对水平较高的可进行重点辅导,并结合辅导对象的创作习作进行单独辅导。

3.辅导者与辅导对象相互尊重,互为师友

辅导对象往往有各自的人生经历、生活体验和审美经验,因此辅导者应注意鼓励、启发和引导。一方面要提升辅导对象的精神境界;另一方面要提高辅导对象感受生活、提炼生活以及进行创作的能力。同时要注意与辅导对象相互尊重,互为师友。

4.多种文学辅导形式相结合,各种文学辅导内容兼顾

在文学辅导中,除了传统的课堂讲授、讲座、学习研讨及网上辅导等,还可通过笔会、采风、朗诵会等形式激发创作热情,以及对文学爱好者创作的习作进行修改或点评。在兼顾各种文学体裁的同时,根据被辅导者的特长,分成小说、散文、诗歌、戏剧等小组分别进行辅导。

5.教案和教学方法要有针对性

坚持统筹兼顾、注重基础、循序渐进、读写并举、鼓励为主、综合培养的原则。辅导教师应编写较高水平的写作教材或大纲,向文学爱好者提供参考书目和资料来源,知识性的内容应通过大纲的形式发给文学爱好者。教学体系应该以文体类型为经,基础理论为纬,突出实际的应用,根据被辅导者的实际需求,强化和突出某些文体的教学。

6.注重电脑写作的教学模式

电脑写作作为一种新的书写工具,以电脑界面为新的信息显示界面,以电脑软盘或硬盘为新的信息承载体。在写作教学中,一是要采用现代化的电脑教育技术;二是利用网络拓宽传统教学和指导的传播方式;三是在文学创作上,鼓励文学爱好者学会电脑写作方式,利用网络文学网站、个人博客等,在网上发表自创作品,扩大交流面,激发创作热情。

7.成为高素质的辅导教师

群众文学辅导主要是传授知识和提供咨询。教学的重点在于辅导者的指点、辅导对象的提问以及课堂上的讨论。群众文学辅导教师应具有过硬的专业水准、敬业精神和对文学的热爱,具有组织、辅导、研究能力以及一定的创作能力,并且要不断地吸收新的知识信息,时时地更新自己的知识结构。群众文学辅导教师应积极成为本地区作家协会的会员,创作的作品应在当地产生一定的影响力。

# 第九章　群众文化的管理

管理，产生于共同劳动之中，是社会分工与生产专业化发展的产物。作为社会宏观综合管理活动组成部分的群众文化管理，包括群众文化活动管理、工作管理和事业管理。

## 第一节　群众文化管理的含义与任务

### 一、群众文化管理的含义

群众文化管理，是管理者为了使群众文化事业机构、设施、工作和群众文化活动能够合理、高效地运行而有意识采取的管辖、控制活动。在群众文化管理系统中，事业机构、设施和工作的管理，是群众文化管理的基础，它是服从群众文化活动的需要而设立，围绕群众文化活动的发展而发展的。群众文化活动，则是群众文化管理的关键。一切群众文化管理工作的最终目的，都是为了服务和促进群众文化活动的繁荣。

群众文化管理是一个过程，它表现为在一定的时间、空间内，根据管理目标，通过一定的方式把人力、物力、财力、时间、设施等管理基本要素组成一个有机的系统，在对这个系统内部的信息进行传递、交换、反馈、协调和控制的同时，保持与外部条件的相对平衡，以获得最佳的社会效益，从而达到实现管理目标的目的。

从调节和控制的角度看，群众文化管理和经济管理等其他管理，既有相似之处，又有不同之处。

相似之处主要表现在：第一，有明显的管理目标和协调的管理功能。一切管理行为都是在一定目标下，协调一定的人群，执行一定的功能，因此，必须要有明确的管理目标和协调的管理功能来作为管理行为的统帅。第二，有顺畅的管理信息渠道。管理行为是由管理信息来沟通的，而管理信息又往往容易受到管理体制、管理方式、管理手段等因素的制约，因此，有效管理必须有一个顺畅的管理信息渠道来进行沟通。第三，以管理效率为衡量尺度。群众文化管理和经济管理等其他管理一样，都有个如何衡量效率的问题，而管理效率正是它们衡量管理绩效的尺度。第四，在分散控制与集中控制问题、分层管理问题、职权与责任的关系问题等具体的管理方式和方法上，群众文化管理与其他管理也有相似之处。

不同之处主要表现在：第一，在目标上，群众文化管理具有比较明显的非经济因素。群众文化以精神文明建设为最高目标，追求的是在取得社会效益的前提下，相应地获取经济效益。第二，在动力和诱因上，群众文化管理侧重以借助信仰、兴趣、爱好、荣誉及事业心等精神因素，而经济管理则重以借助物质利益。第三，经济管理，可以用经济要素的投入与产出之比作为衡量效益的尺度，群众文化管理虽然也可以有效益与消耗之比，但难以定出比较准确的尺度。

从管理属性的角度看，群众文化管理具有二重性，既具有社会属性，又具有自然属性。群众文化管理的社会属性，主要反映在它要服从社会整体利益的要求，受到反映生产资料占有支配权的生产关系和反映人际权益利害得失的社会关系的制约和影响；群众文化管理的自然属性，反映在它和其他社会协作劳动过程的要求一样，都要尊重事物的客观规律，把管理过程作为一系列科学活动的过程。所以，正确认识群众文化管理的属性，是有效实施群众文化管理的关键。

## 二、群众文化管理的意义与任务

### （一）群众文化管理的意义

（1）群众文化管理是促进群众文化生产力发展的必然要求。生产的深入发展和生活水平的迅速提高，不仅激发了人们在文化创造上的积极性，同时也使群众文化产品的社会需求频率不断增长。这就要求群众文化生产力要有相应地提高，才能满足人们的物质和精神生活的需求。而群众文化生产力的增长，绝不仅仅是增加资金投入和人才投入，同时也要求管理水平有相应提高，使之建立更加合理的指挥机制，把基本上处于自发状态的缓慢的群众文化发展流程，转变为有计划、有步骤的自觉行动。

（2）加强群众文化的管理是中国目前群众文化体制改革的要求。中国的群众文化的体制改革做了许多有益的探索，取得了不少成绩。但是，与经济、科技等领域的改革相比较，群众文化的改革大多局限在群众文化事业单位内部，改革的路子还不够宽，步子还不够大，要想在短期内打开群众文化事业的新局面，势必要突破原有群众文化体制的框框，因地制宜地把本地区各行各业各部门的人力、财力、物力调动起来，进行新的横向组合和宏观管理。更重要的还在于，随着改革开放的步步深入，必将出现一个新旧体制转换的过渡时期。这时，旧体制的一部分功能仍在发挥，而新体制则刚刚建立，新旧两种机制都不是处在最佳运行状态，因此，不可避免地会出现某些宏观方面失调的情况。而加强管理，正是有效地防止或纠正这种失控或失调，促使新机制不断建立、完善，并进入最佳运行状态的重要手段。

（3）加强群众文化管理是现代科学技术与群众文化相结合的迫切需要。科学技术的发展，给各行各业插上了飞跃的翅膀。对群众文化来说，新的科学思维改变了文化创造的感受和角度；新的文化门类要求有更多的社会文化投资；新的技术和工具要求培养大批熟练的操纵者，这一切新的变化还需要新的管理手段加以统摄把握。正因为新的科学技术给群众文化带来的活力是多方面的，它涉及群众文化的价值、行为（文化活动的方向、原则等）、过程、设施、投资、组织、生态（如具有民族特色和地域特色的文化形态的发掘、整理和保护等）、政策（如研究和处理新的文化政策与原有政策的关系，把握新政策带来的各方面的冲击力，建立相应的政策储备等）……所以，群众文化的管理也必须讲究科学化，不能停留在仅仅发几个一般指令，而是要求管理者以上述关系群众文化发展的各个环节为对象，进行全面把握，借助科学技术现代化的力量，激发整个群众文化系统的潜在活力，推动群众文化事业的整体发展。

（4）加强群众文化管理也是中国群众文化事业迅速发展的必然要求。群众文化事业作为中国精神文明建设的组成部分，要求必须随着四个现代化建设的进程而相应地发展。这种发展，不仅表现在群众文化生产力的一面，同时也要反映在充实文化服务条件、改善服务结构的一面。唯此，才能使群众文化机制进入良性运行，达到综合化发展的目的。但是，目前能够为发展群众文化提供的条件比较有限，这势必使群众文化活动在消费者的心目中缺乏吸引力，而社会上要求利用群众文化场所进行文化消费的人口和可用于文化消费的时间却在逐年增长，这种反差必然给群众文化事业机构的服务工作造成空前压力。因此，群众文化的管理，不仅是对精神生产的管理，而且是对相关物质生产的管理；不仅是对群众文化传播的管理，而且也是对群众文化消费的管理。只有从群众文化生产、传播、消费这一循环过程中去进行整体把握，才能使群众文化朝着健康轨道发展。

### （二）群众文化管理的任务

群众文化管理的任务，是由文化管理的性质和目的决定的。群众文化管理的根本任务，是围绕发展群众文化生产力这个核心，在充分认识群众文化发展规律的基础上，通过科学管理，有效地组织文化活动，逐步实现群众文化发展的现代化和社会化。

群众文化管理的具体任务有四项：

1.根据国民经济发展速度和人民群众的需要，运用管理手段调整群众文化的总需求和总供给，使群众文化事业朝着现代化、社会化的大目标不断发展。在群众文化管理实践中，不仅要保证有一个合理的总体结构，而且还要根据形势发展变化不断调整总体结构，使其平衡有序地发展。所谓文化的总体结构，是指群众文化发展的总体构架、布局以及发展过程中各种要素、各个环节相互之间的联系与制约的关系，具体表现为群众文化发展的质量、数量、速度、顺序之间的关系。宏观控制的任务，就是要合理地妥善地处理这些既矛盾又统一的关系，保证总体结构在群众文化发展过程中能平衡地发展。

2.按照群众文化发展的客观规律，从国情、国力出发，从当地的具体条件出发，正确地制定不同发展时期、不同发展阶段的战略目标和重大决策，规定战略目标和重大决策的发展方向和实施途径，保证群众文化事业有计划、有步骤地向前发展。计划职能是管理的重要职能。通过发挥计划职能，及时地为群众文化事业发展制定出战略目标和重大决策，这对于推动群众文化事业的发展是一个必不可少的管理程序和管理方法。正确的决策和可行的计划来自对客观规律的认识，取决于对文化发展环境的了解，以及能否按照系统的观点正确分析和处理各个方面的关系。制定规划和决策，需要很高的决策水平和实施能力。

3.群众文化的管理任务还在于发挥管理的指挥监督职能和调节控制作用，通过科学的管理流程，对群众文化事业、工作和活动进行科学的组织和管理。这就要不断地改革群众文化的管理体制，完善管理体系，合理地分配和有效地利用人力、财力、物力，妥善地协调文化生产和文化环境的关系，有规律、有秩序、高效率地进行科学管理活动。

4.群众文化管理不仅对人的生产活动进行指挥、监督和控制，同时还要调动人的积极性，提高人的素质和创造力，提高劳动生产效率。因而，作为管理者，要研究人的运动规律与人在群众文化活动中的作用，建立完整的思想政治工作体系，建立精神与物质激励相结合的调动人的积极性的机制，充分发挥人的思维创造能力。

## 第二节　群众文化管理的原则和方法

### 一、群众文化管理的原则

#### （一）与当地经济水平和地理条件相协调的原则

政治、法律、哲学、宗教、文学、艺术等的发展，是以经济发展为基础的。因此，群众文化的建设与管理，必须根据当地经济水平、自然地理条件、人口因素等基本要素，做到“加强领导、积极发展、因地制宜、量力而行、讲究实效、稳步前进”。如果不顾当地实际承受能力，在文化建设与管理上提出过高要求，则不仅不容易办到，而且即使办到了也会因群众需求尚未达到这个水准而形成浪费；反之，如果群众有要求，当地也有条件发展而不去发展，则不仅会挫伤群众的积极性，群众的科学文化水平也不能得到应有提高，从而影响当地的整体发展。只有从当地的经济承受能力、人口数量、文化程度等实际可能出发，对群众文化的建设与管理作出正确判断与决策，才符合群众文化发展的客观规律，也是群众文化管理必须遵循的原则。

#### （二）以满足人民群众精神生活需要为根本目的的原则

进行社会主义建设的根本目的，除了满足人民群众对于物质生活的需要，还要满足人民群众对于文化生活的需要。人民群众能够享受丰富多彩、高尚健康、振奋精神的文化生活，也是高度文明的一个重要标志。因此，群众文化管理的目的，就是要为工作劳动之余的人们提供休息、娱乐、社交、学习和进行各种创造性精神生活的场所和条件，使他们的文化生活和精神创造能力不断地得到满足与提高。

#### （三）实施集中统一领导、全面系统管理的原则

群众文化系统，是一个统一的整体，它一方面同外界各种社会因素有着复杂的关系，另一个方面其自身内部又是一个普遍联系的网络体系。因此，对群众文化的有效管理必须坚持集中统一领导和全面系统管理的原则。

所谓集中统一领导，就是要把群众文化系统内部哪些该发展、哪些该压缩、哪些该扶持、哪些该反对、哪些该实行有偿服务、哪些该实行免费服务等，一一进行统一规划，统一目标、统一政策，实行有效的统一宏观控制，使群众文化的发展与经济、政治等社会发展条件相适应。

所谓全面系统的管理，就是要对群众文化制定出近期、中期和长期的发展战略规划，规定出各个时期所要实现的目标，保证群众文化系统内部各要素之间的有序运行和与外界有关系统之间的均衡协调。

#### （四）坚持社会效益和经济效益、长远效益和暂时效益、整体效益和局部效益相统一的原则

贯彻社会效益与经济效益、长远效益与暂时效益、整体效益与局部效益相统一的原则，首先要处理好社会效益与经济效益的关系。群众文化为群众服务，为社会发展服务，是群众文化社会效益的体现，它应当在此前提下考虑经济效益；而取得经济效益的最终目的，是为了使群众文化增强服务群众和服务社会的能力。这既是一个“两个效益”的问题，也是一个局部与整体的问题。其次，要处理好文化建设与文化消费的关系。重消费、轻建设，会使文化发展丧失后劲；重建设、轻消费，会使文化建设失去目的，只有两者协调地发展，才能取得长远效益和暂

时效益的有机统一。

### (五)坚持"政府办文化"与"全社会办文化"相结合的原则

繁荣群众文化必须坚持政府办文化与社会办文化相结合的办法,群众文化面广量大,仅靠政府办的一些文化事业机构,远远满足不了群众日益增长的文化需求,必须动员全社会有钱出钱,有力出力,共同办社会"大文化"。政府办的文化,是群众文化的主体,对社会办的文化起着指导、示范的作用;社会办文化,是政府办文化的补充。政府办文化由政府拨款,社会办文化由社会筹资,两者应当做到政社分开。在管理上,可以采取通过行政手段加以宏观控制,同时运用市场调节的方法把微观搞活。

## 二、群众文化管理的方法

### (一)群众文化管理的行政方法

行政管理方法是指依靠行政组织,运用行政手段,按照行政方式来组织、指挥、监督群众文化活动。

行政管理由文化行政机构来实施。文化行政机构是按照文化行政管理的需要,根据一定的等级制度组织起来的"官方"机构。它的主要职能是按照规定的权限,接受当地最高领导的授权、旨意和指令,对其所属的文化单位和地方文化事业实行统一管理。行政手段是指行政机构进行文化行政管理所运用的决议、决定、命令、规章、制度、纪律、工作程序、规划预算、检查标准等办法。

文化行政管理方法的使用具有以下特点:

第一,行政管理方法的使用范围,只适用于由国家或地方财政拨款的文化事业单位和企业单位。

第二,拥有文化行政管理权的机构,必须是当地政府中的行政部门。行政管理权具有权威性,它通过强制的方式指挥、左右文化活动。

第三,实施行政管理必须贯彻集中统一领导的原则,下级文化部门必须服从上级文化部门,各方面的文化事业都应服从统一管理机构制定的目标、规划、政策,管理大权集中在行政管理的最高领导层。

第四,运用行政管理方法应当做到权责一致,行使文化行政管理的各个层次、各个部门、各方面人员都应有职有权,职权一致,才能确保行政管理的权威性。

行政管理方法既有长处,也有短处。长处是集中统一,目标明确;短处是容易产生过僵过死的情况,影响创造性的发挥。

### (二)群众文化管理的经济方法

用经济方法管理群众文化,指的是依靠经济调节控制机构,按照文化发展中体现出来的经济原则和经济规律,运用经济手段来管理文化。

所谓经济调节控制机构,即文化事业的财政管理部门、工商管理部门、税收部门和银行等组织机构。所谓经济手段,即财政拨款、利润成本、价格调节、工资奖金、税收监督、经济罚款等经济杠杆以及经济责任制、经济合同制等制度。所谓文化发展中体现出来的经济原则和经济规律,是指在文化市场运行中起作用的价值规律和等价交换原则。

用经济方法管理群众文化的实质问题,是通过物质利益的手段,调动文化企业的积极性,促进文化事业的繁荣;通过各种经济手段,来调节文化生产者和文化消费者,以及政府、企业在文化活动中发生的关系。

用经济方法管理群众文化的长处:可以为群众文化的高效率运行提供经济上的动力,使群众文化系统在人力、物力、财力各方面都能在经济、节约的情况下发挥作用,使群众文化系统实现社会和经济两个效益。

群众文化的德育教育、美育教育等方面,并不是单纯用是否获利这样的经济方法所能检验的,这就需要借助指令性手段或市场调节等灵活度较大的手段加以配合,这一点是在使用经济管理方法时值得注意的。

**(三)群众文化管理的业务方法**

群众文化管理的业务方法,是指按照群众文化的特点和规律,通过业务辅导、专业培训、业务等级考核以及汇演、评比等形式,从业务上对群众文化实施管理。群众文化活动作为精神生产和精神享受的过程,是一种复杂、敏感、富有个性的活动,因此,用业务方法管理比较符合它的特点,也是最普遍、最经常使用的管理方法。

用业务方法管理的长处:

具有针对性。群众文化业务范围非常广泛,包括文学、戏剧、音乐、舞蹈、曲艺、绘画、摄影、民间工艺、民间艺术等文化艺术门类。这些门类几乎都是一个独立的领域,各自都有特殊的运行规律。用业务方法管理,可以做到从这些不同门类的特点出发,更具有针对性。

体现民主性。通过辅导、评论、培训等业务手段,来提倡、鼓励需要扶持和发展的优秀文化活动,抑制、批评不提倡或需要控制的文化活动。这样的做法,比单纯用行政方法硬性规定该写什么、该演什么的效果要好得多。这种业务上的民主做法,符合精神生产的特点,能够更好地调动业务人员的积极性和创造性。

符合群众性业务管理的方法必须充分发挥群众文化组织、各种群众文化活动队伍的作用,这些组织和队伍的参与,使业务管理更具有广泛的群众基础。

**(四)群众文化管理的法律方法**

政府权力机关根据社会的文化需求,通过颁布法则、法规、法令、规章、条例等文化法律规范,来调整和规范群众文化单位、群体、个人在文化活动中所发生的文化交往关系,保证人民群众文化生活的正常顺利进行,这就是法律管理方法的内涵。

法律管理的特点:

倾向性不同的社会制度有不同的文化管理方针和原则。封建社会的文化法律,是为了巩固封建统治阶级的利益服务的;在社会主义制度下,运用法律方法进行文化管理,则是为了维护人民的利益,为社会主义的政治服务,限制一切反动腐朽文化的发展。

强制性。法规、法则、条例等法律规范一旦颁布,就具有权威性,都必须遵守执行。因此,法律管理具有很强的约束力。

综合性群众文化法律包括文化管理机构的设置和功能的章程,文化设施管理方法、方式,文化系统的监察、诉讼制度,维护文化行政管理部门的权威,保证文化经济政策、经济手段实施,保障文化活动秩序和治安的法规以及各个文化活动场所、各种文化活动内容项目的详细规则等。它从上到下、从宏观到微观、从个体到群体对群众文化进行综合性的监控、调整和规范。

用法律方法管理群众文化时，要注意保持文化管理法规的连续性、稳定性和系统性。在拟定文化管理法规时，必须遵循国家根本大法，充分发扬民主，使法律制定和实施建立在科学的基础上。

**（五）群众文化管理的思想教育方法**

群众文化管理的思想教育方法是指通过说服、教育、批评和自我批评的方式来处理文化工作中的矛盾，制止文化生活中不健康因素的蔓延。群众文化工作是把加强思想道德方面的建设，提高全民族思想、道德和法律水准作为工作重点的。这就要求在管理中必须加强思想教育，把批评与自我批评的风气、思想政治工作的传统贯彻于文化工作和文化活动的始终。

以上五种方法各具特点，各有长处，实际使用中只有有机结合，才能提高管理效果。

## 第三节　群众文化管理的模型和特点

### 一、群众文化管理的层次模型和类别模型

按照系统分析的观点，群众文化管理可以划分为不同层次和不同类别。不同层次和类别的管理者，各有不同的管理任务，而不同的层次和类别又与国家的政治、经济、文化体制密切关联。

**（一）群众文化管理的层次模型**

中国现行的群众文化管理体制，一般可划分为三个层次，即最高决策层次、中间调控层次和基层执行层次。这三个层次，像一根纵轴那样，把群众文化管理贯穿始终。

最高决策层次，是中央和省（自治区、直辖市）的党政领导机构中的文化主管部门，这个层次具有牵一发而动全身的作用。它的管理任务大致有：第一，根据国家的经济文化发展战略，制定出相应的有关群众文化发展的总方针。第二，根据文化发展总方针，制订有关的政策和法规，并根据执行过程中的反馈，修正、补充、完善这些政策法规。第三，规定下属部门的职责、权限，并做到上下沟通，以加强集体决策。

中间调控层次，是县（市）级党政领导机构中的文化主管部门。它的职能是承上启下，根据自己管辖范围内部的实际情况，全面而又灵活地实施最高决策层次的意图。就管理的具体任务来说，与决策层次的任务差不多，只是范围缩小到自己管辖的地域而已。但是，它的管理侧重点应放在：第一，结合本地实际，因地制宜地做好群众文化发展预测，制定发展群众文化的具体规划，并付之组织实施。第二，建立和健全自己直属的群众文化单位，即通常所说的管好自己“脚下”。第三，对本地域内的社会文化事业进行政策性管理的同时，要做好沟通、协调、平衡工作，也就说要管好“天下”。中间层次具有相当的自主性，在整个群众文化大系统的承上启下中具有关键的作用。

基层执行层次，是群艺馆、文化馆、文化站等群众文化单位。这些单位是整个群众文化管理链条中的一部分，它除了要贯彻执行上述两个管理层次所规定的有关任务以外，就其自身的管理来说，主要是：第一，抓好本单位内部的政治思想、业务工作、行政事务、财会工作等管理。第二，正确处理与本单位的运转有联系的种种关系，例如，与文化宫、青年宫等同类型事业单位之间的关系；与文联、共青团、妇联等社会群团之间的关系；与公安、工商、财税等执法单位的关系。

总之，三个管理层次的管理任务虽然各有侧重，但它们是一个相互依承、相互补充的整体，只有充分发挥各自的作用，才能体现管理的完整效应。

**（二）群众文化管理的类别模型**

1.城市的群众文化管理

城市的集约功能和辐射功能决定它成为所处区域内的政治、经济、文化的中心。城市文化管理，在文化管理实践中占有重要地位。城市文化事业的发展，不仅大大推进城市本身文化事业的发展进程，同时可以带动周围城镇、农村文化事业的发展。城市的群众文化管理是自成系统的系统管理，它既要系统管理各个子系统，又要调节同其他领域的复杂、无法割裂的关系。

城市的文化管理任务有四项：

（1）指导的任务

主要是指在市范围内贯彻国家文化方针、政策的指导；发展地方文化事业规划的指导；遵循文化客观规律的指导。贯彻国家文化方针政策贵在坚持从实际出发，防止生搬硬套。规划指导主要是指中期规划和远期规划，是逐步实现市文化管理预期目标所必需的手段。遵循文化发展客观规律的指导，是指不能凭长官意志、主观愿望、个人爱好来指导，不能仅凭一般行政工作经验来指导。

（2）间接控制的任务

市文化管理主要是对文化组织和文化生活的行为进行引导、调节和监督，而不是直接控制，简单地管住、卡死或者统包统揽。间接控制的根本目的是解决矛盾，纠正偏差。

（3）服务的任务

服务是指不能过多干预文化组织和个人的文化活动，而是对文化艺术产品的生产、经营、消费以及社会性文化活动发挥指导、组织、协调、监督的职能，重点在于创造一个有利于本市文化健康发展的环境。

（4）中介协调的任务

主要是在市政府、上级文化主管部门和市文化管理对象之间起中介作用，贯彻实施上级意图，反馈信息，进行切合实际的调节。政府对文化实行间接管理后，市文化管理的中介协调职能显得更为重要。上级和管理对象具有各自特性，需要做多方面协调才能实现市文化管理的整体目标，达到综合平衡、协调发展。

2.县的群众文化管理

县的文化管理联系着广大城镇居民和人口最多的农民，满足他们的文化需求，推进农村物质文明和精神文明建设，在文化管理系统中具有深远意义。县的文化管理作为国家文化管理的组成部分，在本县区域内体现国家文化管理的意志。同时，要求根据本县经济和文化建设的实际，充分体现文化管理的服务职能。农村文化管理，无疑是县的文化管理的重要组成部分，要求在管理实践中协调农村文化基础设施的建设，运用各种管理手段，引导农村文化产品合理地生产、经营和消费。县的文化管理，还应当重视本县区域内的文化资源特点。同自然资源一样，各县文化资源的形成及分布是各具特色的，在管理上既要注意保护，又要重视开发。

县的文化管理中，要注意挖掘利用农村文化的潜在优势。这种潜在优势主要体现在：一是农村文化市场优势。农村存在着多层次、多品种的文化消费需求，几乎每种文化艺术产品和文化娱乐服务都可以在农村受到程度不同的欢迎。二是集镇文化中心的潜在优势。集镇同广阔的农村紧密相连，集镇文化中心的辐射功能将对周围乡村文化发展产生示范作用，因此，开发和利用这一潜在优势前景十分广阔。

3.乡镇企业俱乐部和乡际文化交流的管理

乡镇企业俱乐部是农村乡镇工业迅速发展的产物，也是乡镇农村文化管理面临的新课题。乡镇企业俱乐部对乡镇企业创造良好的整体素质有重要意义。乡镇企业俱乐部的管理，应当依靠乡镇企业各类生产经营单位来实施。县或乡镇文化管理部门属于指导性管理，可以运用多种方法，监督、指导、辅导乡镇企业俱乐部的文化娱乐活动，包括指导、辅导开展各类文体活动、人才培养及服务性的咨询。

农村乡际文化交流是一种客观存在，严格地说有些农村文化活动没有明确的地域界线。对乡际文化交流的管理，着眼点应放在逐步形成开放式、网络型的农村文化新格局。乡际文化交流管理要注意：一要根据农村文化发展客观规律来组织，通过各种形式的联合协作，建立纵横交错的文化网络。二要依靠乡际间互相的吸引力来组织，管理部门在指导、协调上发挥作用。三是在条件许可的前提下，把交流引向开放式，即不仅在本县区域内的乡与乡之间交流，还可以在毗邻县之间组织乡村文化交流，以便形成更大范围的横向联合。

4.文化(艺术)馆的管理

文化(艺术)馆的管理，是指管理者遵循群众文化的规律，运用科学的管理手段和方法，建立高效的组织机构，合理地组合专业人员的最佳智能结构，促成有效的内外部协调，极大地发挥文化(艺术)馆内人、财、物等因素的作用，依靠及时准确的信息和严密合理的控制，组织和领导全体成员，实现工作目标的一种有序的活动过程。

文化(艺术)馆的管理，要努力做到：

(1)要注意时间观念

每位文化(艺术)馆成员都要善于从时间的角度把全馆业务活动的每个环节紧紧扣在一起。在业务活动和经营活动中，使人、财、物的结合置于最佳状态。对什么是确保项目、什么是主体业务，谁长谁短，在时间管理上应有一个全局性的考虑。

(2)要树立管理的空间观念

重视空间位置和周围环境对群众文化活动的制约性。树立空间观念，就是要充分了解本馆的历史、现状，确认本馆作为带动本地区群众文化活动的龙头位置。逐步提高自身功能的覆盖率，拓宽功能的辐射面，真正使文化(艺术)馆在本地区(一个空间位置)起到示范作用和中心作用。管理的空间观念还表现在外部，如文化网点的设置、文化设施的布局，都要考虑有利于空间整体位置的协调，有利于优化管理效能。

5.文化站的管理

文化站是国家最基层的文化事业机构，是乡(镇)人民政府和街道办事处设立的文化事业单位，是当地群众进行各种文化体育活动的场所。

文化站的任务：宣传、贯彻执行党的方针政策和国家法律法规，开展社会主义和爱国主义教育；普及科学技术和文化知识；组织辅导开展群众文化体育活动，指导农村文化室、文化户、文艺社团等群众文化组织开展各类活动；协助文化行政管理部门管理文化市场及其他有关工作。

文化站的管理体制:文化站隶属于乡(镇)人民政府和街道办事处,同时接受上级文化部门的指导和辅导。对所属地域内的群众文化组织负有管理和指导的责任。

文化站的工作内容和方式:第一,业务工作。包括社会宣传教育工作;组织辅导群众文艺活动工作;普及科学文化知识工作和指导、辅导基层群众业余文化组织的工作。第二,行政工作。包括文化市场管理工作;文物管理工作;个体文化管理工作。第三,以文补文工作。在保证全面完成业务工作和行政管理工作任务的前提下,积极开展作为本身业务延伸的有偿服务活动。

实践经验证明,文化站的设立应该与相应的政权结构和经济组织相一致,便于集中统一管理。

## 二、群众文化管理的特点

群众文化是一个既庞大又复杂的系统,就其性质来说,有从中央到地方各级行政机关中主管群众文化的部门,有国家、社会群团专门从事群众文化工作的事业部门,有各种非职业性的群众文化活动群体(又称“群众文化队伍”),以及众多进入市场流通的以营业为目的的文化经营单位;就其构成来说,从大的方面划分有群众文化生活、群众文化活动、群众文化工作、群众文化事业和群众文化理论研究等;就其内容来说,凡生产、生活、历史、现实、自然、社会、经济、文化、政治、军事、科学、技术、哲学、宗教、风俗、习惯等均有反映;就其形式来说,凡文学、艺术、体育、游艺、阅读、展览、广播、电视、电影、宣讲、报告、集邮、种花、养鸟等都有涉及。总之,正是由于群众文化内容的广泛性、形式的多样性,决定了它内部机制的复杂性。因此,形成了它管理方面的特点。群众文化管理的主要特点有以下四点:

### (一)以繁荣群众文化活动为中心的整体管理格局

群众文化活动、群众文化事业、群众文化工作,都是保障群众文化这部机器正常运转的重要组成部分,缺一不可。群众文化活动,是群众文化这部机器的动力部分,是整个群众文化的生命所在,如果离开了活动,群众文化就失去了存在的价值。群众文化事业,是群众文化活动的重要载体,尽管人民群众的文化活动方式是多种多样的,不拘一格的,甚至可以分散到家庭或个人,但通过各种文化阵地,以群体性方式开展的活动,始终是群众文化活动的一种主要方式。至于群艺馆、文化馆、文化站等群众文化事业机构的设立,一方面是为了给开展群众性文化性活动从物质上、业务辅导上提供条件,另一方面它们所组织开展的活动,又代表了一个地区群众文化活动的特色和水平。所以,可以说群众文化事业是构成群众文化这部机器中的主要部件。群众文化工作,对群众文化活动产生掣肘、调控的作用,是群众文化这部机器上的阀门,关系到它的运转方向与速度。没有明确的方向,机器就会开向斜路或出现空转,速度不当,运转就会失去平衡。所以,群众文化活动、事业、工作三者是一个有机的整体,必须统筹兼顾、全面安排、相互配合,共同完成繁荣群众文化活动的任务,最终达到满足群众文化生活需要的目的。这种以繁荣群众文化活动为中心的整体管理格局,正是群众文化管理的重要特点之一。

### (二)分门别类的管理体制

群众文化在其内部构成上存在着活动、事业、工作三大体系,这三大体系又各有自身的特性、运行规律及具体工作要求,因此,其管理方法也是各不相同的。比如活动,就有组织活动和自发活动、大型活动和小型活动、室内活动和室外活动、单项活动和综合活动之分，不同的活动就要采用不同的方法去管理。又比如事业，作为国家和社会群团的事业机构，它本身就是一个工作实体，它内部就有行政、业务、财会、后勤等完整的分工，都各有自己的一套制度和办法。对活动队伍的管理，又不同于管理实体机构，必须根据队伍的特性来进行。再比如工作，对事业机构可以采用指令的办法，对社会文化市场则要采用依法管理的办法，而对群众性文化活动只能用引导、辅导、指导的办法等。总之，对不同的对象要根据它的不同特性分别归类实行管理，这是群众文化活动的客观需要。所以，群众文化的管理是分门别类的，这是群众文化管理的又一重要特点。

**(三)纵横交错的管理形态**

纵的管理形态有两个方面：一是指国家对群众文化的领导，包括重大决策、指导思想、群众文化工作体制的确定、群众文化立法等；二是指从文化部到省(自治区、直辖市)文化厅(局)、地(市)文化局、县文化局的领导、指导和管理。

中国群众文化的纵向管理，自 20 世纪 50 年代以来一直沿用“条块结合、以块为主”的管理体制，即文化部统一领导和管理全国的群众文化事业，指导省(自治区、直辖市)群众文化工作。各省(自治区、直辖市)政府和文化部门的双重领导，以同级政府领导为主。各级文化厅(局)分别领导所属的地方群众文化事业。这样的“条块结合、以块为主”的管理体制，反映了中国群众文化事业发展的实际，它的长处是有助于发挥地方政府和地方文化机构的积极性，对发展地方群众文化事业具有促进作用。

横的管理形态是指各级文化机构对所属各个部门、各个单位、各项工作的管理。

**(四)多种管理方法综合运用**

事物是一个普遍联系的整体，在这个整体中，每一个个体都有它的内部联系和外部联系。群众文化这一事物也有它的内部联系和外部联系。因此，群众文化管理并非行政手段(即依靠行政机构和领导者的权力直接对被管理对象产生影响)一种方法所能奏效，必须配以教育的手段(即通过提高认识，提高群众文化工作者、参与者的自觉性和积极性)、业务辅导的手段(即通过事业单位的业务活动对群众文化队伍或骨干从具体业务上进行指导和帮助)、经济的手段(即按照经济规律进行群众文化管理)、法律的手段(即用法律这种肯定的、明确的、普遍的规范，把群众文化管理方面的方针政策条文化、制度化、具体化，以便人人遵守，依法检查监督)，才能使群众文化这部庞大而又复杂的机器正常运转。

## 第四节　群众文化管理的主要内容

群众文化管理内容涉及的范围十分广泛，主要有以下几个方面：

### 一、群众文化的活动管理

文化活动是群众文化最宽广的领域，参与人数多，情况复杂多变，怎样采取科学办法搞好管理工作，对发展群众文化事业至关重要。从目前中国群众文化活动的实际出发，搞好管理应着重抓住四点：

(一)转变文化意识

当前,中国正处在一个由计划经济转向社会主义市场经济的转型时期,为与这巨大变化相适应,经济结构、劳动组织、生产方式,以及人们的生活节奏、生活方式都在发生变化。作为上层建筑的文化(艺术)馆、站以及整个群众文化工作也在这种改革大潮推动下发生变化。管理者应当从经济改革与文化工作的联系中去认识当前群众文化工作的新形势、新特点。这些特点主要表现在:第一,经济的发展和人们收入的增加,为群众文化事业提供了物质基础,使城乡文化工作发展得既迅速又扎实。但是,反映在群众文化的宏观指导上缺乏明确的规划与目标,某些老的规定已不适应,新的又迟迟出不了台。第二,文化活动已经成为人们生活追求的热点,并且渗透到社会生活的每个角落。但是,基础文化活动的条件普遍较差,内容和形式不够丰富。第三,群众文化与科学普及、成人教育、体育健身等方面交叉渗透的趋势日益明显。但是,我们对此认识还不足,和有关方面通力合作不够。以上种种使群众文化痛失许多发展的机遇。我们应当深刻地认识过去,正确地规划未来,进一步解放思想,实事求是,大胆探索,勇于实践,用扎实的工作去顺应时代对群众文化的呼唤,去迎接一个服务对象社会化、文化设施规范化、活动设备现代化、活动形式多样化的群众文化新面貌的早日出现。

(二)调整总体结构

文化总体结构体现了文化发展的方向。改善文化供求关系,首先应从调整总体结构入手。党的十一届三中全会以前,中国群众文化是一种自娱型与供给型相结合的二元结构,这种结构适应了当时的经济基础。随着改革开放的深入和形势的迅速发展,目前中国群众文化的总体结构已由自娱文化、供给文化的二元结构向市场文化、自娱文化、供给文化的三元结构发展。这种三元结构把城市文化与农村文化联系起来,组成开放性的文化网络;把传统文化与现代文化联系起来,促使群众文化在继承优秀文化传统的基础上向现代化发展;把文化的生产与消费联系起来,使人民群众对文化生活有更大的选择余地;把有偿服务与无偿服务联系起来,扩大了群众文化的领域,加速了群众文化的发展。

(三)改革管理体制

群众文化活动管理要着眼于发展,要建立一个符合群众文化活动现实的管理体制。长期以来,我们在衡量群众文化的发展时,往往把"国办"作为主要标志,忽视了对集体和个人办文化的提倡与支持,因此,成了发展缓慢的一个重要症结。改革开放以后文化发展的实践告诉我们,兴办文化事业和发展一切社会事业一样,必须打破所有制的结构,创造一个全民所有制、集体所有制和个体所有制相结合,多种所有制并存的体制,调动方方面面办文化的积极性。

(四)搞好网络建设

群众文化网络,是群众文化组织的集合体,是群众文化发展到一定阶段的产物。目前,我国的群众文化网络有两种类型:一种是行政组织管理下的网络。它是以文化(艺术)馆为"龙头",包括文化站、文化室(俱乐部)在内的四级网络。这种网络覆盖面很广,是群众文化活动的重要载体,在活跃群众文化生活方面做了大量工作,发挥了重大作用。但是由于种种原因,这种网络近来有所削弱,比如文化站由于经费没有保障,设施设备比较简陋,工作效率不能充分发挥;有的文化(艺术)馆由于忙于阵地活动,辅导作用明显削弱。因此,对这种类型的网络需要通过加强管理,加以整顿、充实、提高。另一种是民间自发组建的网络,包括戏剧、音乐、美术等各艺术门类的业余团队，队伍大小不等，遍布城乡各个角落，是群众性文化活动的重要载体。这种类型的网络虽然在当地行政组织的统一管理下，接受文化馆、文化站的指导和辅导，但其自主性较大并有流动性的特点，如果引导得法，将是丰富和活跃群众文化生活中的一支重要骨干力量。对上述两种网络，文化行政管理部门应当本着加强领导、积极发展的精神，在动态中加强管理与指导，使它逐步从低级向高级发展。

## 二、群众文化的事业管理

### （一）群众文化事业管理的构成

所谓群众文化事业，是指群众文化的行政机构、事业机构、群众文化活动队伍和相应的设施、设备，以及它们所进行的工作的总和。这些机构、队伍、设施对推动群众文化的繁荣与发展具有独特作用。尤其是事业机构和活动队伍，在群众文化事业构成诸因素中，处于中心地位，有必要加以分别阐述。

1.群众文化事业机构的管理

中国群众文化事业机构管理，主要沿着三条线来展开：一是思想政治工作管理。通过党的领导，方针政策学习，党团组织建设，党团员和干部职工的表率作用及思想政治工作，提高政治觉悟，统一认识，统一步调，把每位文化专业人员的积极性、创造性激发出来，调动起来。二是业务工作管理。业务工作，是事业单位的中心工作。事业单位的业务工作门类很多，有文化宣传教育工作，群众文化活动组织领导工作，群众文化辅导培训工作、阵地活动工作、对外服务工作等。通过对这些工作的管理，使事业单位的整体功能得到充分发挥。三是后勤工作管理。后勤工作包括财务、物资、设施设备、供电供水、绿化、宿舍、食堂等。通过对这些工作的管理，保障业务工作有一个良好的环境。以上三条管理线的具体管理项目，又可以分解为人、财、物、事、时间、信息等方面，每个方面的管理方法与其通常的管理要求相同，这里不一一论述了。

2.群众文化队伍的管理

群众文化队伍是群众文化活动的重要载体，由于群众文化队伍所开展的文化活动，占据了整个群众文化活动的重要方面，因此，抓好群众文化队伍的管理，等于抓住了群众文化业务管理的关键部位。群众文化队伍管理的侧重点：通过资料推荐供应、节目（作品）评比、观摩交流等途径，从活动方向上积极地正面引导；通过业务培训、示范交流、分类指导等途径，从业务技能上帮助提高；把活动成果及时向社会展示，以便从观赏者的认同中感受集体力量的可贵，从而增强队伍的向心力、凝聚力。

为了有效地组织好事业管理，要注意把握：各级群众文化事业机构，要严格履行自己的工作职责，充分发挥各自的业务功能；要辩证地处理内涵发展与外延拓宽的关系，要防止不顾主客观条件，一味追求新的文化变体，而应当把工作目标集中在能体现自身优势、特色和价值效应的业务活动上，即通过组织、辅导等方式，开展具有艺术审美价值的各种文化艺术活动上；要明确岗位责任，健全行为规范，因为群众文化事业机构的每一个工作岗位都是为完成共同工作目标而设置的工作环节，把每个工作环节（岗位）衔接起来，就是一条工作链，链内的每个环节都要尽到自己的责任，所以，只有明确岗位责任，才能发挥创造性，推动事业机构有效地运转。

### (二)群众文化事业管理的职能

群众文化事业管理有四种职能:

1.计划职能

计划职能包括预测、决策、计划三个环节。预测是决策的前提,计划是决策的结果,预测和计划都是为实现决策服务的。预测是一种在调查研究基础上进行分析判断的过程;决策是根据分析判断和主客观条件,为实现任务或目标选择优化方案的过程。发挥管理的计划作用,是实现管理目标的重要手段,是有效地组织人才、财务、物力,促进群众文化效益提高的保证。一项好的计划,必须体现经过优化决策方案规定的管理目标、发展方向和途径,并有有效的措施、步骤和方法。

2.组织职能

组织职能是实行决策、实施计划的过程。发挥组织职能,一方面要广泛地宣传管理目标或决策方案,激发热情,增加信心;另一方面要把计划分解后层层下达,使每个岗位都明确自己的责任。同时还要通过组织职能的发挥,及时协调解决管理过程中出现的问题和矛盾,理顺关系,进行协作,保证管理目标的实现。

3.协调职能

协调职能是一种动态管理过程,在管理机制运行中,无论是自身运转或与外部环境联系中,随时都会产生矛盾,这就需要通过协调去理顺内外关系,因势利导。在群众文化活动中,这种协调职能更是具有重要作用。

4.控制职能

控制职能是管理过程中的一种自觉行动,当决策或计划实施过程有所差误时,就需要通过控制手段加以拨正,保证决策或计划的继续执行。控制有馈前控制和馈后控制之分,一般应尽量采取馈前控制方式,在制订计划过程中,按预先的估计,制订相应的控制手段。控制手段有行政手段、法律手段、业务手段、经济手段等多种。

## 三、群众文化的目标管理

### (一)群众文化目标管理的构成

目标管理法以目标作为管理活动的指南和计划任务、评价效果的依据,通过目标的实施,激励和控制每个职工的行动,调动人的积极性,促进生产和工作的发展。目标管理的核心是强调成果和重视成果评定,提倡个人能力和自我提高。其特点是以目标作为各项管理的出发点和落脚点,并以实现目标的成果为衡量尺度。

目标管理是一个科学的工作程序,它的全过程一般包括六个环节:一是制订目标。制订总目标是目标管理的出发点,也是层层分解岗位目标的前提。二是安排计划。根据制订的目标,提出达到目标的原则、步骤和方法,确定实施目标的时间表,考虑与有关方面的协作关系,划分管理权限。三是层层分解。制订出计划后,要建立多极目标,通过层层分解的办法落实到各个岗位,使总目标和岗位目标联系起来,形成上下贯通、责任分明的目标分解网络。四是具体实施。实施是目标的执行过程,各个工作岗位根据自己在实现总目标中所承担的任务,按计划有步骤地把工作开展起来,朝着总目标规定的方向前进。目标实施过程中,目标管理和各环节之间是互相制约的,因此要注意保持工作的平衡性,指挥者要发挥高度的领导艺术和应变能力,确保目标管理的顺利进行。五是评价效果。通过评价目标管理执行的效果,总结管理工作的经验教训,为实行奖励确定根据,为进入下一个目标管理周期创造条件。评价效果应把目标(包括总体目标和岗位目标)作为统一的客观标准,同时应把目标执行的效果放在首位,不能离开效果谈贡献。六是计算奖惩。按照工作人员的工作效果计算奖金或进行精神鼓励,是贯彻按劳取酬的原则,也是为了更好地调动积极性和创造性。

### (二)目标管理在群众文化领域中的实施

作为精神生产的群众文化工作,同物质生产有着不同的特点。但既然都是社会生产,在某些方面也就存在着共同性。因此,目标管理的基本精神、原则也必然适用于群众文化管理,只要能同群众文化管理的实践相结合,就一定会产生积极的效应,推动群众文化管理工作。

从本质上讲,目标管理法在目标设置上,与科学管理中的决策管理是一致的。同时,目标管理法在实现目标的途径方面,采取有层次的分解的办法,把分解后的目标任务层层落实到职工的工作岗位上,并以其所承担的目标任务作为评价效果和计算奖惩的标准。这样,把职工个人利益同国家或集体的利益联系起来,把岗位任务和一个部门、一个单位的总目标联系起来。可见,在群众文化工作中推行目标管理法,是文化管理科学化的具体体现,对群众文化事业的发展,将会产生推动作用。

在实施目标管理过程中,必须把计划目标与岗位目标联系起来,把岗位目标效果与个人奖惩联系起来,从而形成各个管理层次的行为规范,使目标、管理、效益三者有机地结合,达到用目标推动管理,使管理收到预期效果的目的。

群众文化由于工作纵横交错,在制订决策目标时往往无形指标多,有形指标少,不容易做到具体化、定量化。因此在实行目标管理法的时候,要重视探索目标设置、目标实施、目标评价过程的程式与标准,使定性管理逐步向定性与定量相结合的方向转化,从无序状态向有序状态转变。

## 四、群众文化的有偿服务管理

有偿服务指的是文化(艺术)馆、站等文化事业单位,利用自己拥有的活动场所,围绕开展无偿服务的同时,对部分活动项目实行少量收费,或根据群众参加文化活动的需要,在搞好本职工作之外,有偿地为群众提供文化服务,把所得收入用于补充业务活动经费的不足或改善文化活动条件。

有偿服务是伴随着经济体制改革,作为文化体制改革的一种探索而出现的。有偿服务这种把价值规律引进群众文化领域的探索,虽然时间不长,但效果是明显的,主要表现在:一是通过有偿服务,使某些文化活动按价值规律的要求,自觉接受广大群众的评判和检验,这样有助于在竞争中优胜劣汰,促进活动项目的更新、活动领域的拓宽,催发群众文化事业的加速发展。二是有偿服务的经济效益使文化事业单位的经济状况有了明显改善,不仅设备增加了,活动内容和形式丰富了,更重要的是使开展无偿服务有了后劲,推动了无偿服务的发展。三是通过有偿服务,一方面可以使文化工作者有用武之地,充分发挥他们的聪明才智;另一方面有助于把文化工作者的本职工作同自身的物质利益紧密联系起来,使他们有条件、有机会解决一些急需解决的实际问题。

有偿服务和经营活动,是两个不同的概念。群众文化的有偿服务,必须从群众文化的性质、特点出发,坚持群众文化事业的方向,绝不能把具有经济实体性质的企业经营看成是有偿服务。从目前实际状况看,有偿服务的内容大体有四种类型:一是文化娱乐活动,如影视放映、戏剧游艺活动等。二是知识传授活动,如各种艺术门类的学习班、函授班等。三是服务经营活动,如美术、摄影、摄像、复印、装潢、广告设计等。四是生产经营活动,如民间工艺美术品生产、戏剧服务和道具的制作等。

有偿服务活动,虽然是群众文化工作的组成部分,但它只是发展群众文化事业的一种补充手段,在开展有偿服务活动中,必须坚持社会主义的文艺方向,以繁荣群众文化事业为目的,努力做到:第一,以无偿服务为主,把无偿服务与有偿服务有机地结合起来。群众文化事业是一种公益性的社会福利事业,是由国家投资兴办的;群众文化活动,是一种"自娱性"活动,是不带有"商品性"的,因此它必须以无偿服务的形式来展开。对有偿服务活动,只能严格控制在"补充"这个界度内,不能不顾实际地盲目发展,以免主辅颠倒。应当坚持以无偿服务为主并使二者有机结合起来的正确关系。第二,正确处理社会效益与经济效益的关系,坚持有偿服务的正确方向。社会生产有物质生产和精神生产之分。物质生产通过繁荣经济、扩大积累来推动社会的发展,检验物质生产优劣的标准,是看它为国家积累财富的多少。精神生产,是以生产观念形态的精神产品为目的,检验精神生产优劣的标准,是看它对人们在思想、政治、道德水平的提高上所做出的服务。所以,不能混淆物质生产和精神生产的界限,抹杀两种生产的不同特点和规律。在处理社会效益和经济效益的关系时,必须坚持以社会效益为最高准则,当社会效益和经济效益发生矛盾时,经济效益要无条件地服从社会效益。第三,因地制宜,量力而行。开展有偿服务是需要条件的,这就要求扬长避短,充分发挥自己的优势,比如设备、人才的优势,尤其要注意利用地域特点和地方文化资源的优势,这样才能使有偿服务逐渐形成自己的特色。第四,加强管理,健全制度。这包含两层意思,一层是既要安排有经营才干和技术专长的职工去从事有偿服务,又要保证学有专长的文化业务人员从事文化业务工作,使全面工作和有偿服务形成一个有机的整体;另一层意思是遵守财经纪律,加强财务、资产、奖惩等专项账目的建立和管理。

## 第五节　建设群众文化的指标系统

群众文化指标系统,是一种既能反映群众文化自身量的表示,又能对社会整体发展进行判断、比较的显示系统。它的作用,不仅可以用来对群众文化的发展进程作阶段性评估,同时也是显示群众文化社会价值的一种衡量标准。

群众文化生产作为一种精神生产,它在产品特点、生产过程和消费过程等方面与物质生产有着许多不同之处,所以必须从群众文化的特点出发,构筑它的测定系统。一般来说,测定群众文化的指标系统是由文艺人口指标、消费结构指标、兼容能力指标三部分组成的。

### 一、文艺人口指标

所谓文艺人口,是指经过文化教育,具有初步文艺活动能力的人口。一个人要真正被社会所接纳,成为社会化的人,必须学习和掌握作为社会成员应当具备的知识、技能和行为,其中包括文艺欣赏和文艺活动的能力,那样才能算是文艺人口即社会人口。

文艺人口指标之所以重要,有两个原因:首先,从群众文化与文艺人口培养的关系上看,因为群众文化工作是培养文艺人口的基础性工作。一个人从自然人口到社会人口的转变，不是靠先天带来的，而是靠后天培养的。群众文化活动的参与过程，实际上就是文艺兴趣、文艺知识、文艺技能的培养和学习过程。所以在这里明白地显示出群众文化可供选择的程度，是与文艺人口的培养程度成正比例的。如果群众文化的普及面广、程度高，那么文艺人口的培养面和层次也随着提高，而且还会诱发出促使群众文化相应发展的某种条件；反之，如果群众文化普及面窄、层次也低，那么可供培养文艺人口的选择余地也就相对缩减，水平提不高，而且导致群众文化自身也失去了新的发展条件。其次，从文艺人口与国家文化发展关系上看，文艺人口是一个国家的文化艺术活动的主体，是文化发展的基本前提，比如国家需要办多少报纸、印多少书籍、拍多少电影、造多少文化（艺术）馆（站）等文化娱乐场所，都要用文艺人口作为测算基数。文艺人口的面越广、水平越高，文化发展的环境越优越。所以，从文艺人口的状况中，不仅可以寻求关系到判断群众文化自身发展的某种参照系数，同时还可以寻求判断由群众文化所形成的部分社会文化环境与整个社会政治、经济、文化发展是否相适应的参照系数。

### 二、文化消费结构指标

群众文化作为人们精神需求的构成部分，融合在人们日常生活方式的组合中。如果通过对人们选择文化娱乐行为的分析（如对不同年龄、不同性别、不同职业的人群选择和参与文化活动状况的分析）；通过对人们掌握消遣技能情况与层次的分析（如人们对各种群众文化活动门类的兴趣爱好及熟练程度的分析）；通过对人们支配利用闲暇时间情况的分析（如健康的文化活动、知识性强的文化活动占整个闲暇时间的比例）等，我们可以从这些人们生活方式的构成中获得群众文化活动开展情况的某些参数，并根据这些参数推算出群众文化在人们实际生活中的丰富程度。比如，人们的闲暇时间分配用于健康的文化生活的比重大，人们掌握和企望掌握消遣技能的人数比例高，那么不仅说明群众的文化生活是比较丰富的，而且说明群众文化的进一步发展是有潜力的。反之，如果人们用于健康的文化活动的闲暇时间少，掌握和企望掌握消遣技能的人数比例低，那么不仅说明群众的文化生活并不丰富，而且据此还可分析出应当如何采取措施加以引导和补救。同时，除国家作为社会福利投入一部分资金用于开展群众性无偿文化娱乐活动之外，在人们家庭消费构成中，也有一部分用于看戏、看电影、旅游等支出，如果把人们家庭用于文化娱乐支出这部分消费比例加以分析，也可以测算出群众文化活动的开展规模、许可程度和丰富程度。总之，对人们文化消费结构的分析，是一种比较贴近实际的检测手段。

### 三、文化兼容能力指标

文化产品的生产并不单纯取决于生产者本人的天赋和创造经验，还取决于生产者继承了多少智力遗产以及他从同代人和同行中吸取了多少养分。如果稍稍回顾一下群众文化的发展历程，我们就可以看到，无论环境如何艰苦、条件如何不尽人意，群众文化总是通过继承、借鉴、消化顽强地生存下来，并且受到了消费者的认同，这充分证明它是一种兼容能力很强的文化。今天，随着对内、对外文化交流的日益扩大与传播媒体的增多，使它有更多机会从传统观念和现代观念、历史文化和当代文化、民族文化和外来文化的交往和借鉴中形成新的文化行为和方式，为广大人民群众提供更加充裕的文化选择机会，创造更加方便的文化参与环境。由此可见，通过对兼容能力的观察，可以使我们了解群众文化的涵摄程度。

以上剖析告诉我们，群众文化是有可以定量测算的基础的。因此，建立群众文化的指标系统，在理论上是成立的，在实际上是可行的。

# 参考文献

[1]奥夫相尼柯夫,拉祖姆内依.简明美学辞典[M].冯申,译.北京:知识出版社,1981.

[2]宋镇豪,马季凡.殷墟书契前编[M].上海:上海古籍出版社,2019.

[3]徐兴海.史记研究集成·十二本纪:夏本纪[M].西安:西北大学出版社,2019.

[4]黑格尔.美学第1卷[M].朱光潜,译.北京:北京大学出版社,2017:63.

[5]史景迁.天平天国[M].南宁:广西师范大学出版社,2011.

[6]孙中山.孙中山选集[M].北京:人民出版社,2011:690.

[7]梁启超.饮冰室专集第74卷[M].北京:北京日报出版社,2020.

[8]钱冰冰.浅谈如何统筹群文演出的舞台工作[J].黑河学刊,2012(11).

[9]郑永富.群众文化管理学[M].杭州:浙江人民出版社,1994:365.

[10]李长春.李长春在全国深入开展学雷锋活动座谈会上的讲话[N].人民日报,2012—03—03.

[11]吴洪芹,等,如何选择最佳行为方式——行为哲学[M].北京:农村读物出版社,1990:105.

[12]范文澜.文心雕龙·体性[M].上海:华东师范大学出版社,2019:505.

[13]韩民青.文化的历程第3卷[M].南宁:广西人民出版社,1991:279.

[14]中国民间文艺研究会.苏联民间文学论文集[C].北京:作家出版社,1958:75.

[15]段宝林,王树村,耿生廉,等.中国民间文艺学.北京:文化艺术出版社,1987:85.

[16]歌德.歌德谈话录[M].朱光潜,译.北京:人民文学出版社,1978:142.

[17]中国社会科学院语言研究所.现代汉语辞典(修订本)[M].北京:商务印书馆,1996:1679.

[18]文化计财司.中国文化文物统计年鉴(2011)[J].北京:国际图书出版社,2011.